国学经典读本

杨柳桥／译注

庄子

上

上海古籍出版社

目　　录

杂 篇

庄子"三言"试论(代序)

《庄子》这部古典文献的出现,它明显而突出地标志着: 在我国战国时代,我们祖国的哲学思想和文学语言已经发展到非常玄远、高深的水平。庄子,他不但是我国哲学史上一位著名的思想家,同时也是我国文学史上一位杰出的文学家。无论在哲学思想方面还是文学语言方面,他都给予了我国历代的思想家和文学家以深刻的、巨大的影响。在哲学思想方面,它无疑地是起了一定的消极作用;而在文学语言方面,它却起了无可比拟的积极作用。他的文学造诣是可以同当代屈原的"骚赋"分庭抗礼的。明末金圣叹把《庄子》和《离骚》列为我国"才子书"的前茅,应该说是没有什么夸大的嫌疑的。

现在的《庄子》通行本,共有三十三篇,分为"内篇"七篇,"外篇"十五篇,"杂篇"十一篇,乃是晋代郭象的注释本。根据《汉书·艺文志》,《庄子》原为五十二篇,比现代的通行本多十九篇;陆德明《经典释文》以为这就是晋代司马彪和孟氏(孟康?)的注释本,分为"内篇"七篇,"外篇"二十八篇,"杂篇"十四篇,"解说"三篇。这种本子比较完备,可惜早已亡佚了。陆德明又说:"庄子……依老氏之旨,著书十余万言。……后人增足,渐失其真。故郭子玄(象)云:'一曲之才,妄窜奇说,著《阏变》、《意脩》之言,《厄言》、《游凫》、《子胥》之篇,诸凡杂巧,十有其三。'言多诡诞,或似《山海经》,或似《占梦书》,故注者以意去取。'内篇'众家并同,自外或有'外'而无'杂'。"各家的本子,除了"内篇"都是七篇而外,"外"、"杂"两篇的区分和篇数,都不一致。据《经典释文》所录,崔譔本为二十七篇,没有"杂篇";向秀本为二十六篇(一作二十七篇,一作二十八篇),也没有"杂篇";李颐本为三十篇(一作三十五篇),并没有标出"内"、"外"、"杂"的细目,大概是没有这种区分的。并且,《经典释文》在《齐物论》篇"夫道未始有封"句下,引有崔譔的话:"《齐物》七章,此连上章,班固说在'外篇'。"由此看来,历来《庄子》的"内"、"外"、"杂"这种篇目的划分,原本是没有什么严格界限的,而且是"注者以意去取"、"后人增足,渐失其真",因而它的变动是非常之大的。

根据以上的情形,历来一般只承认《庄子》的"内篇"是出自庄子的手笔,而"外篇"和"杂篇"完全出自庄子后徒和后人的伪托的传统说法,也是存在着问题的。不过,比较说来,"内篇"七篇比"外"、"杂"两篇可靠性强,而"外"、"杂"两篇极为驳杂,不但夹杂了为数很大的庄子后徒的作品,而且还夹杂了一些别家文章(如《说剑》篇),倒是事实。

《史记·老庄申韩列传》说:"庄子……作《渔父》、《盗跖》、《胠箧》,以诋訾孔子之徒,以明老子之术。"(刘歆可能改窜过)今本《庄子》的《胠箧》篇在"外篇",《渔父》、《盗跖》两篇在"杂篇",司马迁(刘歆?)不但对这几篇没有表示怀疑,而且还颠倒了"外"、"杂"篇目的顺序;大概他所见到的本子是没有"内"、"外"、"杂"这种篇目的区分的。并且,今本《庄子》的《渔父》、《胠箧》两篇都是孤立的两章,而《盗跖》一篇却附有"子张问于满苟得"、"无足问于知和"两章;在司马迁(刘歆?)所见的本子中,可能是没有的,因为这两章都没有"诋訾孔子之徒"的内容。从这些地方，我们也可以看出，今本《庄子》的"内"、"外"、"杂"等篇目的区分以及每篇的章数，都已经失去了原来的面目。

我们试以"内篇"的《养生主》一篇为例："公文轩见右师而惊"一章，很和《德充符》篇各章的主题相同；"老聃死，秦佚吊之"章，却和"养生"的主题不伦不类；而最后"指穷于为薪"一章，它和本篇的主题并没有任何有机联系（历来注释家对这章的申说都是相当牵强的）。我认为它不像庄子的言论，倒有几分像《天下》篇中惠施学说部分的错简。

又如，"外篇"中《秋水》篇的"秋水"这一大章、"杂篇"中《庚桑楚》的"庚桑楚"这一大章，都和庄子的思想和笔调非常接近，并不像是伪托之作。

再有，在《庄子》各篇中，还有这一章和那一章内容大体相同，与《墨子》各篇有很多互相雷同的章节现象相仿佛。例如，《齐物论》篇中的"罔两问景"一章，和《寓言》篇中的"众罔两问乎景"一章内容基本相同，只是详略各异；《徐无鬼》篇中"徐无鬼因女商见魏武侯"和"徐无鬼见武侯"两章，会见的情况相同，而问答的内容却不一致；《让王》篇也有"尧以天下……让于子州支父"和"尧让天下于子州支伯"两章，内容几乎完全相同。从这些现象里，我们也不难看出《庄子》原书已经掺杂了庄子后徒的传闻异说，或经过了整理《庄子》的后学的厘定和改窜。

由此可见，我们在探讨《庄子》的具体内容的时候，是不应该拘守从前所谓"内"、"外"、"杂"这种篇目的界限的。但是，应当以"内篇"七篇、特别是《逍遥游》和《齐物论》这两篇为主，这是可以肯定的，因为历来很少有人对它们怀疑过。

历来有很多人认为"杂篇"中的《天下》一篇是《庄子》的自序，这种说法，我认为是不能成立的。因为，第一，《天下》篇的作者,是把"邹鲁之士、搢绅先生"修订的"五经"看作是可以"见天下之纯、古人之大体"的正统学派,而把"百家之学"看作是"天下大乱,贤圣不明,道德不一,天下多得一察焉以自好"、"往而不返"、"道术将为天下裂"的"不该不遍"的流派;第二,他对于庄子学说的评价,是完全站在第三者的立场来论述的。不过,《天下》篇这篇文章,的确是我国战国末期或秦汉之际的一篇有关研究先秦诸子百家中主要学派的极为重要的资料。在这篇文章里,它不但给我们保存了我国久已散佚的各家学派的昆山片玉,而且为我们遗留下了我国各家学派的原始评价。

我们还是只谈《庄子》吧。《天下》篇对于庄子道术的评介,是这样说的:

> 寂寞无形,变化无常。死与? 生与? 天地并与? 神明往与? 芒乎,何之? 忽乎,何适? 万物毕罗,莫足以归。古之道术有在于是者。庄周闻其风而悦之。以谬悠之说、荒唐之言、无端崖之辞,时恣纵而不傥,不以觭见之也。以天下为沈浊,不可与庄语,以卮言为曼衍,以重言为真,以寓言为广。独与天地精神往来,而不敖倪于万物,不谴是非,以与世俗处。其书虽瑰玮,而连犿无伤也;其辞虽参差,而諔诡可观。彼其充实,不可以已。上与造物者游,而下与外死生、无终始者为友。其于本也,宏大而辟,深闳而肆;其于宗也,可谓调适而上遂者矣。虽然,其应于化而解于物也,其理不竭,其来不蜕,芒乎昧乎,未之尽者。

在这一段短简的评介中,它对《庄子》的思想内容和语言形式,都作了深刻的揭露。庄子是通过它的"三言"——"卮言"、"重言""寓言"——的语言形式来表达他的思想内容的。它在这里所提到的这"三言",全都和本书《寓言》篇中第一章的说法完全是一致的。

根据这种情况，《天下》篇的作者应该是袭取了《寓言》篇的说法，而不是相反。《天下》篇并不是《庄子》的自序，我们如果把《寓言》篇的第一章看作是《庄子》的自序（王闿运就是这样说），倒是说得过去的。因为，在《寓言》篇第一章里所论述的仅限于《庄子》，而且所揭示的《庄子》思想内容，也较《天下》篇深切、详尽、具体得多。当然，这样说，并不意味着《寓言》篇第一章就是出自庄子的手笔，很有可能它是整理庄子学说的庄子后徒所作的。

《寓言》篇第一章，我认为它应该是庄子的嫡派学者揭示《庄子》哲学思想和文学语言的第一篇著作，同时也是为我们配备好了的探索《庄子》哲学思想和文学语言的唯一的一把钥匙。我们要想探讨《庄子》中的一切问题，应该首先从《寓言》篇第一章以及《天下》篇有关评介庄子学说的部分入手。它们已经给我们指示出了一条尚论古人不偏不倚的捷径。

让我们再玩味一下《寓言》篇第一章的全文吧：

> 寓言十九，重言十七，卮言日出，和以天倪。
>
> 寓言十九，藉外论之。亲父不为其子媒。亲父誉之，不若非其父者也。非吾罪也，人之罪也。与己同，则应；不与己同，则反。同于己，为是之；异于己，为非之。
>
> 重言十七，所以己言也，是为耆艾。年先矣，而无经纬本末以期年耆者，是非先也。人而无以先人，无人道也。人而无人道，是之谓陈人。
>
> 卮言日出，和以天倪，因以曼衍，所以穷年。不言则齐。齐与言不齐，言与齐不齐也，故曰无言。言，无言。终身言，未尝言；终身不言，未尝不言。有自也而可，有自也而不可；

有自也而然，有自也而不然。恶乎然？然于然。恶乎不然？不然于不然。恶乎可？可于可。恶乎不可？不可于不可。物固有所然，物固有所可。无物不然，无物不可。非卮言日出，和以天倪，孰得其久？

万物，皆种也，以不同形相禅，始卒若环，莫得其伦，是谓天均。——天均者，天倪也。

庄子的嫡派学者用"三言"——"寓言"、"重言"、"卮言"——的形式来划分《庄子》的文学语言，实际上也就把《庄子》哲学思想的基本内容揭示得概括无遗了。

什么叫作"寓言"？凡是出自虚构、别有寄托的语言，无论是禽言兽语，无论是离奇故事，无论是素不相及的历史人物海阔天空的对话，都属于"寓言"之列。什么叫作"重言"？凡是重复——也就是援引或摘录——前贤或古人的谈话或言论，都属于"重言"之列。什么叫作"卮言"？"卮言"就是"支言"，就是支离诡诞、不顾定理、强违世俗、故耸听闻的语言。

在《庄子》全书里面，这"三言"并不是截然分开的，而是浑然一体的。在每一篇里，有的某一章就是"寓言"，某一章就是"重言"，某一章就是"卮言"；在每一章里，有的某一节就是"寓言"，某一节就是"重言"，某一节就是"卮言"；也有的某一章在文字形式上是"寓言"或"重言"，而在思想内容上却是"卮言"。例如，《逍遥游》篇，"北冥有鱼"一章，从整体上看，它属于"寓言"形式；而其中所援引的《齐谐》之言和夏革回答殷汤的话，就属于"重言"，同时也是"寓言"；而"至人无己，神人无功，圣人无名"这个结论，便是"卮言"。又如，《齐物论》篇中"罔两问景"一章，《应帝王》篇最末"南海之帝"一章，它们只是"寓言"；《则阳》篇中"容成子曰"以下八个字短短的一章，它只是"重言"；又如，《知北游》、

《庚桑楚》、《徐无鬼》等篇后面的零金碎玉、佶屈聱牙的短章,大概也都属于"重言"之类;而《齐物论》篇"大知闲闲"以后至"此之谓葆光"以前几章,都是"卮言"。又如,《应帝王》篇"天根问于无名人"一章,《秋水》篇河伯和北海若问答一章,《知北游》篇知问于无为谓、狂屈、黄帝一章,在文字形式上都是"寓言",而在思想内容上乃是"卮言"。又如,《逍遥游》篇中"尧让天下于许由"、"肩吾问于连叔"两章,在文字形式上都属于"重言",而同时也是"寓言"。

由此可见,《庄子》全书,"寓言"是它文章的基本形式,"卮言"是它思想学说的具体内容,而"重言"乃是它借以申明它的思想学说的一些往古佐证。所以《天下》篇说:"以卮言为曼衍,以重言为真,以寓言为广。"《寓言》篇把"寓言"放在第一位,它是从《庄子》文章的主要形式说起的;而《天下》篇把"卮言"放在第一位,它是从《庄子》思想的具体内容说起的;两者各有所属,并没有任何矛盾。那么,《庄子》的思想学说,主要的是表现在它的"卮言"和"寓言"两种形式里面,它主要的是通过"寓言"的文章形式来表达它的"卮言"的思想内容的。"卮言"和"寓言"是统一的,而"重言"又是统一在"寓言"和"卮言"之中的。"卮言"和"寓言",也就《天下》篇所谓"谬悠之说,荒唐之言,无端崖之辞"。可见,在《庄子》全书中,"寓言"的文章形式占着绝大的比重,用来表达它的"卮言"形式的思想内容;而借重于别人的话来佐证自己的见解的"重言",占的比重是比较少的。所以《寓言》说:"寓言十九,重言十七,卮言日出,和以天倪。"

庄子表达"卮言"的思想学说基本内容的,集中在"内篇"最前的《逍遥游》、《齐物论》这两篇里面。这最前的两篇,可以说是庄子学说的代表作。其他各篇都是围绕着这两篇的主题思想来发挥的。《逍遥游》这一篇是表达他的人生哲学"无为"主义的，《齐物论》这一篇是表达他的天道观(宇宙观)和认识论"天倪"说或"天钧(均)"说的。所以，《寓言》篇在评介庄子思想学说的时候，不但把《齐物论》篇中"和之以天倪，因之以曼衍，所以穷年"这几句话作了必要的、简括的解释，而且还扼要地摘录了这篇中"可乎可，不可乎不可。……恶乎然？然于然。恶乎不然？不然于不然。物固有所然，物固有所可。无物不然，无物不可"这些话；而《天下》篇的评价，除了具有《齐物论》的观点("寂寞无形，变化无常；死与？生与？天地并与？神明往与？芒乎何之？忽乎何适？万物毕罗，莫足以归")而外，还具有《逍遥游》的内容("独与天地精神往来，而不傲倪于物，不谴是非，以与世俗处")。所以，历来很多研究《庄子》的学者，都把《逍遥游》和《齐物论》这两篇看得非常重要，是有一定的道理的。陆德明《经典释文》说："时人尚游说，庄生独高尚其事，优游自得，依老氏之旨，著书十余万言，以逍遥、自然、无为、齐物而已。"他正是接受了《寓言》和《天下》两篇关于《庄子》的评介而这样说的。近人李泰棻先生在《庄子研究》里，不但把这两篇看得非常重要，而且认为它们是具有有机的联系的。他说："逍遥自在，归本于无为(《天运》篇云："逍遥，无为也。")；因应无方，归本于齐物。然又必须深悟齐物，始能彻底无为；也必须作到无为，始能真正齐物。而齐物重思想，无为重实践，又皆归本于自然，都是为'道'服务的。这是庄子'内圣外王'的理论体系。"他这种说法，我认为是捉住了庄子学说的本质的。

一般都承认，庄子的思想学说是从老子的思想学说发展起来的，无疑地是完全正确的。老子谈"道"和"天道"，庄子也谈"道"和"天道"；老子谈"无为"，庄子也谈"无为"。不过，庄子把

"天道"发展为"天倪"或"天钧（均）"说，并且把老子的"无为"的下半截"而无不为"予以抛除，这就和老子的本旨大不相同了。

庄子在《齐物论》篇中所提出的"天倪"或"天钧（均）"说，便是他思想学说的精髓所在。这是老子"天道"说的转变与升华。《齐物论》的论点认为，天地之间，无所谓彼此、是非等等的对立现象，人的语言是根本又不能够表达天地之间变幻无穷的种种现象的。它说："化声之相待，若其不相待；和之以天倪，因之以曼衍，所以穷年也。"根据《寓言》篇的解释，"天钧（天均）"和"天倪"，涵义完全相同。（"天倪"，班固作"天研"。"研"也写作"硯"，《说文》"研"训"䃺"，就是"碾磨"的"磨"。"均"或"钧"，就是制作陶器所用的转轮。"倪"和"均"或"钧"，都是比喻旋转循环的。）它是表明万物以不同的形态向前进展，终始相续，轮转不已，人是不可能摸索出它们的真实情况的。因而，天地之间的彼此、是非以及其他一切对立现象，用人的语言（化声）是不可能把它们划分清楚的。人只要休止在"天钧（均）"或"天倪"的境界，把这些彼此、是非等等的对立现象，都看作是浑然一体（和）的，是模棱两可（"两行"）的，就可以一生受用不尽了。它又说："是（此）亦彼也，彼亦是（此）也；彼亦一是非，此亦一是非。果且有彼是（此）乎哉？果且无彼是（此）乎哉？彼是（此）莫得其偶，谓之道枢。枢始得其环中，以应无穷。是亦一无穷也，非亦一无穷也。""天倪"或"天钧"，意思本是指的"循环的天道"。"彼是（此）莫得其偶"的"道枢"，也就是"天倪"或"天钧"的中枢。"道枢"站在这个"天倪"或"天钧的圆环的中心环中"，就可以运转自如地应付天地之间变幻无穷的现实事物。人如果站在这个"天倪"或"天钧"的圆环的中心，来观察天地之间的一切事物，这些事物只是往复循环，转瞬即逝，忽忽悠悠，永无固定，还有什么谁彼谁此、谁是谁非之可言呢？他这种"天倪"说或"天钧"说，是不折不扣的循环论，是属于形而上学的思想体系的。他这种抹杀真理、不分彼此是非的"两行"主义，是地地道道的相对主义，是属于不可知论的，是属于客观唯心主义的思想体系的。较之老子，可以说它又向前迈进了一大步。

庄子在《逍遥游》篇中曾经提出了"乘天地之正，而御六气之辩，以游无穷"，"将磅礴（混同）万物以为一，世蕲乎乱，孰弊弊焉以天下为事"的理想人生，并且他要惠施把"无用"的"大树""树于无何有之乡、广漠之野，彷徨乎无为其侧，逍遥乎寝卧其下"，这便是他全篇主旨之所在。所以本书《天运》篇说："古之至人，假道乎仁，托宿乎义，以游逍遥之虚，食于苟简之田，立乎不贷之圃。——逍遥，无为也；苟简，易养也；不贷，无出也。——古者谓之采真之游。"在这里，他们明明确确地把"逍遥"解释为"无为"，把"逍遥游"解释为"采真之游"。《大宗师》篇也说："与造物者为人，而游乎天地之一气……反复终始，不知端倪，茫然，彷徨乎尘埃之外，逍遥乎无为之业（本）。"《应帝王》篇也说："游心于淡，合气于漠，顺物自然，而无容私焉，而天下治矣。"这都是有关《逍遥游》篇思想内容的恰当注脚。《庄子》的"无为"主义，也可以叫作"逍遥"主义，这是一种虚无主义的"超世"思想，这是一种消极的"无为"主义。它是和老子的积极的"无为"主义既有血缘的关系，又有本质的区分。对于这一点，我们应该具有足够的认识。

庄子这种"无为"主义和"两行"主义，我们可以充分看出他是代表着战国时期一种没落士大夫阶级的陈腐思想的。庄子这种陈腐思想，是由于他在当时不敢正视阶级斗争和逃避社会现实而产生的。这是他精通世故、练达人情的思想的"结晶"。有人说,《人间世》篇的思想,和庄子的思想不相称,因而怀疑这篇不是庄子的著作,这是一种错觉。其实,正是由于庄子悟解到了"人间世"中这些迂曲、复杂的人与人的关系,他才臆想出了一种"逍遥"世外的消极思想。我们试读一下《山木》篇"庄周游乎雕陵之樊"这一章,他对于蝉、螳螂、异鹊的"相累"关系以及虞人对他的疑辱这些生活现象,观察得是多么精微而深刻啊!

在这里,我还顺便明确一个问题。"外篇"中《天道》篇也谈到了"无为",它说:"夫帝王之德,以天地为宗,以道德为主,以无为为常。无为也,则用天下而有余;有为也,则为天下用而不足。故古之人贵夫无为也。上无为也,下亦无为也,是下与上同德,下与上同德,则不臣;下有为也,上亦有为也,是上与下同道,上与下同道,则不主。上必无为,而用天下;下必有为,而为天下用。此不易之道也。"这不但不同于庄子的"逍遥"主义的"无为",而且也不同于老子的"无为而无不为"的"无为",乃是儒家所谓大舜"恭己正南面"的"无为而治"的"无为"(《论语·卫灵公》)。从这些地方,我们也可以看出,在《庄子》书中,确乎是掺杂上了一些鱼目混珠的伪托之作的。

谈到《庄子》这部古典文献的文学语言问题,它不愧为我国文学史上有关散文典范的一部承先启后的杰出作品:它的词汇是丰富多彩的,它的声调是铿锵动听的,它的气势是奔放豪迈的,它的结构是起伏不平的。《天下》篇所谓"其书虽瑰玮,而连犿无伤也;其辞虽参差,而諔诡可观",正是指着它的文学语言的艺术性而言的。《史记·老庄申韩列传》也说庄子"善属书离辞,指事类情……其言洸洋自恣以适己",也是称说他的文辞藻丽、气势昂扬的。后世古文家如韩愈、柳宗元、苏轼等人的文章都受到了庄子的影响,就用不着在这里饶舌了。

　　总的说来,我们在探讨《庄子》这部古典文献的时候,应该循着"以庄解庄"的路线,应该打破从前所谓"内"、"外"、"杂"等篇目的界限,依据它本身所揭示的"三言"表现形式,进行具体分析。《逍遥游》《齐物论》两篇是它的代表作。它主要的思想学说是所谓"天倪"说或"天钧"说。它的文学语言的艺术性是有高深造诣的。

一九六一年,四月,初稿;

一九六二年,四月,修订;

一九七九年,一月,整理。

内篇

一、逍 遥 游(五章)

北冥①有鱼,其名为鲲:鲲之大,不知其几千里也;化而为鸟,其名为鹏②;鹏之背,不知其几千里也;怒③而飞,其翼若垂天之云④。是鸟也,海运⑤,则将徙于南冥。——南冥者,天池也⑥。

《齐谐》者⑦,志怪者也。《谐》之言曰:"鹏之徙于南冥也,水击三千里,抟扶摇而上者九万里⑧,去以六月息⑨者也。"

野马也,尘埃也⑩,生物之以息相吹也⑪。天之苍苍,其⑫正色邪? 其远而无所⑬至极邪? 其视下也,亦若是则⑭已矣。

且夫水之积也不厚,则其负大舟也无力;——覆杯水于坳堂⑮之上,则芥⑯为之舟;置杯焉,则胶⑰;水浅而舟大也。——风之积也不厚,则其负大翼也无力。故九万里,则风斯⑱在下矣;而后乃今培风⑲,背负青天,莫之夭阏⑳者;而后乃今将图南。

蜩与学鸠㉑笑之曰:"我决起㉒而飞,枪榆枋㉓,时则不至,而控㉔于地而已矣。奚以之㉕九万里而南为?"

适莽苍㉖者,三飡㉗而反,腹犹果然㉘;适百里者,宿㉙舂粮;适千里者,三月聚粮。之㉚二虫,又何知? ——小知不及大知,小年不及大年。

奚以知其然㉛也?

朝菌不知晦朔㉜,惠蛄不知春秋㉝:此小年也。楚之南,有冥灵者,以五百岁为春,五百岁为秋;上古有大椿者,以八千岁为春,八千岁为秋㉞;而彭祖乃今以久特闻㉟。众人匹㊱之,不亦悲乎?

汤之问棘㊲也,是已:穷发之北㊳,有冥海者,天池也,有鱼焉,其广数千里,未有知其修㊴者,其名为鲲;有鸟焉,其名为鹏,背若太山,翼若垂天之云,抟扶摇羊角而上㊵者九万里,绝云气,负青天,然后图南,且㊶适南冥也。斥鴳㊷笑之曰:"彼且奚适也? 我腾跃而上,不过数仞㊸而下,翱翔蓬蒿之间,此亦飞之至也。而彼且奚适也?"

——此亦小大之辩也。

故夫知效一官,行比一乡,德合一君,而㊹徵一国者,其自视也,亦若此矣。而宋荣子㊺犹然㊻笑之。

且举世而誉之,而不加劝;举世而非之,而不加沮㊼,定乎内外之分,辩乎荣辱之境;斯已矣。彼其于世,未数数然㊽也。虽然,犹有未树㊾也。

夫列子御风而行[50]，泠然善也[51]，旬有五日而后反。彼于致福者，未数数然也。此虽免于行，犹有所待者也。若夫乘天地之正，而御六气之辩[52]，以游无穷者，彼且恶乎待哉？

故曰：至人无己，神人无功，圣人无名[53]。

【注释】① 冥，谓南、北极也。去日月远，故以冥为名也。 ② 鲲、鹏，乃庄子借大鱼、神鸟以寄意，非实物也。 ③ 怒，鼓怒翅翼。 ④ 垂，犹边也；其大如天一面云也。 ⑤ 海运，谓海水震荡也。 ⑥ 海，天池也。盖言海水浩大，上与天接也。 ⑦《齐谐》，书名也，齐国有此俳谐之书也。 ⑧ 抟，飞而上也。上行风谓之扶摇。 ⑨ 大鸟一去，半岁，至天池而息。《太平御览》九四四引此“息”上有“一”字。李白《大鹏赋》：“然后六月一息。” ⑩ 野马，天地间气如野马驰也。尘埃，天地间气蓊郁似尘埃扬也。 ⑪ 天地之间，生物气息，更相吹动，以举于鹏者也。 ⑫ 其，犹岂也。 ⑬ 所，犹可也。 ⑭ 则，犹而也。 ⑮ 坳，污陷也；谓堂庭坳陷之地也。 ⑯ 芥，小草也。 ⑰ 胶，黏也。 ⑱ 斯，犹乃也。 ⑲ 培风，谓积蓄风势。承上文“风之积也不厚，则其负大翼也无力”而言。 ⑳ 夭，折也。阏，止也。 ㉑ 蜩，寒蝉也。学鸠，小鸠也。 ㉒ 决，疾貌。 ㉓ 枪，突也。枋，檀木也。 ㉔ 控，投也。 ㉕ 奚，何也。之，适也。 ㉖ 莽苍，近郊之色也。 ㉗ 飡，为“餐”之或体。 ㉘ 果然，饱貌。 ㉙ 宿，读为“夙”。 ㉚ 之，犹此也。 ㉛ 然，如此也。 ㉜ 月终谓之晦，月旦谓之朔。 ㉝ 惠蛄，寒蝉也，一名蝭蟧，春生夏死，夏生秋死。惠，本亦作“蟪”。 ㉞ 冥灵，木名也，江南生，以叶生为春，叶落为秋。大椿，木槿也，以万六千岁为一年，一名蕣椿。冥灵、大椿，皆假托之词，与鲲、鹏同意，并非实有其物。 ㉟ 彭祖，名铿，尧臣，封于彭城，历虞、夏至商，年七百岁，故以久寿见闻。久，寿也。特，独也。 ㊱ 匹，比匹。 ㊲ 棘，汤时贤人。 ㊳ 发，犹毛也。穷发，北极之下、无毛之地也。 ㊴ 修，长也。 ㊵ 风曲上行，若羊角。 ㊶ 且，将也。 ㊷ 斥，小泽也。 ㊸ 八尺曰仞。 ㊹ 而，当读为“能”。能、而，古声音近，通用也。"官","乡"、"君"、"国"相对,"知"、"仁"、"德"、"能"亦相对。
㊺宋荣子,即宋钘,宋之贤人也。 ㊻犹然,笑貌。 ㊼沮,怨也。
㊽数数,迫切意也。 ㊾树,立也。 ㊿列子,郑人,名御寇,得风仙,乘
风而行。与郑穆公同时。 ⑤冷然,轻妙之貌。 ⑤二六气,阴、阳、风、
雨、晦、明也。辩,变也。 ⑤三至,言其体;神,言其用;圣,言其名;其实一
也。诣于灵极,故谓之至;阴阳不测,故谓之神;正名百物,故谓之圣也。

【译文】北极有一条大鱼,它的名字叫作鲲;这条鲲鱼大得不
知道究竟有几千里长;它变作了一只大鸟,名字叫作鹏。这只鹏
鸟的脊背,也不知道究竟有几千里长;它展开翅膀,鼓足气力,向
高处飞去,翅膀的幅员,好像天边的云朵。这只大鸟,大海一荡
动,便是它要向南极迁移的信号。——南极,乃是通天的渊池。

《齐谐》,是一部记述奇异故事的书。这部书说:"鹏鸟将要
迁往南极的时候,海水被它的翅膀扇动得三千里以内都震荡起
来,卷起暴风,直冲到高空九万里以外;这一去就得经历六个月
的时间才得到休息。"

天地间的游气啊,飞尘啊,都是由于生物的气息相互吹动而
掀起的。天空中那种青幽幽的景象,难道就是它真正的颜色吗?
难道是由于它和人距离太远而不能够穷究它的尽头吗? 它(鹏
鸟)如果是从高空往下看,也不过是和这个一样罢了。

况且,水如果积蓄得不厚实,这就没有力量背负起大船
来;——譬如,把一杯水倒在堂道洼陷的地方,就可以把草儿当
作船在上面行驶;如果放上一个杯子,就会胶着在地面上;这是
由于水浅而船大的关系。——风如果积蓄得不厚实,它就没有
力量背负起大翅膀来。所以,鹏鸟飞到九万里以上,那风就落在
它翅膀的下面了;然后它这才积蓄起风势,背负着青天,什么也
就伤害不着它,阻当不着它了;然后它这才打算向南极飞去。

　　蝉儿和斑鸠就嘲笑这只鹏鸟说:"我们很快地起飞,就可以超过高大的树林,有时飞不到那么高,就只好投到地面来休息休息。又何必高高地升腾到九万里以上这才向南飞去呢?"

　　到野外郊游的人,在路上吃三顿饭,回来,肚子还是饱饱的;到百里以外去的人,老早就得捣米作准备;到千里以外去的人,就得积聚三个月的粮。〔走得越远,积聚的粮就得越多;飞得越高,积聚的风就得越厚实。〕这两个小动物,它们又知道什么呢?——见识小的不如见识大的知道得多,年龄小的不如年龄大的经历的多。

　　为什么知道是这样的呢?

　　朝蟪不知道三十、初一,寒蝉不知道春季、秋季,这都是由于它们寿命太短的缘故。在楚国的南方,有一棵冥灵树,它把五百年当作一次春季,把五百年当作一次秋季;在上古时代,有一棵大椿树,它把八千年当作一次春季,把八千年当作一次秋季;而彭祖独独以长寿的声名流传后世。一般的人如果和他来比寿命,不也太可怜了吗?

　　殷汤问过夏棘,夏棘是这样说的:北方不毛之地以北,有一片迷迷茫茫的大海,乃是通天的渊池;那里有一条大鱼,它的宽度有好几千里,没有人知道它究竟有多长,它的名字叫作鲲。还有一只大鸟,它的名字叫作鹏;它的脊背好像泰山那么高,它的翅膀好像天边的云朵那么大,卷起狂暴的旋风,直冲到高空九万里以外;它超过了云气,背负着青天,然后打算向南飞,准备到南极去。池塘边上的鷃雀就嘲笑它说:"它究竟要往哪里去呢? 我升腾起来向上飞,也不过几丈高就得下来,在丛草里面飞来飞去,这也就算飞得很可以的了。可是它究竟往哪里去呢?"

——这也就是见识有大有小的区别啊。

所以，有的人他的智慧配作一个官员，行为可作全乡的表率；有的人他的德行适合作一国君主，能力足为全国所钦佩；他们看看自己，大概也和这个相仿佛吧。所以宋荣子就嗤笑这种人。

还有这样的人，全世界人都赞扬他，可是他并不格外奋勉；全世界人都指责他，可是他并不格外恼丧；他判定了自己和外物的区别，辨清了光荣和污辱的界限；他认为这样就算可以了。他对于世界上的一切事物，可以说是没有什么迫切要求的了。虽然如此，他还不能够独立存在啊。

那列子驾驭着风在天空中游行，轻轻妙妙地很舒适，十五天才返转回来。他对于追求人世间的享受，可以说是没有什么迫切要求的了。他虽然免去了走路的劳累，但是还得凭藉着风来帮他的忙呢。至于像那乘坐着天地的正道，驱驭着六气的变化，而游行在广漠无穷的境界的人，他又有什么凭藉的呢？

所以说：至人不知道什么是自己，神人不知道什么是功绩，圣人不知道什么是声名。

尧让天下于许由①，曰："日月出矣，而爝火②不息；其于光也，不亦难乎？时雨降矣，而犹浸灌，其于泽也，不亦劳乎？夫子立而天下治，而我犹尸③之！吾自视缺然④。请致⑤天下。"

许由曰："子治天下，天下既已治也，而我犹代子？吾将为名乎？——名者，实之宾也。——吾将为宾乎？鹪鹩⑥巢于深林，不过一枝；偃鼠⑦饮河，不过满腹。归休乎,君! 予无所用天下为! 庖人虽不治庖,尸祝不越樽俎而代之矣⑧。"

【注释】① 许由,隐人也,隐于箕山。 ② 爝,然(燃)也。 ③ 尸,主也。 ④ 缺然,不足。 ⑤ 致,与也。请,与"情"通。 ⑥ 鹪鹩,小鸟也。 ⑦ 偃鼠,今称地鼠。 ⑧ 庖人,掌厨人也。传鬼神辞曰祝。尸者,太庙中神主也。执祭版,对尸而祝之,故曰尸祝也。樽,酒器也。俎,肉器也。庖人、尸祝,各有司存;膳夫不肯治庖,尸祝之人终不越局滥职而代之。

【译文】帝尧要把天下让给许由,他对许由说:"太阳和月亮都已经出来了,可是有的人还点起火来没个完,点火的光亮,和太阳、月亮相比,不也太难了吗? 好雨已经下起来了,可是有的人还浇水灌田,浇水的滋润土地,和好雨相比,不也太劳累了吗? 先生立在这里,而天下已经太平了,可是我还在这里主持天下! 我自己看看自己,感到太不满意了。我情愿把天下交给您执掌。"

许由说:"您治理天下,天下已经太平了,可是还教我来代替您! 难道我是为了虚名吗? ——虚名是实际的宾从。——难道我要作宾从吗? 鹪鹩在深林里搭窝,只不过是占一个枝儿;地鼠在大河里喝水,只不过是装满了肚皮。回去休息休息吧,先生! 我对于天下是感到没有什么用处的! 〔在祭祀的时候,〕厨师虽然不肯治办祭品,可是捧主接神的人也不会跑到厨房的酒具和肉案子那边去代劳的啊!"

肩吾问于连叔①曰:"吾闻言于接舆②,大而无当③,往而不返,吾惊怖其言,犹河、汉而无极也,大有径庭④,不近人情焉。"

连叔曰："其言谓何哉？"

曰："藐姑射之山⑤，有神人居焉，肌肤若冰雪，绰约若处子⑥；不食五谷，吸风、饮露；乘云气，御飞龙，而游乎四海之外；其神凝，使物不疵疠⑦，而年谷熟。——吾以是狂而不信⑧也。"

连叔曰："然。瞽者无以与乎文章之观，聋者无以与乎钟鼓之声。岂惟形骸有聋瞽⑨哉？夫知亦有之。是其言也，犹时女也⑩！之人也，之德也，将旁礴万物以为一⑪，世蕲乎乱⑫，孰弊弊焉⑬以天下为事？之人也，物莫之伤：大浸，稽天而不溺⑭；大旱，金石流、土山焦而不热。是其尘垢秕糠⑮将犹陶铸尧、舜也。孰肯以物为事？宋人资章甫而适诸越⑯，越人断发文身，无所用之。尧治大下之民，平海内之政，往见四子⑰藐姑射之山、汾水之阳⑱，窅然丧其天下焉。"

【注释】① 肩吾、连叔，并古之怀道人也。 ② 接舆者，楚之贤人，隐者也，与孔子同时，而佯狂不仕。 ③ 无当，无实也。 ④ 极，崖也；言广若河、汉，无有崖也。 ⑤ 藐，远也。 ⑥ 绰约，柔弱貌。处子，犹处女也。 ⑦ 疵，毁也。疠，恶病也。 ⑧ 狂，与"诳"同。肩吾以其言为欺诳，而不信也。 ⑨ "聋瞽"本作"聋盲"，与上文不相承。《庄子阙误》云："天台山方瀛观古本'盲'作'瞽'。"今据改。 ⑩ 时，是也。女，汝也。谓知有聋盲，即汝之狂而不信者是也。时，借为"之"。女，读为"汝"，谓肩吾也。是其言也，谓上文"岂惟形骸有聋瞽乎哉？夫知亦有之"之语。犹之汝也，之，为助词；谓是言乃似汝也。 ⑪ 旁礴，犹混同也。 ⑫ 蕲，求也。 ⑬ 弊弊，经营貌。 ⑭ 稽，至也。大浸，洪水为患也。 ⑮ 谷不熟为秕。 ⑯ 资，货也；章甫，殷冠也；以冠为货。 ⑰ 四子，王倪、齧缺、被衣、许由。　⑱ 汾水，出自太原，西入于河。水北曰阳。

【译文】肩吾问连叔说："我听了接舆的话之后，感到他夸大不实，去而不返。我非常惊讶他的话，就好像银河一般，漫溢得无边无际，大大地超过了事实，不近人情。"

连叔说："他的话是怎么说的呢？"

肩吾说："他说：在遥远的姑射山上，住着一位神人，他的肉皮儿像冰雪那么洁白，柔弱得好像处女一般；不吃五谷杂粮，只是吸清风，喝露水；驾着白云，驶着飞龙，游行在四海之外。他的神情是凝静的，能够使万物不受到灾病，而且年年五谷丰登。——我所以感到疑惑，而不相信他。"

连叔说："是的。瞎子无法和别人一同欣赏文采的华丽，聋子无法和别人一同欣赏音乐的奥妙。岂止是在形体上有瞎子、聋子呢？在智慧上也是有的。这些话嘛，正是说的你啊！像那样的人，像那样的德行，他将要和万物混同一体，人间自然就会达到太平无事，谁还去劳劳碌碌地把经营天下当作件事情呢？像那样的人，什么都伤害不着他：闹大水，水大得漫过天，也淹不着他；闹大旱，金石都熔化了，土山都炙焦了，也热不着他。可见尘埃、秕糠这些东西，也都要给尧、舜划定出行动的规范来。谁肯把平治万物当作件事情呢？譬如，宋国人贩殷代的冠冕到越国去卖，可是越国的风俗，头上不留毛发，身上刻画花纹，用不着戴冠冕。〔神人的用不着天下，就是如此。〕帝尧治理天下的人民，布施天下的政令，可是他前往遥远的姑射山去，见到那四位隐士以后，汾水以北（尧的都城）就迷迷茫茫地好像是丧失了它的天下一样。〔遥远的姑射山上有这样的隐士，可见接舆对你说的那样的神人，也用不着大惊小怪的。〕"

惠子①谓庄子曰："魏王②贻我大瓠③之种,我树④之,成,而实五石⑤;以盛水浆,其坚不能自举也;剖之以为瓢,则瓠落⑥无所容。非不呺然大⑦也,吾为其无用,而掊⑧之。"

庄子曰:"夫子固拙于用大矣。宋人有善为不龟手之药⑨者,世世以洴澼絖⑩为事。客闻之,请买其方,百金⑪。聚族而谋曰:'我世世为洴澼絖,不过数金;今一朝而鬻技⑫百金,请与之。'客得之,以说吴王。越有难,吴王使之将,冬,与越人水战,大败越人。裂地而封之。——能不龟手,一也,或以封,或不免于洴澼絖;则所用之异也。今子有五石之瓠,何不虑以为大樽,而浮游于江湖? 而忧其瓠落无所容? 则夫子犹有蓬之心⑬也夫!"

【注释】① 惠子,姓惠,名施,为梁相。 ② 魏王,梁惠王也。 ③ 瓠,匏之类也,即今葫芦瓜。 ④ 树者,艺植之谓也。 ⑤ 实者,子也。 ⑥ 瓠落,犹廓落也。 ⑦ 呺,本亦作"号"。 ⑧ 掊,击破也。 ⑨ "龟"为"皲"之假借。不龟手,犹言不皲手。 ⑩ 絖,絮也。洴澼絖者,漂絮于水上。⑪ 金方寸重一斤,为一金。百金,百斤也。 ⑫ 鬻,卖也。 ⑬ 蓬,草名,拳曲不直也。

【译文】惠施对庄子说:"魏王赠给了我一种大葫芦的种子,我就把它种上了,葫芦长成之后,里面的种子,足足有五石(六百斤);用它盛水,它沉实得不能自己堆立起来;把它剖开作瓢用,我就觉得它旷大得没有什么东西可盛。它不能说不是又空又大了,但是因为它没有什么用处,我就把它打破了。"

庄子说:"先生原来对于利用大的东西太拙笨了啊。〔从前,〕宋国人有善于制作不裂手的药的,他家世辈以漂洗旧棉絮为职业。有一个外乡人听到这件事情,请求拿一百斤金币买他的药方。宋国人就招集他们全家在一起商议:'我们世辈漂洗旧棉絮,一年也不过挣几斤金币;现在,一天的工夫就可以把咱们的技术卖得一百斤金币。我想把药方卖给他。'这个外乡人得到这种药方后,就到吴王那里去献策。这时正赶上越国有战事,吴王就教他挂帅,在冬季里,和越国作起水战来。〔由于吴国利用了不裂手的药的关系,〕把越国打了个落花流水。吴王就划给了他一块土地,还封了他的官。——〔这种药〕能使手不开裂,效果是一样的。可是,有的因为它而封了官,有的还是摆脱不了漂洗旧棉絮的劳累;这是由于使用的场合不同。现在,您有能容纳五石的这么一个大葫芦,为什么不计划着把它作成一个大酒樽,坐着它漂流在江湖之上?你却发愁它旷大得没有什么东西可盛呢?足见先生还是有蓬蒿〔拳曲不畅〕的心情啊!"

惠子谓庄子曰:"吾有大树,人谓之樗①;其大本拥肿②,而不中绳墨;其小枝卷曲③,而不中规矩;立之涂④,匠者不顾。——今子之言,大而无用,众所同去⑤也。"

庄子曰:"子独不见狸狌⑥乎?卑身而伏,以候敖者⑦,东西跳梁⑧,不辟⑨高下,中于机辟⑩,死于网罟。今夫斄牛⑪,其大若垂天之云;此能为大矣,而不能执鼠。今子有大树,患其无用;何不树之无何有之乡、广莫⑫之野?彷徨乎无为其侧,逍遥乎寝卧其下。不夭斤斧,物无害者。无所可用,安所困苦哉?"

【注释】① 樗,栲、漆之类,嗅之甚臭,恶木者也。　② 拥肿,犹盘瘿。拥,当作"痈"。今通作"臃"。　③ 卷,本又作"拳",同音"权"。　④ 涂,道

也。　⑤去,犹言弃而不取。　⑥狌,野猫也。狸,本字作"貍"。　⑦音
"遨"。谓伺遨翔之物而食之,鸡鼠之属也。　⑧跳梁,犹走掷。　⑨辟,音
"避",今本多作"避"。　⑩辟,谓机关之类也。　⑪斄牛,旄牛。
⑫莫,大也。

【译文】惠施对庄子说:"我有一棵大树,人们把它叫作樗树;
它的大身干,疙疙瘩瘩的,上不得墨线;它的小枝杈,曲曲弯弯
的,上不得圆规和曲尺;把它竖立在大路旁边,木匠们都不睬
它。——现在您所发表的言论,浮夸张大,没有什么用处。一般
人是不会相信您的。"

庄子说:"您难道没有见过那狸子和野猫吗?它们缩着身子
伏在一旁,等候着捕拿那过往的禽兽;它们到处审审跳跳,不管
地方是高是低,也毫不躲避;终于触到了机关,死在网罗之中。
还有那种旄牛,大得像天边的云朵;它称得起很大的了,可是它
不能捉老鼠。现在,您有这么一棵大树,却担忧它没有什么用
处;您为什么不把它栽植在一无所有的地域、广漠无边的原野?
您天天在它旁边徘徊,清闲无事;在它下边躺着,自在逍遥。它
不会死在斧头之下,什么也伤害不着它。没有用得着它的地方,
哪里还会遭到什么困苦呢?"

二、齐　物　论（十三章）

　　南郭子綦①隐机②而坐，仰天而嘘③，苔焉④似丧其耦⑤。颜成子游⑥立侍乎前，曰：“何居⑦乎？形固可使如槁木，而心固可使如死灰乎？今之隐机者，非昔之隐机者也。”

　　子綦曰：“偃，不亦善乎，而问⑧之也？今者，吾丧我，汝知之乎？汝闻人籁，而未闻地籁；汝闻地籁，而未闻天籁⑨夫！”

　　子游曰：“敢问其方⑩。”

　　子綦曰：“夫大块噫气⑪，其名为风；是唯无作⑫，作，则万窍怒呺⑬；而独不闻之翏翏⑭乎？——山林之畏佳⑮，大木十围⑯之窍穴，似鼻，似口，似耳，似枅⑰，似圈⑱，似臼，似洼者，似污者⑲；激者⑳，謞者㉑，叱者，吸者㉒，叫者，譹者㉓，宎者㉔，咬者；前者唱于，而随者唱喁；泠风则小和，飘风则大和㉕；厉风济㉖，则众窍为虚。——而独不见之调调、之刀刀㉗乎？”

　　子游曰：“地籁则众窍是已，人籁则比竹是已。敢问天籁。”

子綦曰:"夫吹万不同,而使其自己也,咸其自取,怒者其谁耶㉘?"

【注释】① 南郭子綦,居南郭,因为号。　② 隐,冯(凭)也。机,李本作"几"。　③ 嘘,叹也。　④ 苔,本又作"嗒",解体貌。　⑤ 耦,身也。⑥ 颜成子游,子綦弟子也。姓颜,名偃,谥成,字子游。　⑦ 居,读为"故"。　⑧ 而,犹汝也。　⑨ 籁,箫也。夫箫管参差,宫商异律,故有短长、高下、万殊之声。庄子以籁喻音律,更以喻语言。人籁,喻分辨是非之语言;地籁,喻不存是非之语言;天籁,喻不言之言或无声之言也,即其所谓"天倪"或"天钧"之化育也。此章乃全篇引言与纲领。南郭子綦心存是非,欲言而不言,是以"仰天而嘘"也。"仰天而嘘",自比于"天籁"也。⑩ 方,道术也。　⑪ 大块,地也。　⑫ 作,起也。　⑬ 怒呺,鼓怒呺叫。怒,读作"努"。　⑭ 寥寥,长风之声。　⑮ 畏佳,大风之所扇动也。○畏佳,林木摇动之貌。　⑯ 十围,言木之大也。两手相拿曰围。　⑰ 枅,又音"肩"。枅,通作"钘"。　⑱ 圈,郭音"权",杯圈也。　⑲ 洼,深池也。污为小池。　⑳ 激,声若激唤也。激,读为"噭",实借为"讥"。　㉑ 谪,读为"嚣"。　㉒ 吸,若嘘吸声。　㉓ 譹,读为"号",今写作"嚎"。㉔ 谪,为"笑"之讹字。笑,或省作"夭","夭"与"笑"形相近也。　㉕ 泠风,小风也。飘风,疾风也。　㉖ 厉风,大风。济,止也。　㉗ 调调,刀刀,皆动摇貌。调,音"条"。刀刀,俗作"刁刁"。　㉘ 物皆自得之耳,谁主怒之使然哉? 此重明天籁也。

【译文】南郭子綦趴在桌上坐着,仰着脸向天叹气,无精打采地好像丢掉了躯壳似的。他的学生颜成子游在前面陪着他立着,就问他说:"为什么这个样子呢? 难道人的形体可以使它像枯槁的木头一样,而心灵可以使它像死灭的灰烬一样吗? 今天趴着桌子的人,已经不是昨天趴着桌子的人了!"

南郭子綦说:"颜偃啊,你问的这些话,好极了! 今天我丢掉了自己,你知道吗? 你只懂得人的音律,而不懂地的音律,只懂得地的音律,而不懂得天的音律啊!"

颜成子游说:"我请教这里面的道理。"

南郭子綦说:"大地一出长气,就叫作风。这风除非是不起,一起,地上所有的孔窍就都努着劲地号叫起来。你难道没有听到过那呼呼的声音吗?——那山林里面的大风扇动起来,十围粗大树的窟窿,有的像鼻子,有的像嘴,有的像耳朵,有的像瓶子,有的像脸盆,有的像石臼,有的像深水池,有的像小水池;〔它们所发出的声音,〕有的像呼唤,有的像喧嚣,有的像呵叱,有的像吸气,有的像吼叫,有的像嚎哭,有的像嬉笑,有的像怪调;前面唱出于于的声音,而随着的唱出喁喁的声音;细风就用小的声音相应和,暴风就用大的声音相应和。狂风一停,所有的孔窍立刻就都寂静下来。——你难道没有见过那一切摆摇、震撼的景况吗?"

颜成子游说:"地的音律就是所有的孔窍了,人的音律就是排比起来的竹管儿了。我请教什么是天的音律。"

南郭子綦说:"那风吹动着所有不同的孔窍,而使它们自己发出种种不同的声音,那都是由于他们自己所取得的;可是那使它们努动起来的又是什么呢?〔那不就是天的音律吗?〕"

大知闲闲①,小知閒閒②;大言淡淡,小言詹詹③。
其寐也魂交④,其觉也形开。
与接为构⑤,日以心斗:缦者⑥,窖者⑦,密者⑧。
小恐惴惴⑨,大恐缦缦⑩。
其发若机栝⑪,其司是非⑫之谓也;其留⑬如诅盟⑭,其守胜之谓也;其杀⑮若秋冬,以言其日消也;其溺之所为之,不可使复之也。其厌也如缄,以言其老洫⑯也;近死之心,莫使复阳⑰也。

喜、怒、哀、乐、虑、叹、变⑱、慹⑲、姚⑳、佚,启态。

乐出虚,蒸成菌;日夜相代乎前,而莫知其所萌。

已乎!已乎!旦暮得此,其所由以生乎?

【注释】① 闲闲,广博之貌。 ② 閒閒,分别也。 ③ 詹,多言也。 ④ 交,定也。 ⑤ 与接为构,人道交接,构结欢爱也。 ⑥ 缦,宽心也。 ⑦ 窖,深也。 ⑧ 密,隐也。 ⑨ 惴惴,怵惕也。 ⑩ 缦缦,沮丧也。 ⑪ 机,弩牙;栝,箭栝。 ⑫ 司,主也。 ⑬ 发、留,盖动、止之异。留,不发。 ⑭ 诅,祝也。盟,誓也。 ⑮ 杀,衰杀。 ⑯ 洫,借为"侐"。 ⑰ 阳,谓生也。 ⑱ 变,反复。 ⑲ 慹,怖也。 ⑳ 姚,借为"佻"。

【译文】见识大的,眼界开朗;见识小的,斤斤较量。大的言论,平平淡淡;小的言论,唠唠叨叨。

人在睡眠的时候,精神静定;人在觉醒的时候,形体开朗。

同别人互相交接,天天要钩心斗智;有的心地宽敞,有的心思深沉,有的心情隐秘。

小的恐惧,心怀拘谨;大的恐惧,神志沮丧。

有的一行动就像搭在弓上的箭一般,这表明他对于是非有一定的主见;有的静默得像面临盟誓一般,这表明他操守着必胜的信念。有的衰颓得像秋冬的景色,这表明他精力一天比一天地在消损;有的已经陷溺住了,可是还要去那样作,是不可以再让他去的。有的伏藏得像捆缚着的一般,这表明是年纪衰迈而神情凝静;有的心灵都快死去了,是不可能再使他还阳的。

喜欢、恼怒、悲哀、快乐、忧虑、伤叹、诡变、恐怖、轻佻、放荡,都会表露出种种不同的神态。

〔这些心理现象，就如同〕由于器物的空虚而发生出音乐来，由于大气的蒸发而发生出菌类来；黑天白日地总是在人的面前过来过去的，可是谁也不知道这都是怎样发生的。

算了吧！算了吧！人们在一早一晚所遇到的这些现象，难道这就是人们的心理形成的原因吗？

非彼①，无我；非我，无所取②。是亦近矣，而不知其所为使；若有真宰，而特不得其朕；可行、已信，而不见其形。——有情而无形。

百骸、九窍③、六藏④，赅⑤而存焉。吾谁与为亲？汝皆说⑥之乎？其有私焉？如是皆有⑦为臣妾⑧乎，其臣妾不足以相治也；其递相为君臣乎，其有真君⑨存焉。

如求得其情与不得，无益损乎其真；一受其成形，不亡以待尽。

与物相刃相靡⑩。其行尽如驰，而莫之能止。不亦悲乎！

终身役役，而不见其成功；苶然⑪疲役，而不知其所归。可不哀邪？

人谓之不死，奚益？其形化，其心与之然⑫。可不谓大哀乎？

人之生也，固若是芒⑬乎！其我独芒，而人亦有不芒者乎？

夫随其成心⑭而师之，谁独且无师乎？奚必知代而自取者有之？愚者亦有焉。未成乎心，而有是非，是"今日适越而昔至"也。是以"无有"为"有"。"无有"为"有",虽有神禹,且不能知,吾独且奈何哉?

【注释】 ① 彼,谓外界。　② 所取,犹所用也。　③ 百骸,百骨节也。九窍,谓眼、耳、鼻、口及下二漏也。　④ 藏,亦作"脏"。　⑤ 赅,备也。⑥ 说,音"悦",今本多即作"悦"字。　⑦ 有,与"以"同。　⑧ 臣妾,士女之贱职也。　⑨ 真君,即前之真宰也。　⑩ 刃,谓残伤;靡,谓依附。　⑪ 苶,疲病困之状。　⑫ 然,犹如此也。　⑬ 芒,芒昧也。　⑭ 成心,谓人心之所至,便有成见在胸中,牢不可破。

【译文】 如果没有外界的存在,也就不会有我的存在;如果没有我的存在,外界也就没有什么取义。我们和外界总算是很接近的了,但是也不知道究竟是谁使我们和它们有这种关系。在这里好像是有个真正的主宰,但是总也找不到它的踪迹;我们可以按着已经征信的认识去行动,但是却又看不到它的形象。——〔这个真正的主宰〕有它的情实,可是并没有它的形体。

身上所有的骨骸、孔窍、内脏,都很完备地存在着。我究竟和哪一部分相亲密呢? 你都欢喜它们吗? 还是也怀着偏心眼儿呢? 如果都把它们当作我的奴仆呢,这些奴仆是不能够互相节制的;是不是要教它们替换着作主仆呢? 这里大概是有个真正的统帅存在着吧。

如果穷究到外界的情状,或是穷究不到外界的情状,这对于它们的本身的真实,是无益无损的;只要它们一禀受了造化而成为形象,直到它们的尽头,永远是不会消失的。

人和万物,既是互相残伤,又是互相依附。人的行动完全像奔驰一样,永远也得不到休息。这不也太可怜了吗?

自己苦干一辈子,也看不出有什么成就来;劳累得筋疲力尽,也不知道将来落得个什么归宿。能够不令人感到悲哀吗?

〔在天地之间，〕人们都说你没有死，这又有什么益处呢？你的形体一有变化，你的心灵也就随着它变化。这能说不是最大的悲哀吗？

人的一生，原来就是这样渺渺茫茫的啊！难道只有我独独这样渺渺茫茫？可是又有谁不是这样渺渺茫茫的呢？

人如果都随着自己定了形的心意（主见）而把它作为自己的导师，那谁又独独地没有个导师呢？难道必定是懂得循环交替的道理而且自己知道去追求的人才有这种导师？愚蠢的人也是有的。如果在自己的心意中还没有定形，可是就已经有了是非的见解，这就等于说"今天往越国去，可是昨天就到了"的话是一样。这便是把"无有"当作"有"。把"无有"当作"有"，纵然有神圣的大禹，也不可能领会。我们又独独地能够怎么样呢？

夫言，非吹也。言者有言，其所言特未定也。果有言邪？其未尝有言邪？其以为异于鷇音①，亦②有辩乎？其无辩乎？

道恶乎隐而有真伪？言恶乎隐而有是非？道恶乎往而不存？言恶乎存而不可？——道隐于小成③，言隐于荣华④。

故有儒、墨之是非，以是其所非，而非其所是。

欲是其所非，而非其所是，则莫若以明。

物无非彼，物无非是⑤。自彼，则不见；自知，则知之。故曰：彼出于是，是亦因彼⑥。

彼是，方生之说也。虽然，方生方死，方死方生。方可方不可,方不可方可。因是因非,因非因是。是以圣人不由,而照之于天,亦因是也。

是亦彼也,彼亦是也;彼亦一是非,此亦一是非;果且有彼是乎哉?果且无彼是乎哉?

彼是莫得其偶⑦,谓之道枢,枢,始得其环中⑧,以应无穷。是亦一无穷,非亦一无穷也。故曰:莫若以明。

【注释】 ① 鷇,鸟子欲出者也。 ② 亦,犹果也。 ③ 小道而有所成得者,谓之小成也。 ④ 荣华者,谓浮辩之辞,华美之言也。 ⑤ 是,此也。 ⑥ 彼是,相因而生者也。 ⑦ 偶,对也。彼是相对,而圣人两顺之。 ⑧ 环中,空矣。今以是非为环,而得其中者,无是无非也。无是无非,故能应夫是非。

【译文】 人的说话,并不等于吹风。说话的人有话说,只是他要说的话还没有确定,他究竟是有话呢? 还是没有话呢? 如果以为这并不同于小鸟初出蛋皮的声音,究竟是有区别呢? 还是没有区别呢?

"道",被什么所障蔽就有了真假呢? 语言,被什么所障蔽就有了是非呢? "道",流行到什么境界才没有它的存在了呢? 语言,存在到什么境界才不适宜了呢? ——"道"是被一知半解所障蔽的,语言是被华而不实所障蔽的。

所以,这才有了儒家、墨家不同的是非,他们都以对方所非者为是,以对方所是者为非。

与其把对方所非者为是,把对方所是者为非,还不如用〔事物〕本来的面目来显示它。

世间的一切事物,没有哪一件不是彼,也没有哪一件不是此。如果站在外界的角度上来看,就什么都看不出来;如果站在知道的角度来看,就什么都知道。所以说:彼即发生于此,此也依从于彼。

彼和此,乃是正在生成中的一种说法。虽然如此,正在生成,同时也是正在死亡;正在死亡,同时也是正在生成。正在适可,同时也是正在不适可;正在不适可,同时也是正在适可。依从着是,同时也是依从着非;依从着非,同时也是依从着是。所以圣人不遵从〔是非的道路〕,而是用天道来照明事理,也就是因为这个缘故。

此也是彼,彼也是此;彼也是一种是非,此也是一种是非;究竟是有彼此的区别呢?究竟是没有彼此的区别呢?

彼此双方都找不到它的对立面,这就是"道"的枢纽。这个枢纽首先得到了"道"的圆环中心,来应付世间一切没有穷尽的事理。是也是一种没有穷尽的,非也是一种没有穷尽的。所以说:还不如用〔事物〕本来的面目来显示它。

以指喻指之非指,不若以非指喻指之非指也;以马喻马之非马,不若以非马喻马之非马也。——天地,一指也;万物,一马也。

可乎可,不可乎不可。道①,行之而成;物,谓之而然。恶乎然?然于然;恶乎不然?不然于不然。物固有所然,物固有所可;无物不然,无物不可。

故为是举:莛与楹②,厉与西施③,恢、恑、憰、怪④,道通为一。

其分也,成也;其成也,毁也。凡物无成与毁,复通为一。唯达者知通为一。为是不用,而寓诸庸⑤。——庸也者,用也;用也者,通也;通也者,得也。适得,而幾⑥矣。

因是已已,而不知其然,谓之道⑦。

劳神明⑧为一,而不知其同也,谓之"朝三"。

何谓"朝三"?

狙公⑨赋芋⑩曰:"朝三而暮四。"众狙皆怒。曰:"然则朝四而暮三⑪。"众狙皆悦。——名实未亏,而喜怒为用,亦因是也。

是以圣人和之以是非,而休乎天钧⑫。是之谓两行⑬。

【注释】① 道,路也。　② 楹,屋柱也。"莛"与"筳"通。是古言莛者,谓其小也。莛、楹,以大小言;厉、西施,以好丑言。　③ 厉,病丑人也。④ 恢者,宽大之名;恑者,奇变之称;憰者,矫诈之心;怪者,妖异之物。⑤ 不用,不用己是也。　⑥ 幾,尽也。　⑦ 言依从天地间既已如此之规律,而不知其如此之由,乃谓之道也。　⑧ 神明,犹精神也。　⑨ 狙,猕猴。　⑩ 芋,橡子也。芋,借为"柔"。赋,付与也。　⑪ 朝三暮四,朝三升,暮四升也。　⑫ 天钧,谓天之钧陶,以喻循环运转之天道也。　⑬ 两行,即上文"因是因非,因非因是",不分是非,两无不可也。

【译文】用手指头来比喻手指头不是手指头,就不如用不是手指头的东西来比喻手指头不是手指头;用马来比喻马不是马,就不如用不是马的东西来比喻马不是马。——天地〔虽然广大无边,〕实际上就如同一个手指头一样;万物〔虽然纷杂不同,〕实际上就如同一匹马一样。

适可就是由于适可,不适可就是由于不适可。道路,是由于走它而形成的;万物,是由于称呼它而如此的。为什么如此? 如此就是由于如此;为什么不如此? 不如此就是由于不如此。事物原来就有它所以如此的原因,万物原来就有它所以适可的道理;没有一种事物不如此,没有一种事物不适可。

为了这个道理,可以举出下列的事例:草茎和梁柱,丑人和西施,以及宽大、诡变、狡诈、妖异这些概念,站在"道"的角度来看,是可以贯通一体的。

事物的分散,也就是它们的成全;事物的成全,也就是它们的毁灭。所有事物的成全和毁灭,还是可以贯通一体的。只有通达事理的人才懂得这个贯通一体的道理。圣人不在事理之中追求自己所认为是的,而是把一切是非寄托在寻常事理之中。——寻常,就是适用;适用,就是贯通;贯通,就是获得。达到获得,天地间的事物就算穷尽了。

依从着天地间既然如此的现象,可是并不知道它为什么如此,这就叫作"道"。

如果劳役自己的精神,来求得事理的一贯,可是并不懂得其中相同的道理,这就叫作"朝三"。

什么叫作"朝三"呢?

养猴子的人在给猴子们橡子吃的时候,对它们说:"早晨给你们三升,晚上给你们四升。"所有的猴子都恼怒了。养猴子的人就换了一种说法:"那么,就早晨给你们四升,晚上给你们三升。"所有的猴子们都喜欢了。——名义和实际两方面都没有亏损,可是就有了喜欢和恼怒的不同,也是因为这个(不懂得其中相同的)道理。

所以,圣人对于天下的事理,是用是非和同它们,〔而不是区别它们,〕把它们都安放在"天均"(循环的天道)之上。这就叫作并行不悖(因是因非,因非因是)。

　　古之人,其知有所至①矣。

　　恶乎至?

　　有以为未始②有物者。至矣,尽矣,不可以加矣。其次以为有物矣,未始有封③也。其次以为有封矣,而未始有是非也。

　　是非之彰也,道之所以亏也;道之所以亏,爱④之所以成。果且有成与亏乎哉?果且无成与亏乎哉?有成与亏,故昭文⑤之鼓琴也;无成与亏,故昭文之不鼓琴也。

　　昭文之鼓琴也,师旷之枝策⑥也,惠子之据梧⑦也,三子之知,几⑧乎!皆其盛者也,故载之末年⑨。

　　唯其好之也,以异于彼;其好之也,欲以明之彼。非所明而明之,故以"坚白"之昧终;而其子又以文之纶终,终身无成⑩。

　　若是,而可谓成乎,虽我亦成也;若是,而不可谓成乎,物与我无成也。

　　是故滑疑⑪之耀,圣人之所图⑫也。——为是不用,而寓诸庸,此之谓以明。

　　【注释】① 至,造极之名也。　② 未始,犹未曾。　③ 封,界域也。未始有封,尚无彼此之界。　④ 爱,隐也,障翳也。爱,借为"薆"。⑤ 昭文,古善琴者。　⑥ 枝,柱也。策,应为"筝",形近而误。　⑦ 据梧,当作"据语",涉《德充符》篇"据槁梧而瞑"而误。据语者,持论也,引论也,谓掌握理论或发抒理论也。　⑧ 几,尽也。　⑨ 载,事也;末,终也;言从事了此,以至尽年也。 ⑩ 纶,绪也。 ⑪ 滑,乱也。 ⑫ 图,为"鄙"之误字。

【译文】古代的人,他们的认识是有相当的造诣的。

他们的造诣到了什么样的程度呢?

有的,以为天地间是并没有什么万物的。这样的认识,可说是最高明的了,达到极点了,不可能再超过他了。其次的,以为天地间是有万物的,但是它们并没有什么彼此的界限。再其次的,以为万物是有彼此的界限的,但是它们并没有什么是非的区别。

是非的表彰,便是"道"的所以亏损的由来;"道"的所以亏损,便是一切障蔽的所以成就的由来。究竟是有成就和亏损呢?还是没有成就和亏损呢? 有成就和亏损,这就如同昭文的弹琴(表彰声音,反而丢掉了声音)一样;没有成就和亏损,这就如同昭文的不弹琴(不表彰声音,反而保全了声音)一样。

昭文的弹琴,师旷的调节音律,惠施的发抒辩论,这三个人的智慧,都可以说是了不起的了! 这都是他们伟大的造诣,所以他们对自己的事业直搞了一生。

因为他(惠施)有所爱好,便对别人标奇立异;他总想把自己所爱好的,向别人表露。不应当表露而表露,所以他就终于死守在"坚白"的暗昧之论上;并且他的儿子也死守在他所遗留下的文字上,一辈子也没有什么成就。

像这样,如果也叫作是有成就的话,那么我也得算是有成就的;像这样,如果不叫作有成就的话,那么万物和我就都没有什么成就。

因此,惑乱人心的炫耀之论,便是圣人所鄙弃的。——不在事理之中追求自己所认为是的,而是把一切是非都寄托在寻常事理之中,这就叫作运用〔天道的〕光明。

今且有言于此,不知其与是类乎？其与是不类乎？类与不类,相与为类,则与彼无以异矣。

虽然,请尝①言之。

有始也者,有未始有始也者,有未始有夫未始有始也者。

有"有"也者,有"无"也者,有未始有"无"也者,有未始有夫未始有"无"也者。

俄而有"无"矣,而未知有"无"之果孰"有"孰"无"也。

今我则已有谓②矣,而未知吾所谓之其果有谓乎？其果无谓乎？

天下莫大于秋毫之末③,而大山为小;莫寿于殇子④,而彭祖为夭。

天地与我并生,而万物与我为一。

既已为一矣,且得有言乎？既已谓之一矣,且得无言乎？

一与言为二,二与一为三;自此以往,巧历不能得,而况其凡乎？

自"无"适"有",以至于三;而况自"有"适"有"乎？

无适焉,因是⑤已。

【注释】① 尝,试也。　② 谓,言也。　③ 秋时兽生豪毛,其末甚微,故谓秋毫之末也。　④ 殇子,短命者也。　⑤ 是,此也。指自然而言。

【译文】现在如果有一种说法在这里,也不知道它是和〔我〕这里的说法是一类呢?还是和〔我〕这里的说法不是一类呢?是一类和不是一类,互相把它们看作一类,这就和它没有什么区别了。

虽然如此,我也想尝试谈一谈。

〔在天地之间,〕有元始的,有不曾有元始的,有连不曾有元始都没有的。

有"有"的,有"无"的,有不曾有"无"的,有连不曾有"无"都没有的。

一旦间在不曾有"无"的当中有了"无"了,可是也不知道有了"无"究竟哪个是"有"、哪个是"无"。

现在,我已经有话说了,但是也不知道我所说的,究竟是有话说呢?还是没有话说呢?

天下的事物,没有比秋毫再大的了,而泰山应该算是小的;没有比夭折再长寿的了,而彭祖应该算是短命的。

天地和我同时生存,而万物和我共为一体。

既然共为一体了,那还能有话可说吗?既然把它叫作"一"了,那还算没有话可说吗?

这个"一"和说出来的那个"一"相提并论,就成为"二","二"和"一"相提并论,就又成为"三";从此发展下去,即便是精巧的术数家也得不到终结,何况是一般的人呢?

从"无"向"有"发展,因而就达到"三";何况是从"有"向"有"发展呢?

如果不向前发展,也就依从自然而已。

夫道,未始有封;言,未始有常。为是而有畛①也。

请言其畛。

有左,有右②,有论,有议,有分,有辩,有竞,有争③,此之谓八德。

六合④之外,圣人存而不论;六合之内,圣人论而不议;春秋经世先王之志⑤,圣人议而不辩。

故分也者,有不分也;辩也者,有不辩也。

曰:何也?

圣人怀之,众人辩之,以相示也。故曰:辩也者,有不见也。

夫大"道"不称,大辩不言,大仁不仁,大廉不嗛⑥,大勇不忮⑦。

道,昭而不道;言,辩而不及;仁,常而不周⑧;廉,清而不信;勇,忮而不成;五者园而幾向方矣。

故知止其所不知,至矣。

孰知不言之辩,不道之道? 若有能知,此之谓天府⑨:注焉而不满,酌焉而不竭,而不知其所由来。——此之谓葆光⑩。

【注释】① 畛,界畔也。 ② 相背曰左,相助曰右。 ③ 并逐曰竞,对辩曰争。 ④ 六合,谓天地四方也。 ⑤ 春秋,时代也。志,记也。 ⑥ 嗛,徐音"谦"。 ⑦ 忮,健也。 ⑧ 周,本作"成"。 ⑨ 天府,自然之府藏。 ⑩ 葆,韬藏也。光芒蕴蓄不露。葆,借为"包"。

【译文】"道",并没有什么范围;语言,并没有什么固定。因为这个(语言)没有固定,所以"道"就有了区别。

请让我谈谈它的区别。

有的反对,有的赞同,有的谈说,有的指责,有的分析,有的辩论,有的强辞,有的力争,这就叫作谈论"道"的八种表象。

宇宙以外的事物,圣人听任它,而不谈说它;宇宙以内的事物,圣人谈说它,而不指责它。经历了许多世代的那些先王的史迹,圣人议论它,而不辩驳它。

所以,所谓分析,有的就分析不到;所谓辩论,有的就辩论不到。

有的就问,这是什么意思呢?

〔关于是非问题,〕圣人藏在心里,一般人则提出辩论,藉以互相表示意见。所以说:辩论,就是由于有见不到的地方。

大"道",用不着称扬;大辩论,用不着说话;大仁慈,显不出仁慈;大廉洁,显不出谦让;大勇敢,显不出倔强。

"道",炫耀了,就不足称扬;说话,辩论起来,就有达不到的地方;仁慈,经常了,就不容易普遍;廉洁,清白了,就不容易取信于人;勇敢,倔强了,就不容易成事;这五项完全做到,差不多就接近道术了。

所以,懂得终止在自己所不知道的境界,可以说是最高明的了。

谁懂得不用言辞的辩论、不足称扬的"道"呢? 如果有人懂得这些道理,那就叫作天然的府库:向它里面注入,永远注不满;从它里面向外倾倒,永远倒不干,也不知道它是从哪里来的。——这就是蕴藏光明。

故昔①者,尧问于舜曰:"我欲伐宗、脍、胥敖②,南面③而不释然④。其故何也？"

舜曰："夫三子者⑤，犹存蓬艾之间⑥。若⑦不释然，何哉？昔者，十日并出，万物皆照。而况德之进乎日者乎⑧？"

【注释】① 故昔，犹言古昔。　② 宗、脍、胥敖，三国名。　③ 南面，君位也。　④ 释然，怡悦貌也。释，通"怿"。　⑤ 三子，即三国之君也。⑥ 蓬艾，贱草，斥鷃足以逍遥。　⑦ 若，汝也。　⑧ 进，过也。

【译文】在古代，帝尧问大舜说："我打算讨伐宗、脍、胥敖三国，在临朝的时候，我心里总觉得不大愉快。这是什么缘故呢？"

大舜说："那三位国君，还存在于草莽之中。你总感到不愉快，这是为什么呢？在古代，十个太阳同时出来，万物都被它的光辉照耀着。何况那德业超过太阳的人呢？"

齧缺①问乎王倪曰："子知物之所同是乎？"

曰："吾恶乎知之？"

曰："子知子之所不知邪？"

曰："吾恶乎知之？"

"然则物无知邪？"

曰："吾恶乎知之？——虽然，尝试论之。庸讵②知吾所谓知之非不知邪？庸讵知吾所谓不知之非知邪？且吾尝试问乎汝：民湿寝，则腰疾偏死③；鳅④然乎哉？木处，则惴慄恂惧⑤，猨猴然乎哉？三者孰知正处？民食刍豢⑥，麋鹿食荐⑦，蝍且⑧甘带⑨，鸱⑩鸦耆⑪鼠，四者孰知正味？猨，猵狙⑫以为雌；麋与鹿交；鳅与鱼游；毛嫱⑬、西施⑭,人之所美也,鱼见之深入,鸟见之高飞,麋鹿见之决骤⑮;四者孰知天下之正色哉? 自我视之,仁义之端,是非之涂,樊然淆乱⑯。吾恶能知其辩?"

啮缺曰:"子不知利害,则至人固不知利害乎?"

王倪曰:"至人,神矣! 大泽焚,而不能热;河汉沍⑰,而不能寒;疾雷破山,飘风振海⑱,而不能惊。若然者,乘云气,骑日月,而游乎四海之外;死生无变于己,而况利害之端乎?"

【注释】① 啮缺,许由之师。 ② 讵,何也。"庸"与"讵"同意,故亦称"庸讵"。 ③ 偏死,偏枯死也。 ④ 鳅,泥鳅。 ⑤ 惴、慄、恂、惧,是恐迫之别名。 ⑥ 牛羊曰刍,犬豕曰豢。 ⑦ 荐,美草也。 ⑧ 且,字或作"蛆"。 ⑨ 带,小蛇也。 ⑩ 鸱,鸢。 ⑪ 耆,或作"嗜"。 ⑫ 猵狙,似猿而狗头,喜与雌猿交也。 ⑬ 毛嫱,古美人。 ⑭ 西施,各本作"丽姬"。 ⑮ 决,当作"趹"。《说文》:"趹,马行也。" ⑯ 樊然,纷然也。 ⑰ 沍,冻也。 ⑱ "风"上本无"飘"字。

【译文】啮缺问他的老师王倪说:"您知道事物共同为是的所在吗?"

王倪说:"我怎么能够知道呢?"

啮缺又问:"您知道您所以不知道的原因吗?"

王倪又说:"我怎么能够知道呢?"

啮缺又问:"那么万物没有知觉吗?"

王倪又说:"我怎么能够知道呢? ——虽然如此,我还是尝试着谈一谈吧:我怎么能够知道我所谓知道的不是不知道呢? 我怎么能够知道我所不知道的不是知道呢? 我且问你:人在潮湿的地方睡眠,就会患腰疼病或半身不遂;泥鳅是这样的吗? 人在树上居住，就感到恐惧不安；猴子是这样的吗？这三种物类，哪一种懂得真正的住处呢？人吃肉食，猨子和鹿吃野草，蜈蚣食蛇，鹞鹰、乌鸦吃老鼠；这四种物类，哪一种懂得真正的味道呢？今猵狙和母猿猴相交配；猨子和鹿相交配；泥鳅和鱼在一起游水；毛嫱、西施，人们认为她们最美丽，可是鱼看见她们就向水底沉没，鸟儿看见她们就向高处飞去，猨子和鹿看见她们就很快地跑开：这四种物类，哪一种懂得真正的容色呢？在我看来，仁义的事端，是非的道路，真是纷纷扰扰，淆乱不清。我怎么能够知道它们的区别呢？"

齧缺又问："您不懂得什么叫作利害，难道至人本来就不知道什么叫作利害吗？"

王倪说："那至人，可神通极了！草泽中起了大火，他也感不到热；长江大河中冻了冰，他也感不到冷；劈雷击破了高山，暴风震荡了大海，他也感不到惊恐。像这样的人，驾起云雾，骑着日月，而周行在四海之外；死亡和生存，对他是无动于衷；何况是世间那些利害的事端呢？"

瞿鹊子问于长梧子①曰："吾闻诸夫子②：'圣人不从事于务，不就利，不违害，不喜求，不缘道③，无谓有谓，有谓无谓④，而游乎尘埃之外。'——夫子以为孟浪之言⑤，而我独以为妙道之行⑥也。吾子以为奚若？"

长梧子曰："是黄帝之所听荧⑦也，而丘也何足以知之？且汝亦大早计⑧：见卵而求时夜⑨，见弹而求鸮炙⑩。

"予尝为汝妄言之，汝以妄听之。奚？

"旁日月,挟宇宙⑪,为其脗合⑫,置其滑涽⑬,以隶相尊⑭。众人役役,圣人愚芚⑮;参万岁而一成纯⑯。万物尽然,而以是相蕴⑰。

"予恶乎知说生之非惑邪?予恶乎知恶死之非弱丧而不知归者⑱邪?

"丽之姬,艾封人之子也⑲。晋国始得之也,涕泣沾襟;及其至于王所,与王同筐床⑳,食刍豢,而后悔其泣也。

"予恶乎知夫死者不悔其始之蕲生乎?

"梦饮酒者,旦而哭泣;梦哭泣者,旦而田猎。

"方其梦也,不知其梦也,梦之中又占梦焉,觉而后知其梦也。

"且有大觉,而后知此其大梦也。而愚者自以为觉,窃窃然㉑知之。君乎?牧乎?固哉㉒!

"丘也与汝,皆梦也;予谓汝梦,亦梦也。是其言也,其名为吊诡㉓。万世之后,而一遇大圣;知其解者,是旦暮遇之也。

"既使我与若辩矣:若胜我,我不若胜;若果是也,我果非也邪?我胜若,若不吾胜;我果是也,而㉔果非也邪?其或是也、其或非也邪?其俱是也、其俱非也邪?我与若不能相知也。则人固受其黮暗㉕。吾谁使正之?

"使同乎若者正之;既与若同矣,恶能正之?使同乎我者正之;既同乎我矣,恶能正之?使异乎我与若者正之;既异乎我与若矣,恶能正之?使同乎我与若者正之;

既同乎我与若矣，恶能正之？然则，我与若与人，俱不能相知也，而待彼也哉？

"化声之相待，若其不相待㉖。和之以天倪㉗，因之以曼衍㉘，所以穷年也㉙。"

"何谓'和之以天倪'？"

曰："是，不是；然，不然。是若果是也，则是之异乎不是也，亦无辩；然若果然也，则然之异乎不然也，亦无辩。忘年，忘义㉚，振于无竟㉛，故寓诸无竟。"

【注释】① 长梧子，居长梧，因以为名。　② 夫子，孔丘也。　③ 缘，攀缘。　④ 无谓有谓，未尝不言也；有谓无谓，未尝有言也。　⑤ 孟浪，不著实也。　⑥ 妙道之行，即见道之言也，与"孟浪之言"相对。　⑦ 听荧，疑惑也。　⑧ 大，音"太"。方闻言，遽以为妙道之行。　⑨ 时夜，司夜，谓鸡也。　⑩ 鸮，小鸠，可炙。　⑪ 旁，依也。　⑫ 脗合，若两唇之相合也。　⑬ 滑，乱也。潘，暗也。置其滑潘，不求辩论之明。　⑭ 隶，贱称。以隶相尊，一于贵贱也。　⑮ 役役，驰骛于是非之境也。愚芚，芚然无知而直往之貌。　⑯ 成纯，犹言大一也，天地元始之谓也。　⑰ 蕴，蕴藉也。亦作"温藉"，"酝藉"。　⑱ 少年失其故居，故曰弱丧。夫弱丧者，遂安于所在，而不知归于故乡也。　⑲ 昔秦穆公与晋献公伐丽戎之国，得美女一，玉环二。秦取玉环，而晋取女。即丽戎之艾地守封疆人之女也。丽，亦作"骊"。　⑳ 筐，方也；一云：筐床，正床也。　㉑ 窃窃，犹察察也。　㉒ 君，贵；牧，贱。分贵分贱，何其滞也？　㉓ 吊，音"的"，至也。诡，异也。　㉔ 若，而，皆汝也。　㉕ 黮暗，不明貌。　㉖ 化声，谓语言也。　㉗ 天倪，天研。"天均"本篇前文作"天钧"。天研者，天磨也，喻循环运转之天道也，与"天均"或"天钧"相类。"和之以天倪"，亦即前文"和之以是非，而休乎天钧"之义也。　㉘ 曼衍，犹推衍也。　㉙ 穷年，尽吾言而后已。　㉚ 义者，裁于是非也。　㉛ 竟，穷也。

【译文】瞿鹊子请问长梧子说:"我听到我的老师(孔子)说过:〔有人说〕'圣人不处理事务,不趋就利益,不回避危害,不喜欢追求,不攀缘大道;不说话也就是说话,说话也就是不说话;他是游行在尘世之外。'——我的老师以为这是虚诞之言,可是我却以为这是见道之言。您以为怎么样呢?"

长梧子说:"这种言论,就是黄帝听了,也会感到迷惑的,像孔丘他怎么能够懂得呢? 并且,你的结论也下得太早一点儿了:这就等于看见鸡蛋就想得到鸡,看见弹弓就想得到烤斑鸠。

"我尝试着对你随便谈一谈,你就暂且随便听一听。怎么样?

"与日月并依存,和宇宙为一体;施行同人吻合的事务,放弃混乱不明的是非;对尊贵和卑贱一视同仁。一般人都是诡计多端,圣人却像是蒙昧无知。他和万年共往来,和太一相和同。万物总是如此,而圣人就这样地和它们互相含容。

"我怎么知道喜欢生存不是一种迷惑呢? 我怎么知道憎恶死亡不和自幼流亡而不知道归还故乡的人一样呢?

"丽姬本来是艾邑国境看守人的女儿;晋国当初得到她的时候,她啼哭得泪流满襟;等到把她献到国王那里去,她和国王一同卧着方床,吃着山珍海味的时候,她这才懊悔自己当初不应当啼哭。

"我怎么知道那死去的人不懊悔他自己当初的企求生存呢?

"作梦喝酒的人,早晨起来却啼哭起来;作梦啼哭的人,早晨起来却出去行围打猎。

"当他在作梦的时候,并不知道自己是在作梦,在梦里他又用自己的梦去占卜吉凶,觉醒之后,这才知道方才自己是在作梦。

"人必须是有了大的觉悟，然后才知道自己的一生就是一场大梦。可是，愚蠢的人自以为自己是在清醒着，并且认为自己什么都是知道得清清楚楚：谁谁是君王啊，谁谁是马夫啊。简直是顽固不化！

"孔丘和你，都是在作梦；我说你在作梦，其实我也是在作梦。可见他说的那些话，就叫作标奇立异。千年万载之后，才能够遇见一个大圣人，〔能够懂得他所说的那些话；〕如果现在就有人懂得，那便是在一半天内就遇见圣人了。

"既然使我和您争辩起来了：如果你胜过我，我胜不过你；你就果然是对的、我就果然是不对的吗？如果我胜过你，你胜不过我；我就果然是对的、你就果然是不对的吗？还是有的对、有的不对呢？还是都对、都不对呢？我和你都是不能够互相知道的。即便是别人也必然感到糊里糊涂。我又让谁来纠正呢？

"让和你的见解相同的人来纠正；既然他和你的见解相同了，他怎么能够纠正呢？让和我的见解相同的人来纠正；既然他和我的见解相同了，他怎么能够纠正呢？让和我和你的见解都不相同的人来纠正；既然他和我和你的见解都不相同了，他怎么能够纠正呢？让和我和你的见解都相同的人来纠正；既然他和我和你的见解都相同了，他怎么能够纠正呢？那么，我和你和别人，都不能够互相知道，难道还得凭藉其他的人来解决吗？

"如果凭借着随物变化的声音(语言)〔来分辨是非〕，就和不凭借它一样。只有用'天倪'(循环的天道)来和同是非，凭借它来推衍事理，这才可以安安稳稳地度过自己的一生。"

瞿鹊子问："什么叫作用'天倪'来和同是非呢？"

长梧子说："是,同时也是不是;如此,同时也是不如此。是,果然是的,即便它和不是的不相同,也不需要分辩。如此,果然是如此的,即便它和不如此的不相同,也不需要分辩。忘掉岁月,忘掉正义,超拔于广漠无穷的境界,就可以寄托于广漠无穷的境界。"

罔两问景①曰:"曩②子行,今子止;曩子坐,今子立。何其无特操与?"

景曰:"吾有待而然者邪? 吾所待又有待而然者邪③? 吾待蛇蚹④、蜩翼邪? 恶识所以然? 恶识所以不然?"

【注释】① 罔两,景之景也。景,作"影"。 ② 曩,昔也。 ③ 影之所待,形也;形待造物,造物复何待乎? ④ 蛇蚹,谓蛇腹下龃龉可以行者也。

【译文】阴影的阴影问阴影说:"从前您走着,现在您站着;从前您坐着,现在您立着。怎么您连点儿独特的把握都没有呢?"

阴影说:"我是有所凭借而这样的吗? 我所凭借的又是有所凭借而这样的吗? 我要凭借着蛇肚皮下的横鳞〔只会爬〕、蝉儿的翅膀〔只会飞〕吗? 我又怎么知道所以是这样,怎么知道所以不是这样呢?"

昔者,庄周梦为胡蝶,栩栩然①胡蝶也;自喻②适志与③,不知周也。俄然觉,则蘧蘧然④周也。不知周之梦为胡蝶与? 胡蝶之梦为周与? 周与胡蝶,则必有分矣。——此之谓物化。

【注释】① 栩栩,喜貌。栩,当借为"念"。《说文》:"念,喜也。"② 喻,快也。 ③ 与,哉。 ④ 蘧蘧,有形貌。

【译文】前几天,庄周作梦变成了一只蝴蝶,欢欣鼓舞地是一只蝴蝶;自己快乐得称心如意的,不知道自己是庄周了。一忽儿,醒过来,就又形迹开朗地是庄周了。也不知道是庄周作梦变成蝴蝶了呢? 还是蝴蝶作梦变成庄周了呢? 庄周和蝴蝶,必然是有所区别的。——这就叫作事物的幻化。

三、养　生　主①（六章）

　　吾生也有涯，而知也无涯；以有涯而随无涯，殆②已。已而为知者，殆而已矣。

　　为善，无近名；为恶，无近刑。缘督以为经③，可以保身，可以全生，可以养亲，可以尽年。

　　【注释】① 养生以此为主也。主，犹本也。　② 殆，疲困之谓。　③ 缘，顺也。经，常也。

　　【译文】我的生命是有限的，而天地间的知识是无限的；用有限的生命去追求无限的知识，是会遭到疲困的。那追求知识的人，只有取得疲困。

　　作好事，并不一定取得现时的名誉；作坏事，并不一定遭到现时的惩罚。把遵循自然之理作为常法，就可以捍卫身体，可以保全生命，可以奉养父母，可以享尽天年。

　　庖丁①为文惠君②解牛③，手之所触，肩之所倚，足之所履，膝之所踦④，砉然⑤向⑥；奏⑦刀，騞然莫不中音⑧：合于《桑林》⑨之舞，乃中《狸首》⑩之会⑪。

　　文惠君曰："嘻⑫！善哉！技盖⑬至此乎？"

庖丁释刀,对曰:"臣之所好者,道也,进乎技矣⑭。始,臣之解牛之时,所见无非牛者;三年之后,未尝见全牛⑮也。方今之时,臣以神遇,而不以目视⑯;官知止而神欲行;依乎天理⑰,批大郤⑱,道大窾⑲,因其固然。技经肯綮之未尝⑳,而况大軱㉑乎?良庖,岁更刀,割也;族庖㉒,月更刀,折㉓也。今臣之刀十九年矣,所解数千牛矣,而刀刃若新发于硎㉔。彼节者有间,而刀刃者无厚;以无厚入有间,恢恢乎㉕其于游刃㉖,必有馀地矣。是以十九年而刀刃若新发于硎。虽然,每至于族㉗,吾见其难为,怵然为戒:视为止,行为迟,动刀甚微,謋然㉘已解,如土委地。提刀而立,为之四顾,为之踌躇满志,善刀㉙而藏之。"

文惠君曰:"善哉!吾闻庖丁之言,得养生焉。"

【注释】① 庖丁,庖人;丁,其名也。 ② 文惠君,梁惠王也。 ③ 解,宰割之也。 ④ 踦,刺也。 ⑤ 砉然,皮骨相离声。 ⑥ "向"下本有"然"字。本或无"然"字。"砉然向",与下文"騞然莫不中音"相对,不应有"然"字。"然"字涉上下文"然"字而衍,今据删。 ⑦ 奏,进奏。 ⑧ 騞,音近"获",声大于砉也。砉、騞,实一字。 ⑨ 桑林,汤乐名。 ⑩ 狸,本作"经"。 ⑪ 会,节也。 ⑫ 嘻,叹声也。 ⑬ 盖,借为"盍"。 ⑭ 进,过也。 ⑮ 所见无非牛,未见其理、间(膝理、间郤);未尝见全牛,但见其理、间也。 ⑯ 暗与理会。 ⑰ 天理,天然之膝理。 ⑱ 郤,间也。大郤,间郤交际之处。郤,通"隙"。 ⑲ 窾,空也。大窾,骨节空处。道,音"导"。 ⑳ 綮,犹结处也。肯,着骨肉也。肯綮,肉着骨处也。言我技精妙,肉骨连着处,吾刀未尝一经也。 ㉑ 軱,盘结骨。軱,軱戾,大骨也。軱,即"柧"之或体。 ㉒ 族,众也。 ㉓ 折,谓折骨。《左传·哀公元年》

曰:"无折骨。" ㉔ 硎,磨石也。 ㉕ 恢恢,宽大。 ㉖ 游刃,即用刃也。
㉗ 交错聚结为族。 ㉘ 謋然,骨肉离之声也。 ㉙ 郭象:善刀,拭刀。
善刀,整好其刀。

【译文】庖丁为文惠君宰牛,他的手所触到的地方,肩膀所倚
到的地方,脚所踩到的地方,膝盖所挤到的地方,皮肉和骨骼呲
嚓呲嚓地很快地分离开;运用刀来肢解的时候,卡赤卡赤地没有
一处不谐调声律:它既合乎祷歌《桑林》的舞蹈,也合乎射歌《狸
首》的节奏。

文惠君说:"哈哈! 好啊! 你的技术怎么妙到这般地步呢?"

庖丁把刀一丢,回答文惠君说:"奴才所喜好的是宰牛的道
理,那是要超过我宰牛的技术的。当初,奴才在学习宰牛的时
候,眼睛所见到的,没有一头不是完完整整的牛〔看不见它的腠
理和间郤〕;三年之后,就看不到一头完完整整的牛〔只看到它的
腠理和间郤〕了。到了现在,奴才是用精神来和牛相接触,而不
是用眼睛来观察;官能的知觉休止了,可是精神的嗜欲却在活
动;按着肌肉的自然文理,批开骨肉的缝隙,引导到大骨节的空
处,都依顺着它本来的结构;我用刀的技术并没有经过骨肉联结
的地方,何况是盘盘棱棱的骨头呢? 好的庖人,一年更换一次刀
割肉;一般的庖人,一个月更换一次刀砍骨头。现在奴才的刀已
经用了十九年了,所宰的牛已经有几千头了,可是锋刃还像新在
磨刀石上磨出来的一样。那牛的骨节有空隙,可是刀的锋刃没
有厚度;把没有厚度的东西放进有空隙的东西里面,这对于使用
刀刃,必然是会有余间的地步的。所以我十九年的工夫,刀的锋
刃还像新在磨刀石上磨出来的一样。虽然如此,每逢到筋骨交
结的地方,我看到事情很难办,自己就越加警惕:眼神也凝定
了,行动也迟缓了,用刀非常轻微,可是这些筋骨却哗啦地一下

子解脱了，就像土块落地的一样。我就提着刀站起来，不禁向四下张望，感到心满意足，整理整理我的刀，就把它封藏起来了。"

文惠君说："好啊！我听了庖丁宰牛的这番话，却得到了养生的道理。"

公文轩见右师①而惊。曰："是何人也？恶乎介②也？天与？其人与？"

曰："天也，非人也；天之生是使独③也。人之貌，有与也。以是，知其天地，非人也。"

【注释】① 公文轩，姓公文氏，名轩，宋人也。右师，宋人也。 ② 介，特也，谓一足。 ③ 一足曰独。

【译文】公文轩见到右师，立刻就大吃一惊。他说："这是个什么人啊！为什么一只脚呢？是天生的呢？还是人为的呢？"

右师说："我是天生的，不是人为的啊。这是天生就使它一只的。人的形貌，必然有个赐予者。因此，我知道这是天生的，而不是人为的啊。"

泽雉，十步一啄，百步一饮，不蕲畜乎樊中①。神虽王②，不善也。

【注释】① 樊，藩也，所以笼雉也。言虽饮啄之艰如此，不求樊中之养。 ② 王，音"旺"，畅旺。

【译文】池泽边上的野鸡，走十步，才啄一次食；走一百步，才喝一次水；它并不希望被人畜养在樊笼之中。〔在樊笼之中，〕精神虽然饱满，可是并不舒适啊。

老聃死,秦失①吊之,三号而出。

弟子曰:"非夫子之友邪?"

曰:"然。"

"然则吊焉若此,可乎?"

曰:"然。始也,吾以为其人也,而今,非也。向,吾入而吊焉,有老者哭之,如哭其子;少者哭之,如哭其母。彼其所以会之,必有不蕲言而言②,不蕲哭而哭者:是遁天③、倍情④,忘其所受。古者谓之遁天之刑。适来,夫子时也;适去,夫子顺也。安时而处顺,哀乐不能入也。古者谓是帝之县解⑤。"

【注释】① 失,本又作"佚",皆音"逸"。 ② 言,悲悼悼词。 ③ 遁天,失其天然。 ④ 倍,本又作"背"。 ⑤ 以生为县,以死为解。帝者,天也。帝之县解,天然之解脱。

【译文】老聃死了,秦失去哀悼他,哭了三声就出来了。

秦失的学生问他说:"老聃不是老师的朋友吗?"

秦失说:"是的。"

学生又问:"那么,你这样哀悼法儿,对吗?"

秦失说:"对的。起初,我认为他是一般的人;可是现在,我认为他不是一般的人了。方才,我进去吊唁的时候,有年老的哭他,好像是哭他的儿子;有年轻的人哭他,好像是哭他的母亲。他们所亲身体会的,必然有不求着悲伤而悲伤的,有不求着啼哭而啼哭的。这都是违失了自然,背反了本性,忘掉了他们的切身感受。古来对这个叫作违失自然法则。当来的时候,他老先生就应时而来;当去的时候,他老先生就顺理而去。安于应时,处于顺理,悲哀快乐的情感是不能够参与到里面的。古来对这个就叫作天然的解脱。"

指穷于为薪①;火传也,不知其尽也②。

【注释】① 穷,尽也。指,应为"桰"之误字或借字,即"楮"之省文。
② 传,延也。疑此文为《天下》篇之错简。

【译文】用木柱作烧柴,能够把它烧完;可是火要延续起来,
是不知道它的尽头的。

四、人 间 世①（八章）

颜回见仲尼②，请行。

曰："奚之？"

曰："将之卫。"

曰："奚为焉？"

曰："回闻卫君③，其年壮，其行独；轻用其国，而不见其过；轻用民死，死者以国，量乎泽，若蕉④；民其无如⑤矣。回尝闻之夫子曰：'治国去之，乱国就之。'医门多疾。愿以所闻思其则⑥。庶几其国有瘳⑦乎？"

仲尼曰："嘻⑧！若殆往而刑耳！夫道，不欲杂；杂则多，多则扰，扰则忧，忧而不救。古之至人，先存诸己，而后存诸人⑨；所存于己者未定，何暇至于暴人之所行？

"且若亦知夫德之所荡，而知之所为出乎哉？德荡乎名，知出乎争。名也者，相札也；知也者，争之器也；二者凶器，非所以尽行也。且德厚、信矼⑩，未达人气；名闻、不争，未达人心；而强以仁义绳墨之言术⑪暴人之前者，是以人恶育其美⑫也，命之曰菑人⑬。菑人者，人必反菑之。若殆为人菑夫！

"且苟为悦贤而恶不肖,恶用而求有以异?若唯⑭无诺,王公必将乘人而斗其捷;而目将荧之⑮,而色将平之,口将营之;容将形之,心且成之;是以火救火,以水救水,名之曰益多。顺始无穷。若殆不信厚言,必死于暴人之前矣。

"且昔者,桀杀关龙逢,纣杀王子比干⑯,是皆修其身以⑰伛拊⑱人之民,以下拂⑲其上者也;故其君因其修以挤⑳之;是好名者也。昔者,尧攻丛枝、胥敖,禹攻有扈㉑,国为虚厉㉒,身为刑戮;其用兵不止,其求实无已;是皆求名实者也。而独不闻之乎?名实者,圣人之所不能胜也。而况若乎?

"虽然,若必有以也。尝以语我来?"

颜回曰:"端而虚,勉而一,则可乎?"

曰:"恶!恶可㉓!夫以阳为充,孔扬㉔,采色不定㉕,常人之所不违。因案人之所感,以求容与其心㉖,名之曰日渐之德㉗,不成,而况大德乎?将执而不化,外合而内不訾㉘,其庸讵可乎?"

"然则,我内直而外曲,成而上比。——内直者,与天为徒。与天为徒者,知天子之与己皆天之所子,而独以己言蕲乎而人善之,蕲乎而人㉙不善之邪?若然者,人谓之童子:是之谓与天为徒。外曲者,与人之为徒也。擎、跽、曲拳㉚,人臣之礼也;人皆为之,吾敢不为邪?为人之所为者,人亦无疵焉:是之谓与人为徒。成而上比者,与古为徒。其言虽教,谪㉛之实也;古之有也,非吾有也;若然者,虽直不为病:是之谓与古为徒。——若是,则可乎?"

仲尼曰:"恶!恶可!大㉜多政法㉝而不谍㉞,虽固,亦无罪。虽然,止是耳矣,夫胡可以及化?犹师心者也。"

颜回曰:"吾无以进矣。敢闻其方。"

仲尼曰:"斋,吾将语若。有心㉟而为之,其易邪?易之者,暤天不宜㊱。"

颜回曰:"回之家,贫,唯不饮酒、不茹荤㊲者,数月矣。如此,可以为斋乎?"

曰:"是祭祀之斋,非心斋也。"

回曰:"敢闻心斋。"

仲尼曰:"若一志:无听之以耳,而听之以心;无听之以心,而听之以气。耳止于听㊳,心止于符㊴;气也者,虚而待物者也。唯道集虚。虚者,心斋也。"

颜回曰:"回之未始得使,实有㊵回也;得使之也,未始有回也。可谓虚乎?"

夫子曰:"尽矣!吾语若:若能入游其樊,而无感其名。入则鸣,不入则止。无门,无毒,一宅㊶,而寓于不得已。则几㊷矣。绝迹,易;无行地,难㊸。为人使,易以伪;为天使,难以伪。闻以有翼飞者矣,未闻以无翼飞者也;闻以有知知者矣,未闻以无知知者也。瞻彼阕者㊹,虚室生白㊺,吉祥止止㊻。夫且不止,是之谓坐驰。夫徇㊼耳目内通,而外于心知,鬼神将来舍,而况人乎?是㊽万物之化也,禹、舜之所纽㊾也,伏羲、几蘧㊿之所行终,而况散⑤焉者乎?"

【注释】① 本篇庄子言处世之道。彼主张虚以待物,静以养神,以无用为用,以不材为材,仅明哲保身之术耳。然则庄子所玄想之"逍遥游",实不能实现于"人间世"者也。　② 假托孔子之徒以立言也。　③ 卫君,托词以指时王靡乱其民者。　④ 蕉,草芥也。　⑤ 无如,无所归依。　⑥ 则,法也。思其则,思救之法。　⑦ 瘳,愈也。　⑧ 嘻,怪笑声也。　⑨ 存,察也。　⑩ 矼,悫实貌。　⑪ 术暴君之前,犹言述暴君之前也。　⑫ 育,本作"有"。　⑬ 菑,害也。　⑭ 若,汝也。唯,系"虽"误。　⑮ 其人辩捷,使人眼眩也。荧,惑也。　⑯ 关龙逢,夏桀之贤臣。王子比干,殷纣之叔父。　⑰ "以"下本有"下"字。　⑱ 伛拊,犹怜爱也。　⑲ 拂,违也。　⑳ 挤,陷也。挤,排也。　㉑ 丛枝、胥敖、有扈,并是国名。　㉒ 厉,借为"迥"。虚厉,谓丘墟之土围也。　㉓ 上"恶",叹辞;下"恶可",不可也。　㉔ 言卫君亢阳之性充张于内,而甚扬于外,强御之至也。阳,刚猛也。孔,甚也。　㉕ 喜怒无常。　㉖ 案,抑也。容与,犹放纵也。　㉗ 日渐之德,日将渐渍之德。　㉘ 訾,毁也。　㉙ 而人,犹言其人、彼人也。　㉚ 跽,长跪也。擎手、跽足,磬折曲躬,俯仰拜伏。擎,执笏;曲拳,鞠躬。　㉛ 谪,责也。　㉜ 大,音"太"。　㉝ 政法,正常之法度也。　㉞ 谍,借为"瞢"。"瞢",亦作"喋"。　㉟ "有"下本无"心"字。　㊱ 晖天,自然也。　㊲ 茹,食也。　㊳ "耳止于听"本作"听止于耳"。　㊴ 符,合也。心起缘虑,必与境合。　㊵ "有"本作"自"。　㊶ 宅,居处也。处心至一之道。　㊷ 几,尽也。应物,理尽于斯也。　㊸ 不行,则易;行而不践地,不可能也。　㊹ 按:《说文》:"阒,事已闭门也。"《毛诗传》:"阒,息也。"　㊺ 白者,日光所照也。　㊻ 下"止"字,当作"之"。止、之,篆形相似,易误。　㊼ 徇,使也。　㊽ 是,指前心斋等法。　㊾ 纽,本也。　㊿ 几蘧,当是"遂人"。"遂"讹为"蘧","人"讹为"几",又误倒其文,因为"几蘧"耳。遂人,即燧人。　⑤ 散,放也。散人,凡鄙疏散之人。

【译文】颜回去见孔子,向孔子辞行。

孔子问颜回说:"你打算往哪里去呢?"

颜回说:"我打算到卫国去。"

孔子又问他:"你到那里去作什么呢?"

颜回说:"我听说卫国之君,他年华少壮,行为孤僻,轻于动用国家的权威,可是看不见自己的过错;他轻于教人民为他卖命,为国家而死的人民,填满了池泽,就像横七竖八的乱草一般。人民简直被逼得没有生路了。我尝听到老师说过:'太平的国家,就应该离开它;昏乱的国家,就应该投奔它。'医生门前病人多。我愿意从我所听到的道理中想出一些解救的办法来。可能这个国家还会有救啊!"

孔子说:"唉呀!你往那里去,大概要遭到刑罚的。关于道术,不希求驳杂;驳杂了,就头绪繁多;头绪繁多了,就内心烦乱;内心烦乱了,就顾虑重重;顾虑重重,就不可救药。古代的至人,先要省察自己,然后再去省察别人;所省察自己方面的还没有确定,哪里有工夫去省察凶暴之人的行为呢?

"况且,你也知道人的德行之所以败坏和智慧之所以表露的原因吗?德行是由于声名而败坏的,智慧是由于争竞而表露的。声名,就是互相倾害;智慧,就是争竞的工具。这两种凶器,是不能够用它来穷尽人的行为的。况且,自己德行纯厚,信用坚实,可是并不通达人的气质;自己不争求声名,可是并不通达人的心理;却勉勉强强地利用仁义、准则一类的话,陈述在凶暴之人的面前,这便是利用别人的劣迹,来炫耀自己的美名:这就叫作伤害别人的人,别人必定也反过来伤害自己。你大概要遭到别人的伤害啊!

"况且,假如卫国的国君是一个爱慕贤人而憎恶坏人的人,又何必用你去求他作出与众不同的表现呢？你纵然在他的面前不违抗他，他必然要藉着别人进言的机会，而争取他的胜利；〔在这时候，〕你的眼神将要被他所炫惑，你的气色将要平定下来，你的嘴将要营救自己，你的容貌将要露出顺从的表情，你的内心并且要成全他的说法：这就是用火救火，用水救水，这就叫作多上加多。从开始就顺从人意，将来会发展到不可想像的地步。你如果不听从我的忠告，必定要死在凶暴之人的面前！

"况且，在古代，夏桀杀过关龙逄，殷纣杀过王子比干；他们都是自己修治自己的身心，来抚爱国君的人民，都是以臣下而触犯了君上的人；所以他们的君上就因为他们自己修治自己的身心而排挤他们。他们都是爱好声名的人啊。在古代，帝尧讨伐丛枝和胥敖，大禹讨伐有扈，城郭都变成了废墟，人民都遭到了杀戮；可是他们还不肯休止干戈，还是追求财宝没个完。他们都是追求声名和财宝的人啊。你难道没有听说过吗？声名和财宝，即便圣人也是不能够克服的。何况是你呢？

"虽然如此，你必然是有说词的。你能够对我试谈一谈吗？"

颜回说："我要抱着严肃而又谦虚、勉励而又纯一的态度，那可以不可以呢？"

孔子说："咳！那怎么可以呢？〔那卫国的国君，〕内心充满着刚愎之气，而且尽情地向外发作，他的神色没有一定，一般的人是不敢违犯他的。他压制别人对他的规劝，藉着这个来满足他放肆的心志，即便把它叫作一天一天熏陶渐染成的德行，也够不上，何况是大的德行呢？你如果固执己见，而不知道变化，外貌和他相投，而内心却不敢对他提出指责，那怎么可以呢？"

颜回说："那么，我就内心正直，而外貌曲从，善于上比古人。——内心正直,就是和天交友。和天交友的人,他知道天子和自己都是天所爱护的;何尝是把自己所说的话求着别人赞成或是求着别人不赞成呢? 像这样的人,人们都把他叫作天真的儿童。这就叫作和天交友。外貌曲从,就是和人交友。拱手、下跪、鞠躬、磕头,这都是为臣下的礼节;别人都这样作,我敢不这样作吗? 作别人所作过的事情,别人是不会责难他的。这就叫作和人交友。善于上比古人,这就叫作和古代交友。当时所陈述的话,纵然都是一些教条,同时也有指责的实际;这是古来就有的,并不是我所独有的;像这样作,纵然是直率一点,也不会发生什么过错。这就叫作和古代交友。——如果这样作,可以不可以呢?"

孔子说:"咳! 那怎么可以呢? 正常的法度太多,而不絮絮烦烦,纵然固执一些,也不致获得罪名。虽然如此,也仅仅是停留在这里,又怎么能够谈得上可以感化别人呢? 这还是把自己的内心作为自己的导师的办法啊!"

颜回说:"我再也不能够前进一步了。我要请问一下对付这三种人的办法。"

孔子说:"你斋戒了以后,我是要告诉给你的。你有了成心去那样作,那事情还容易成功吗? 如果以为容易成功,那是不合乎自然法则的。"

颜回说:"我的家境贫寒,已经有几个月没有喝过酒、吃过荤了。这样,可不可以算是斋戒了呢?"

孔子说:"你说的那是关于祭祀的斋戒,而不是内心的斋戒啊。"

颜回说:"我请问什么叫作内心的斋戒。"

孔子说："你要纯一你的内心：〔对于一切事物，〕不是用耳朵去听，而是用心去听；不是用心去听，而是用气去听。耳朵只限于听取事物，心只限于符合事物；只有气，才是用虚无淡漠来对待事物的主宰。'道'是完全集结在虚无淡漠之中的。虚无淡漠，就是内心的斋戒。"

颜回说："在我还没有得以使用心的时候，我感到实实在在地有我这个人；在我已经得以使用心的时候，我却感到并没有我这个人了。这个可不可以叫作虚无淡漠呢？"

孔子说："你对于内心斋戒的道理，可以说是完全领悟透了。我告诉你：你如果能够进入而游行在他的范围以内，不要被他的声名所惊动。他如果听得进去，你就说话；他如果听不进去，你就停止。自己既不要固闭，也不要暴躁。居心纯一，如同把自己寄托在不得不如此的境界。这就是把道理说尽了。不走路，很容易，走路不踏地面，却很难。被人指使，容易虚伪；被天指使，难以虚伪。我听说过用翅膀飞的物类，没有听说过用没有翅膀飞的物类；听说过用心智去求得知识，没有听说过不用心智而可以求得知识。看那劳动完了以后关起门来休息的人，在他虚静的内室里面，总像是生出了光明，一切吉祥如意的事情都拥向他的心头。如果在这种时候，心神还不能够静止，这就叫坐着奔驰。如果使外形的耳目和心相通，把内心的智慧排除在形体之外；即便是鬼神也要来到这里停息，何况是人呢？——这种心斋的道术，万物也要随着它变化，这便是大禹、大舜应付万物之所本；就是伏羲、燧人也要终身施行这种道术，何况那不知道约束自己的人呢？"

叶公子高①将使于齐,问于仲尼。曰:"王使诸梁也,甚重。齐之待使者,盖将甚敬而不急②。匹夫犹未可动也,而况诸侯乎? 吾甚慄之。子常语诸梁也,曰:'凡事,若小若大,寡不道以欢成③。事若不成,则必有人道之患④;事若成,则必有阴阳之患⑤。若成,若不成,而后无患者,唯有德者能之。'吾食也,执粗而不臧⑥,爨无欲清之人⑦,今吾朝受命而夕饮冰,吾其内热与? 吾未至乎事之情,而既有阴阳之患矣;事若不成,必有人道之患。是两也,为人臣者不足以任之。子其有以语我来?"

仲尼曰:"天下有大戒二⑧:其一,命也;其一,义也。子之爱亲,命也,不可解于心;臣之事君,义也,无适而非君也,无所逃于天地之间。是之谓大戒。是以,夫事亲者,不择地而安之,孝之至也;夫事君者,不择事而安之,忠之盛也。自事其心者,哀乐不易施⑨乎前,知其不可奈何,而安之若命,德之至也。为人臣子者,固有所不得已;行事之情⑩,而忘其身,何暇至于悦生而恶死? 夫子其行可矣。

"丘请复以所闻:

"凡交,近,则必相靡⑪以信;远,则必忠之以言。言,必或传之。夫传两喜、两怒之言,天下之难者也。夫两喜,必多溢美之言;两怒,必多溢恶之言⑫。凡溢之类,妄;妄,则其信之也莫⑬;莫,则传言者殃。故法言⑭曰:'传其常情,无传其溢言,则几乎全。'

"且以巧斗力者,始乎阳,常卒乎阴⑮;大至⑯,则多奇巧。以礼饮酒者，始乎治，常卒乎乱⑰；大至，则多奇乐。凡事亦然，始乎谅，常卒乎鄙⑱；其作始也简，其将毕也必巨。

"夫言，风波也；行者，实丧也⑲。风波，易以动；实丧，易以危。故忿设，无由巧言偏辞⑳。兽死不择音，气息茀然㉑，于是并生心厉㉒。克核大至㉓，则必有不肖之心应之，不知其然也。苟不知其然也，孰知其所终？故法言曰：'无迁令，无劝成。'过度，益也㉔。迁令，劝成，殆事。美成，在久；恶成，不及改。可不慎与？

"且夫，乘物以游心，托不得已以养中，至矣。何作为报也？莫若为致命。此其难者！"

【注释】① 叶公子高，楚大夫，为叶县尹，僭称公；姓沈，名诸梁，字子高。 ② 不急，不肯急应其求也。 ③ 言事无大小，少有不言以成欢者耳。 ④ 夫以成为欢者，不成则怒矣。此楚王之所不成免也。 ⑤ 人患虽去，然喜怒战于胸中，固已结冰炭于五藏矣。 ⑥ 臧，善也。 ⑦ 对火而不思凉，明其所馈俭薄也。清，凉也。 ⑧ 戒，法也。 ⑨ 施，移也。 ⑩ 情，实也。 ⑪ 靡，"縻"通，维系也。 ⑫ 溢，过也。 ⑬ 信之也莫，犹言信之不笃也。 ⑭ 法言，先圣之格言。 ⑮ 本共好戏，欲胜情至，潜兴害彼者也。 ⑯ 大，音"泰"，本亦作"泰"。 ⑰ 治，尊卑有别，旅酬有次；乱，湛湎淫液也。 ⑱ 言凡事始用理智，终用粗野也。 ⑲ 因此风波之言，而行喜怒者，则丧于实理者也。 ⑳ 由，用也。偏，借为"谝"。 ㉑ 茀，李音"怫"。茀、怫，皆有积塞之意。 ㉒ 厉，恶也。 ㉓ 克切责核，逼迫太甚。 ㉔ 益，当读为"溢"。言过其度，则溢矣。即上文"溢美"、"溢恶"之义。

【译文】叶公子高不久就要奉命出使齐国，他来请教孔子。说："我们的国王命令我出使齐国，责任非常重大。齐国招待使者,大都是礼貌很周到,不过对于外国的请求,却不大关心。一个老百姓都不可以随便惊动,何况是一国之君呢? 我对这项任务感到很可怕。您从前曾经告诉过我:'一切任务,无论是小是大,很少说是不欢喜它而达到成功的。任务如果不完成,必然要遭到人事的灾患(刑罚);任务如果完成,必然要遭到阴阳的灾患(疾病)。无论是完成还是不完成,后果都不遭到什么灾患,只有有道德的人才能够做到。'我家的饭食,又粗糙,又简单,烧饭的人用不着找清凉的地方〔因为火烟很小〕。现在,我早晨接受了出使的命令,晚上就吃起冰来了。难道我是心里发烧吗? 我还没有接触到任务的真实,就已经遭到阴阳的灾患了;如果完不成任务,必然又要遭到人事的灾患。这两种灾患,作臣仆的人是受不住的。您能够告诉给我个办法吗?"

孔子说:"天下有两种大的法条:一种是天性的本然,一种是事理的当然。儿女的喜爱父母,这是天性的本然,在自己内心是没法儿理解的;臣仆的事奉君上,这是事理的当然,走到什么地方都离不开君上,只要是在天地之间,就永远不可能逃脱开。这就是大的法条。所以,那事奉自己的父母的,并不选择环境来安慰对方,这便是最大的孝道;那事奉自己的君上的,不选择事务来安慰对方,这便是最大的忠心。自己事奉自己身心的人,不为当前的悲哀或快乐的事物所移动,知道没有什么办法,就安于如此的任命,这便是最高的德行。作臣仆或儿子的人,本来就有不得已的时候;如实地执行任务,而且要忘掉自己的身躯,哪里还有工夫贪生怕死呢? 先生是可以接受这项任务的。

"我还愿意连我从前所听到过的道理告诉您:

"凡是两国互相友好,距离近的,必然要以信用相互维系;距离远的,必然要以辞令相互忠告。这些辞令,必然要由某一个人去传达。那传达双方都喜欢或是双方都烦恼的辞令,是天下最难处理的事务。如果双方都喜欢,必然要有很多过分善美的辞令;如果双方都烦恼,必然要有很多过分恶劣的辞令。凡是过分的事物,都是虚妄的;虚妄,就难以使人相信;难以使人相信,传达辞令的人就要遭殃。所以古来的格言说:'要传达正常的事实,不要传达过分的辞令,才可以获得保全。'

"并且,凭借技巧一起摔跤的人,起首总是用明招儿,经常是到后来就用暗招儿;到了极点,就用尽更多奇异的技巧。按宾主之礼一起吃酒的人,起首总是有序有节,经常是到后来就失礼酗饮了;到了极点,就放佚狂欢了。一般的事情都是如此,起首总是斗智慧,经常是到后来就要起粗野来。事情在起首的时候都比较简单,到将要终了的时候,就必然要扩大起来。

"人的言语,就如同风波一样;人的行动,是会失掉真实的。如同风波,就容易掀起荡动;失掉真实,就容易发生危险。如果愤怒一摆出来,就用不着那些花言巧语了。譬如,兽类在将要被逼死的时候,号叫得不成个声音,气息都梗塞住了,因而它就又生出狠心(抓人咬人)。苛求过甚,就必然会有坏心眼儿来对付,也不知道为什么就这样。假如连自己都不知道为什么这样,谁还能够知道它最终会达到个什么程度呢?所以古代的格言说:'不要变更命令,不要奖劝成功。'超过了限度,就是过分。变更命令,奖劝成功,就要坏事。完美的成功,在于它能长久;坏事作成了,就再也不能够挽回。对事情不谨慎行吗?

"况且,寄情于事物的态势来悠游心志,假托不得已来培养中和之道,这是最好不过的。怎样去作才算是报答君上呢?不如拼着命地为他效力。这是一件最难处理的事情啊！"

颜阖①将傅卫灵公太子②，而问于蘧伯玉③。曰："有人于此，其德天杀：与之为无方，则危吾国；与之为有方④，则危吾身。其知，适足以知人之过，而不知其所以过。若然者，吾奈之何？"

蘧伯玉曰："善哉问乎！戒之！慎之！正汝身也哉！形莫若就，心莫若和。虽然，之二者，有患。就不欲入，和不欲出⑤。形就而入，且为颠，为灭，为崩，为蹶⑥；心和而出，且为声，为名，为妖，为孽⑦。彼且为婴儿，亦与之为婴儿；彼且为无町畦⑧，亦与之为无町畦；彼且为无崖，亦与之为无崖⑨。达之，入于无疵。

"汝不知夫螳螂乎？怒其臂⑩以当车辙，不知其不胜任也，是其才之美者也。戒之！慎之！积伐⑪而美者以犯之，几⑫矣！

"汝不知夫养虎者乎？不敢以生物与之，为其杀之之⑬怒也；不敢以全物与之，为其决⑭之之怒也。时⑮其饥饱，达其怒心。虎之与人异类，而媚养己者，顺也。故其杀者，逆也。

"夫爱马者，以筐盛矢，以蜃盛溺⑯。适有蚊虻仆缘⑰，而拊之不时，则缺衔⑱，毁首，碎胸。意有所至，而爱有所亡⑲。可不慎邪？"

【注释】① 颜阖，鲁之贤人，隐者。　② 太子，蒯聩也。　③ 蘧伯玉，名瑗，卫大夫。　④ 方，道也。　⑤ 就者，形顺；入者，遂与同。和者，以义济;出者,自显伐也。　⑥颠,覆也。灭,绝也,崩,坏也,蹶,败也。　⑦变物为妖。孽,灾也。　⑧町畦,畔埒也。无畔埒,无威仪也。　⑨无崖,不顾法也。　⑩怒,鼓怒。怒,读为"努"。　⑪伐,夸功也。　⑫几,危殆。　⑬至,通"致"。　⑭决,啮分之。　⑮时,通"待"。　⑯溺,借为"尿"。　⑰言蚊虻附缘于马体也。　⑱拊,拍也。衔,勒也。　⑲亡,犹失也。

【译文】颜阖不久要就任卫灵公太子蒯聩的太傅,他来请教蘧伯玉。说:"假如这里有这么一个人,他的德行是天生的衰薄:和他一同作不正当的事情,就危害了我的国家;和他一同作正当的事情,就危害了我的身躯。他的聪明,能够知道别人的过错,可是不知道自己为什么要犯过错。我对这种人,得怎么办呢?"

蘧伯玉说:"你问得好极了!警惕着!谨慎着!要端正你自己的态度啊!外貌没有比迁就他再好的了,内心没有比与他和而不同再好的了。纵然如此,这两种办法还是有危险的。迁就可不要过分,和而不同可不要显露。外貌迁就他,而且太过分,自己就要遭到颠覆、灭绝,遭到崩溃、失败;内心和顺他,而且显露出来,自己可能获得许多声名,也可能遭到大灾大难。他如果耍孩子脾气,你也就和他一同耍孩子脾气;他如果作没有分寸的事情,你也就和他一同作没有分寸的事情;他如果作没有理性的事情,你也就和他一同作没有理性的事情。明通了这个道理,就能够达到不出毛病的境界。

"你不知道那螳螂吗?它努力举起两只胳膊来挡着车辙,并不知道自己不能够胜任,自己以为自己的才力是很强的。警惕着!谨慎着!经常夸耀自己的优点来冒犯他,那是非常危险的。

"你不知道那养虎的人吗?他不敢拿活的东西给它,因为它一捕杀活物就要引起它的怒气;不敢拿整个儿的东西给它,因为它一撕裂活物就要引起它的怒气。要窥探它的饥饱的时机,要懂得它发怒的心理。老虎本来和人不是同类,但是它知道爱媚饲养它的人,就是因为人顺着它的本性。至于那被老虎伤害的人,就是由于他不顺着它的本性啊。

"那喜爱马的人,用竹筐给它盛粪,用漆器给它盛尿。如果恰好有个蚊虫或虻虫落到马身上,喜爱它的人扑打它扑打得不是时机,这马就惊吓得毁断笼头跑了,把头也撞伤了,把胸口也撞破了。扑打它的用意是善良的,可是喜爱它的实质却失掉了。由此看来,对事物不谨慎行吗?"

匠石①之齐,至于曲辕②,见栎社树③;其大,蔽数千牛,絜④之百围⑤;其高,临山十仞,而后有枝;其可为舟者,旁十数。观者如市。匠石⑥不顾,遂行不辍。

弟子厌观⑦之,走及匠石,曰:"吾自执斧斤以随夫子,未尝见材如此其美也。先生不肯观,行不辍,何邪?"

曰:"已矣,勿言之矣! 散木也。以为舟,则沈;以为棺椁,则速腐;以为器,则速毁;以为门户,则液樠⑧;以为柱,则蠹⑨;是不材之木也,无所可用,故能若是之寿也。"

匠石归,栎社见梦。曰:"汝将恶乎比予哉? 若将比予于文木邪? 夫柤、梨、橘、柚、果、蓏⑩之属,实熟,则剥;剥,则辱,大枝折,小枝泄⑪;此以其能苦其生者也,故不能终其天年,而中道夭。自掊击于世俗者也。物莫不若是。且予求无所可用,久矣,几死。今乃得之,为予大用。使予也而有用,且得有此大也邪? 且也,若与予也,皆物也,奈何哉其相物也? 而几死之散人,又恶知散木?"

匠石觉，而诊⑫其梦。

弟子曰："趣⑬取无用，则为社，何邪？"

曰："密，若无言⑭！彼亦直寄焉，以为不知己者诟厉⑮也；不为社者，且幾有翦⑯乎！且也，彼其所保与众异；以义誉⑰之，不亦远乎？"

【注释】① 石，匠人名。 ② 曲辕，道名。 ③ 社，土神也；祀封土曰社。 ④ 絜，匝也。 ⑤ 径尺为围，盖十丈也。 ⑥ 石，本作"伯"。 ⑦ 厌观，饱观也。 ⑧ 液，读为"醳"；樠，读为"漫"。液樠，二字同义，皆朽败之意。 ⑨ 蠹，木内虫也。 ⑩ 在树曰果，柤、梨之英：在地曰蓏，瓜、瓠之徒。 ⑪ 泄，当读为"抴"。 ⑫ 诊，当读为"畛"。此谓匠觉而告其梦于弟子。 ⑬ 趣，意趣。 ⑭ 密，借为"谧"。 ⑮ 诟，辱也。厉，病也。 ⑯ 翦，伐也。 ⑰ 义，常理。誉，有称述、言说之意。

【译文】木匠石往齐国去，走到曲辕这段路上，看见土神庙坛上长着一棵栎树；它的面积，树荫足够遮蔽住几千头牛，量量它的周身，有一百尺粗；它的高度，靠着山坡十来丈以上才有树枝；这些树枝可以造船的，大约有十几根。参观的人就像赶集的一般。木匠石经过这里，连头都不回，只管向前走去，并不停步。

他徒弟看了很长时间，赶上木匠石，就问："自从我拿着斧头跟着师傅出来，从来没有见过像这么好的木材。可是师傅你连看都不肯看，走着不肯停步。这是为什么呢？"

木匠石说："算了吧，不要说它了！那是棵松散的木材啊。用它作船，就会沉没；用它作棺椁，就会早早地腐朽；用它作家具，就会早早地毁损；用它作门窗，就会糟烂；用它作梁柱，就会生蛀虫；这是棵不成材的树木，没有什么用处，所以它才这样长寿啊。"

木匠石到了家的晚上，土神庙坛上的栎树向它来托梦。说：

"你将要怎样来比方我呢？你将要用美好的木材比方我吗？那山楂树、梨树、橘子树、柚子树，以及所有的树上结果和蔓上结瓜的植物，果实熟了，就有人来摘；有人来摘，就得受委屈，大枝子被折断了，小枝子被扯歪了。这都是由于它们能够在它们一生之中吃苦，所以不能够得到善终，半路上就都死掉了。这是它们自己招来的世俗的打击啊！事物没有一件不是这样的。并且，我企求着没有用处，时期已经很久了，差不多也要遭到死亡。现在我才得到一种道术，作为我最大的用处。假如我要有用处，还能够长到这么大吗？况且，你和我，都是物类，你为什么只把我作为物类相看呢？你这么一个差不多就要死的松散人，又怎么能够懂得松散木的妙用呢？"

木匠石睡醒之后，就把他作的这个梦告诉给了他的徒弟。

徒弟就问他说："它总想着取得没有用处，那么它替土神助威，又是为了什么呢？"

木匠石说："你要冷静一下，不要再说下去了！它也只是寄托在那里，藉着这个来被那些不知道它的人辱骂它；它如果不替土神助威，那老早就被人砍伐掉了！况且，他保护自己的道术，是与众不同的；如果用正常的见解来谈论它，那就越谈越远了。"

南伯子綦①游乎商之丘②，见大木焉，有异，结驷千乘③，隐，将芘其所藾④。子綦曰："此何木也哉？此必有异材夫！"

仰而视其细枝，则拳曲⑤而不可为栋梁；俯而见其大根⑥，则轴解⑦而不可为棺椁；咶其叶，则口烂而为伤；嗅之，使人狂酲⑧三日而不已。子綦曰："此果不材之木也，以至于此其大也！嗟夫！神人以此不材！"

【注释】① 南伯，即南郭也。 ② 商之丘，今梁国睢阳县。 ③ 驷马曰乘。 ④ 芘，荫也。藾，荫也。 ⑤ 拳，本亦作"卷"，音"权"。 ⑥ 大根，谓大干。 ⑦ 轴，当读为"抽"。 ⑧ 狂酲，狂如酲也。病酒曰酲。

【译文】南伯子綦到商丘去游览，见到一棵大树，长得很特殊；集结一千辆四匹马的兵车，如果把它们隐蔽在这棵树下面，它的枝叶能够把所有这些车马都笼罩过来。南伯子綦说："这是棵什么树呢？他必然有特殊的用途啊！"

他仰起头看看他的枝杈，却是弯弯曲曲的，不可以作梁柱；低下头看看它的身干，却是破裂肢解的，不可以作棺椁；用舌头舔舔它的叶子，就能够把嘴烧烂；用鼻子闻闻它，就能够使人狂醉三天都清醒不过来。南伯子綦说："这真是棵不成材的树木，因而它才长到这样大啊！哈哈！神人就这样以此不材而成其异材啊！"

宋有荆氏①者，宜楸、柏、桑，其拱把②而上者，求狙猴之杙③者斩之；三围、四围，求高名之丽者④斩之；七围、八围，贵人、富商之家求樿傍者斩之；故未终其天年，而中道已夭于斧斤。此材之患也。

故解之以牛之白颡者、与豚之亢鼻者、与人有痔病者，不可以适河⑤。此皆巫祝以⑥知之矣，所以为不祥也。——此乃神人之所以为大祥也。

【注释】① 荆氏，地名。 ② 两手曰拱，一手曰把。 ③ 杙，橛也，亦杆也。 ④ 丽，屋檼(栋)也。名，大也。谓求高大之丽者用三围四围之木也。 ⑤ 颡，额也。亢，仰也。额折，故鼻高。适河，谓沈人于河祭也。

⑥ 以,读为"已"。

【译文】宋国有荆氏这么个地方,适合栽种楸树、柏树、桑树;这些树木,两手粗或一手粗以上的,就被寻求耍猴儿用的木杆儿的人砍了去;三、四尺粗的,就被寻求高大梁柱的人砍了去;七、八尺粗的,就被贵官、富商之家寻求独料棺材的人砍了去;所以它们都没有得到善终,在中年就伤损在斧头之下。这就是成材的灾祸啊!

所以,在为解除水灾而祭河神的时候,凡是白额角的牛、仰鼻子的猪和有痔疮的人,都不可以当祭品而投到河里。这些情形都是接神的人预先就懂得的,所以认为它(他)们都是不吉祥的。——这正是神人所认为最大的吉祥啊!

支离疏者①,颐隐于脐,肩高于顶,会撮指天②,五管在上③,两脾为胁④;挫鍼⑤、治繲⑥,足以糊口;鼓筴、播精⑦,足以食⑧十人。上徵武士,则支离攘臂⑨而游于其间;上有大役,则支离以有常疾不受功⑩;上与病者粟,则受三钟⑪、与十束薪。

夫支离其形者,犹足以养其身,以终天年,又况支离其德者乎?

【注释】① 支离,今言畸形。疏:其名也。　② 会撮,髻也。古者,髻在项中,脊曲头低,故髻指天也。　③ 管,谓脊管。五管,谓五节脊椎骨。④ 两脾为胁,脊曲、髀竖,故与胁并也。偻人腹在髀里也。　⑤ 挫,案也。鍼,同针。　⑥ 繲,当为"线"之别体。《集韵》即以"繲"为"线"字。⑦ 鼓筴,揲著钻龟也。播精,卜卦占兆也。鼓筴、播精,言卖卜。　⑧ 食,养。　⑨ 攘,借为"纕"。　⑩ 不受功,不任工作。　⑪ 六斛四斗曰钟。

【译文】有一个名叫疏的畸形人,他的两腮贴近肚脐,肩膀比头顶还高,发髻指着天,有五节脊椎骨高出头顶之上,两条大腿紧靠着两肋骨。他作针线活儿,足以养活自己;给人算卦,得的精米足以养活十口人。国王征兵的时候,这个畸形人就在人群里捋着胳膊,摆来摆去;国王大肆强迫劳役的时候,这个畸形人就因为常年有病,接受不着任何工作;国王赈济病人,他可以得到三钟米,和十捆柴禾。

这种畸形人还可以养活自己的身体,活到寿终正寝,又何况是德性畸形的人呢?

孔子适楚,楚狂接舆游其门,曰:"凤兮!凤兮!何如德之衰也?来世不可待,往世不可追也。天下有道,圣人成焉;天下无道,圣人生焉。方今之时,仅免刑焉。福轻于羽,莫之知载;祸重于地,莫之知避。已乎!已乎!临人以德?殆乎!殆乎!画地而趋!迷阳!迷阳①!无伤吾行!吾行却曲②,无伤吾足!"

【注释】①阳,明也。 ②却,字书作"迟"。《广雅》云:"迟,曲也。"《说文》:"迟,曲行也。""却曲"即"迟曲"。

【译文】孔子来到楚国,楚国的狂士接舆在孔子的门前经过,唱着歌说:"凤鸟啊!凤鸟啊!你的德行怎么这样落魄啊!未来的世界是不可以等待的,过去的世界是不可以追回的。天下太平了,圣人就得以成名;天下大乱了,圣人就应运而生。在现今这个时代,仅只求着免掉受刑就可以了。幸福比羽毛还要轻,你也不能够扛起它;灾祸比大地还要重,你也不能够回避它。算了吧!算了吧!对待人哪里还有用道德的呢?危险啊!危险啊!

要在地上画着界线走路啊！迷失了光明了！迷失了光明了！不要妨碍了我们自己的行程！我们自己的行程是迂曲的，不要伤损了我们自己的脚！"

山木，自寇也；膏火，自煎也①。桂可食，故伐之；漆可用，故割之。人皆知有用之用，而莫知无用之用也。

【注释】① 木生斧柄，还自伐；膏起火，不自消。

【译文】山陵的树木，是自己劫取自己；膏油的火焰，是自己煎熬自己。桂树的皮可以吃，所以人们砍伐它；漆树的汁可以用，所以人们割裂它。人们都知道有用的作用，而不知道没有用的作用啊。

五、德 充 符①(六章)

鲁有兀者②王骀③,从之游者,与仲尼相若。

常季④问于仲尼曰:"王骀,兀者也,从之游者,与夫子中分鲁。立不教,坐不议,虚而往,实而归。固有不言之教、无形而心成者邪? 是何人也?"

仲尼曰:"夫子,圣人也。丘也直后而未往耳。丘将以为师,而况不如丘者乎? 奚假⑤鲁国? 丘将引天下而与从之。"

常季曰:"彼,兀者也,而王⑥先生,其与庸⑦亦远矣。若然者,其用心也,独若之何?"

仲尼曰:"死生亦大矣,而不得与之变。虽天地覆坠,亦将不与之遗。审乎无假⑧,而不与物迁,命⑨物之化,而守其宗也。"

常季曰:"何谓也?"

仲尼曰:"自其异者视之,肝胆楚越也;自其同者视之,万物皆一也。夫若然者,且不知耳之所宜,而游心乎德之和;物,视其所一,而不见其所丧;视丧其足犹遗土也。"

常季曰："彼为己⑩,以其知,得其心;以其心,得其常心。物何为最⑪之哉?"

仲尼曰："人莫鉴⑫于流水,而鉴于止水。唯止,能止众止。受命于地,唯松柏独也正⑬,冬夏青青;受命于天,唯尧舜⑭独也正,幸能正生,以正众生。夫保始之徵,不惧之实。勇士,一人雄入于九军⑮。将求名而能自要者,而犹若是,而况官天地、府万物⑯,直寓六骸,象耳目⑰,一知之所知,而心未常死者乎? 彼且择日而登假⑱,人则从是也。彼且何肯以物为事乎?"

【注释】① 本篇大旨德充于内,即符合天道,至于形全与否,所不计也。② 刖足曰兀。 ③ 王骀,人姓名也。 ④ 常季,或云孔子弟子。 ⑤ 假,当借为"仅",双声通借字。 ⑥ 王,胜也。 ⑦ 庸,常人也。 ⑧ 假,借为"暇"。无假,承上文"天地"而言,与下文"物"对文。 ⑨ 命,当借为"明"。⑩ 为己,修己。 ⑪ 最,聚也。 ⑫ 鉴,明也。 ⑬ 正,本作"在"。⑭ 尧舜,本只作"舜"。 ⑮ 天子六军,诸侯三军,通为九军也。 ⑯ 纲维二仪,曰官天地;苞藏宇宙,曰府万物。 ⑰ 六骸,手、足、首、身也。寓,寄也。象,似也。 ⑱ 登假,登升。

【译文】鲁国有个砍断脚的人,名字叫王骀,跟从他学习的人数,同跟孔子学习的人数差不多。

常季问孔子说:"王骀是个砍断脚的人。从他学习的人数,同先生在鲁国平分秋色。他站起来也不教学,坐下来也不议论;学生们去的时候是空空的,回来都是满满的。难道有不用说话的教学,不见形迹而内心却有所成就的事情吗? 他是怎样的一个人呢?"

孔子说:"那位先生,他是圣人啊。我是相见恨晚,还没有往那里去向他学习罢了。我不久就要拜他为师,何况是不如我的人呢? 岂止是鲁国人,我将要引导着天下所有的人都随从他去学习。"

常季说:"他是个砍断脚的人,可是他胜过了先生,当然他比平常人好多了。像这样,他的用心,究竟是怎样的呢?"

孔子说:"人的生死也是一件大事了,可是他却不随着这个而有所变化。纵然天塌地陷了,他也不会随着它们遗失掉。他审透了天地的运行不息,可是他并不随着万物有所移动;他明察万物的变化无穷,因而遵守着自己的本元。"

常季说:"这是什么道理呢?"

孔子说:"从事物不同的角度来观察,人体的肝和胆就好比楚、越两国距离得那么远;从事物混同的角度来观察,万物都是一体的。那么,像这样的人,他并不知道耳目所适合的事物,而是把自己的心灵遨游在德性的和谐之中;对于一切事物,他只看到它们同一的地方,而看不到它们丧失的地方;他看着丧失了脚,就好像丢掉了手里的土块一般。"

常季说:"他修治自己,是用自己的明智,获得了自己的心灵;用自己的心灵,获得了自己永恒的心灵。可是人们为什么都会聚到他那里去呢?"

孔子说:"人没有在流动的水里照自己的,而是在静止的水里去照。只有本身是静止的,才能够静止住来寻求静止的人。禀受性命于地的,只有松柏独得性命之正,因而它们冬夏常青;禀受性命于天的,只有尧舜独得性命之正,因而他们希望能够端正自己的一生,来端正众人的一生。那能够保全本始的人,要用不知畏惧的事实去考验。譬如勇士,他们敢独身一人闯进敌人的大军之中。为了获取功名而要求自己的人，还是这样；何况那执掌天地、包容万物、直把形体寄托在天地之间，把耳目当作虚假摆设，把自己用智慧所知道的事物统一起来，而且心灵并没有死去的人呢？他不久就要选择一个日期，升上天去，人们都要随从着他走的。他又怎么肯把万物当回事呢？"

申徒嘉①，兀者也，而与郑子产②同师于伯昏无人③。

子产谓申徒嘉曰："我先出，则子止；子先出，则我止。"

其明日，又与合堂同席而坐。子产谓申徒嘉曰："我先出，则子止；子先出，则我止。今我先出，子可以止乎？——其未邪？且子见执政而不违④，子齐执政乎？"

申徒嘉曰："先生之门，固有执政焉如此哉？子而⑤说子之执政而后人者也。闻之曰：'鉴明⑥，则尘垢不止；止，则不明也。久与贤人处，则不过。'今子之所取大者，先生也；而犹出言若是，不亦过乎？"

子产曰："子既若是矣，犹与尧争善；计子之德，不足以自反邪？"

申徒嘉曰："自状⑦其过，以不当亡者众；不状其过，以不当存者寡。知不可奈何，而安之若命，惟有德者能之。游于羿⑧之彀中⑨，中央者，中地也；然而不中者，命也。人以其全足，笑吾不全足者，多矣。我怫然而怒，而适先生之所，则废然而反。不知先生之洗我以善邪？吾与夫子游，十九年矣，而未尝知吾兀者也。今子与我游于形骸之内,而子索我于形骸之外⑩,不亦过乎?"

子产蹴然⑪改容更貌,曰:"子无乃称⑫!"

【注释】① 申徒,氏;嘉,名。 ② 子产,姓公孙,名侨,字子产,郑之贤大夫。 ③ 无人,《杂篇》作"督人"。 ④ 违,避也。 ⑤ 而,读为"乃"。 ⑥ 鉴,镜也。 ⑦ 状,犹显白也。 ⑧ 羿,古之善射者。 ⑨ 弓矢所及为彀中。 ⑩ 形骸,外矣;其德,内也。 ⑪ 蹴然,惊惭貌也。 ⑫ 乃者,犹言如此。

【译文】申徒嘉是个砍断脚的人,他和郑国首相子产一同在伯昏无人门下学习。

子产对申徒嘉说:"我如果先走,你就暂且别动身;你如果先走,我就暂且别动身。"

第二天,子产又和申徒嘉同堂同席而坐。子产又对申徒嘉说:"我如果先走,你就暂且别动身;你如果先走,我就暂且别动身。现在我就要走了,你可以暂且不动身吗? ——难道不对吗?况且,你见了执掌国政的人并不回避,你想向执掌国政的人看齐吗?"

申徒嘉说:"在咱们老师的门下,哪里有执掌国政的人就像你这样的呢? 你是喜欢你的执掌国政而把别人抛在后面的。我听到说过:'镜子如果光明,灰尘就在上面停留不住;停留住灰尘,镜子就不光明。经常和贤人相处,就不会犯错误。'现在,你之所以取得这样显贵,是由于老师的原因;可是你还说出这样的话来,不也有些过分吗?"

子产说:"你既然是这种样子,可是还要和帝尧比美;你估量估量你那个德行,还不足以自己反省一番吗?"

申徒嘉说:"愿意表白自己过错的人,总以为自己不应当没有的东西缺得很多;不愿意表白自己过错的人,总以为自己不应当有的东西很少。知道自己无可奈何，而能够安于认命的，只有有德的人才能够作到。行动在羿的弓箭威力所及范围之内的人，站在中央，便是被弓箭命中之地；然而并没有被命中，那是天命。人们用自己腿脚齐全来嗤笑我腿脚不齐全，我经历得太多了。我总是心情不安地向他们发怒之后，就跑到咱们老师这里来，可是我马上就消除了从前的怒气而恢复了正常。我不知道是不是咱们老师用善道把我洗了一下呢？我和咱们老师相处，已经十九年了，可是他还不知道我是个砍断脚的人。现在，您和我是在内形方面相交游，可是您却在外形方面相寻求，不也有些太过分了吗？"

子产又惊悚又惭愧地改变了面色，说："请您不要这样说了！"

鲁有兀者叔山无趾①，踵见仲尼②。

仲尼曰："子不谨，前既犯患若是矣，虽今来，何及矣？"

无趾曰："吾唯不知务，而轻用吾身，吾是以亡足。今吾来也，犹有尊足者存，吾是以务全之也。夫天无不覆，地无不载。吾以夫子为天地，安知夫子之犹若是也？"

孔子曰："丘则陋矣。夫子胡不入乎？请讲以所闻。"

无趾出。

孔子曰："弟子勉之！夫无趾，兀者也，犹务学以复补前行之恶，而况全德之人乎？"

无趾语老聃曰："孔丘之于至人，其未邪？彼何宾宾③以学子④为？彼且蕲以諔诡⑤、幻怪之名闻,而不知至人之以是为己桎梏⑥邪!"

老聃曰:"胡不直使彼以死生为一条、以可不可为一贯者,解其桎梏？其可乎?"

无趾曰:"天刑之,安可解?"

【注释】① 叔山,氏;无足趾。 ② 无跟,故踵行。足后曰跟,又谓之踵。 ③ 宾宾,犹频频也。 ④ 学子,从学弟子也。 ⑤ 諔诡,当读为"吊诡"。 ⑥ 在手曰桎,在足曰梏,即今之杻械也。

【译文】鲁国有个断了脚趾的人,名字叫叔山无趾,他用脚后跟走着去拜访孔子。

孔子问他说:"您自己谨慎,从前既然遭到这种祸患,如今您纵然到我这里来,还能来得及吗?"

叔山无趾说:"由于我不通达世务,而轻于使用自己的身体,因而丧失了自己的脚。如今我到这里来,还有比脚更贵重的东西存在着,我所以企求着要保全它。天没有笼罩不着的,地没有负载不着的。我本来把先生看作天地一样,哪知道先生还是这样的呢?"

孔子说:"我见识太浅陋了。您为什么不进屋呢？请您讲讲您从前所听到的道理。"

叔山无趾走了。

孔子对学生们说:"同学们,勉励着吧! 那叔山无趾本是个砍断脚趾的人,可是他还要用学习来补救以往所犯的过错,何况是德性齐全的人呢?"

叔山无趾告诉老聃说:"孔丘和至人相比,大概他还够不上吧? 他又何必屡屡不休地传授学生呢？他总企求着以稀奇虚幻的声誉名闻天下,而不知道至人是把这个看作是自己的枷锁啊!"

老聃说:"那你何不直然用那把死生当作一回事情、把可以和不可以当作是一样的道理,让他把这个枷锁解除掉呢?这样可以吗?"

叔山无趾说:"这是上天给他的刑罚,他怎么能够解除得掉呢?"

　　鲁哀公问于仲尼曰:"卫有恶人①焉,曰哀骀它②。丈夫与之处者,思而不能去③也;妇人见之,请于父母曰'与为人妻,宁为夫子妾'者,十数而未止也。未尝闻有其唱者也,常和人而已矣。无君人之位以济乎人之死,无聚禄④以望人之腹⑤;又以恶骇天下;和而不唱,知不出乎四域;且而雌雄合乎前。是必有异乎人者也。寡人召而观之,果以恶骇天下。与寡人处,不至以月数,而寡人有意乎其为人也;不至乎期年⑥,而寡人信之。国无宰,寡人传国焉。闷然⑦而后应,氾然⑧而若辞。寡人丑乎⑨,卒授之国。无几何⑩也,去寡人而行。寡人卹⑪焉,若有亡也,若无与乐是国也。——是何人也?"

　　仲尼曰:"丘也尝游⑫于楚矣。适见独子⑬食于其死母,少焉,眴若⑭,皆弃之而走;不见己焉尔,不得类焉尔。所爱其母者,非爱其形也,爱使其形者也。战而死者,其人之葬也,不以翣资⑮;刖者之屦,无为爱之:皆无其本矣。为天子之诸御,不爪翦,不穿耳;取妻者,止于外,不得复使⑯;形全,犹足以为尔,而况全德之人乎? 今哀骀它未言而信,无功而亲,使人授己国,唯恐其不受也。是必才全而德不形者也。"

哀公曰:"何谓'才全'?"

仲尼曰:"死生、存亡、穷达、贫富、贤与不肖、毁誉、饥渴、寒暑,是事之变、命之行也;日夜相代乎前,而知不能规乎其始者也。故不足以滑和⑰,不可入于灵府⑱;使之和豫通,而不失于兑;使日夜无郤⑲,而与物为春。是接而生时于心者也⑳。是之谓才全。"

"何谓'德不形'?"

曰:"平者,水停之盛也;其可以为法也,内保之而外不荡也。德者,成和之脩㉑也。德不形者,物不能离也。"

哀公异日㉒以告闵子㉓,曰:"始也,吾以南面而君天下,执民之纪,而忧其死,吾自以为至通矣。今吾闻至人之言,恐吾无其实;轻用吾身,而亡其国。吾与孔丘,非君臣也,德友而已矣。"

【注释】 ① 恶,丑也。 ② 哀骀,丑貌。它,其名。 ③ 思,读为"司"。 ④ 聚禄,储积仓廪。 ⑤ 望腹,饱腹。 ⑥ 期年,一年。 ⑦ 闷然,不觉貌。 ⑧ 氾,不系也。"氾"下本无"然"字,与上句"闷然而无应"不相对,当为脱文,今以意补。 ⑨ 丑,谓怪异。 ⑩ 几何,俄顷也。 ⑪ 卹,忧也。 ⑫ 游,本作"使"。 ⑬ 独,本又作"豚"。 ⑭ 眴若,惊貌。 ⑮ 资,送也。翣,扇也。 ⑯ 帝王宫闱,拣择御女,穿耳、翦爪,恐伤其形;匹夫取妻,停于外务,使役驱驰,虑亏其色。不翦爪,不穿耳,谓不加修饰,而后本质见;止于外,不复使,谓不交涉他事,而后精神专一。 ⑰ 滑,乱也。 ⑱ 灵府者,精神之宅也。 ⑲ 郤,间也。 ⑳ 接至道,而和气在心者也。 ㉑ 成和,犹太和也。 ㉒ 异日,他日也。 ㉓ 闵子,孔子弟子闵子骞也。

【译文】鲁哀公问孔子说:"卫国有个形貌丑陋的人,名字叫哀骀它。男子和他相处的,就都伴守着他不肯离开;妇人见了他,就都向父母请求说'与其作别人的正妻,不如作这位先生的偏妾'的,十几个人还不止。也没有听到说过什么事情是他倡导的,他只不过是经常应和别人罢了。他既没有君位来救济人民的死亡,也没有积粮来充实人们的肚皮;他那副丑陋的形貌,真是天下人见了都害怕。他只能够应和,而不能够倡导,他的知识并不能超过他周围的人;可是男女们都围拢在他的身边。他必然是有与众不同的地方。寡人把他召唤来看了看,果然是个天下无双的丑陋人。寡人和他相处,不到一个月的光景,寡人对他就有些意思了;不到一年的光景,寡人就相信他了。国家还没有宰相,寡人打算把国家政权交给他。他烦闷了阵子才答应了,但是他又毫无牵挂地好像要推辞。寡人感到惊奇,终于把国家政权交给了他。可是没待多久,他就离开寡人走了。寡人为这件事情感到发愁,就好像丢掉了什么东西似的,好像没有人和寡人一同享受这个国家似的。——他究竟是怎么样的一个人呢?"

孔子回答说:"我曾经往楚国游历过。在路上,我恰好见到一群小猪儿在它们已经死了的母亲身上吃奶。不一会儿,它们都惊惊乍乍地跑开了:因为它们的母亲不再看顾它们了,不能够和它们一模一样了。凡是爱自己的母亲的,并不是爱它的外貌,而是爱它主宰形体的精神。在葬埋阵亡将士的时候,不送给他们翣扇;断了脚的人的鞋子,用不着再爱惜它:因为它们都是丧失了本元。作为天子的御女,不翦指甲,不穿耳孔;快要娶妻的人,停止外面的重工作,不要再劳累他;为了保持形体的全真,尚且如此,何况是保全德性的人呢?如今哀骀它没有说过什么话,可是人们都相信他;没有作出什么功绩,可是人们都愿意接近他;他能够使别人情愿把国家政权交给他,还唯恐他不接受。他必然是个才质全真而德行不形于外的人啊。"

鲁哀公又问:"什么叫作'才质全真'呢?"

孔子说:"生死、存亡、贵贱、贫富、有才和无才、毁谤和赞誉、饥渴、冷热,这都是人事的变动、天命的运行;这些现象日夜在人们面前循环交替,可是人们的智慧是不能够在这些现象未显之初就预先规划的。所以,〔了解了这点〕人们就不致被它混乱自己的自然之性,不致让它浸入自己的心灵;使自己的心灵和乐畅通,而不失掉自己耳目的功能;使自己的心灵日夜流转不息,而和万物共同享受阳春之气。这便是接应万物而能够从心灵里应顺四时的人。这就叫作'才质全真'。"

鲁哀公又问:"什么叫作'德行不形于外'呢?"

孔子说:"平衡的现象,没有超过静止的水的;人可以利用静止的水作为取平的水准器,水准器的内部保持平衡,而外部是不许动荡的。德行,是太和之气的行动。德行不形于外的人,万物是不会离开他的。"

后来,鲁哀公把这件事情告诉孔子的学生闵子骞,说:"当初,我南面正坐,作为天下的君主,执掌着治理人民的法令,并且担忧人民的死亡,自以为是很通达事理的了。可是,现在,我听到圣人说的这些话,恐怕我没有实绩;我不免要轻于使用我的身体,以至于亡失我的国家。我和孔丘,并不是什么君臣关系,而是道德上的朋友啊。"

闉跂①、支离、无脤②说卫灵公,灵公说之,而视全人,其脰肩肩③;瓮瓷大瘿④说齐桓公,桓公说之,而视全人,其脰肩肩。

故德有所长,而形有所忘。人不忘其所忘,而忘其所不忘,此谓诚忘。

故圣人有所游,而知为孽,约为胶⑤,德为接⑥,工为商⑦。圣人不谋,恶用知?不斫⑧,恶用胶?无丧,恶用德?不货,恶用商?四者,天鬻⑨也;天鬻者,天食⑩也。既受食于天,又恶用人?有人之形,无人之情。有人之形,而群于人;无人之情,故是非不得于身。眇乎小哉,所以属于人也;警也乎大哉⑪!独成其天。

【注释】① 闉,曲也。跂,行也。闉跂,脚常曲行。 ② 脤,臀也。③ 脰,颈也。肩肩,细长之貌。 ④ 瓮,盆。瘿,瘤也。 ⑤ 知为孽,知慧生妖孽。约为胶,约束而后有如胶漆。 ⑥ 德,借为"导",今通用"得"字。下文"德"、"丧"对文,可见。椄,续木也。即嫁接树木也。 ⑦ 工为商,工巧而商贾起。 ⑧ 斫,雕斫。 ⑨ 鬻,养也。 ⑩ 食,禀也。 ⑪ 眇,眇小。警,高大貌也。

【译文】撇裂脚、畸形、没有屁股的人来和卫灵公谈道,卫灵公喜欢他们,反而见到形貌齐全的人却感到脖颈太长了;大瘤子长得像盆瓮大的人来和齐桓公谈道,齐桓公喜欢他们,反而见到形貌齐全的人却感到脖颈太长了。

所以,长于德行的人,才能够忘却自己的形貌。人不忘却自己所容易忘却的〔德行〕,而忘却自己所不容易忘却的〔形貌〕,这才叫作真正的忘却。

所以,圣人有他遨游的所在,而把智慧看作和妖孽一般,把受约束看作和胶漆一般,把获得看作和嫁接树木一般,把工巧看作和作买卖一般。圣人不谋虑什么,哪里还用得着智慧呢?不雕斫什么,哪里还用得着胶漆?丧失不了什么,哪里还用得着获得呢?不谋利,哪里还用得着作买卖呢?圣人这四种表现,是天生的;天生的,便是天赋予的。圣人既然受到天的赋予,哪能还用得着人为呢?圣人具有人的形貌,可是没有人的情欲。因为他具有人的形貌,所以他经常和人在一起;因为他没有人的情欲,所以一切是非都揽不到他的身上。〔具有形貌〕太渺小了,所以它是属于人的;〔没有情欲〕太远大了,所以他独独地保全了自己的本性。

惠子谓庄子曰:"人故无情乎?"

庄子曰:"然。"

惠子曰:"人而无情,何以谓之人?"

庄子曰:"道与之貌,天与之形,恶得不谓之人?"

惠子曰:"既谓之人,恶得无情?"

庄子曰:"是非吾所谓情也。吾所谓无情者,言人之不以好恶内伤其身,常因自然,而不益生也。"

惠子曰:"不益生,何以有其身?"

庄子曰:"道与之貌,天与之形,无以好恶内伤其身。今子外乎子之神,劳乎子之精,倚树而吟,据槁梧而瞑①,天选子之形,子以'坚白'鸣。"

【注释】① 槁梧,枯槁之邪柱也。倚树而吟,据槁梧而瞑,以言惠子钻研之精神纯专也。

【译文】惠施问庄子说:"人本来就没有情欲的吗?"

庄子说:"是的。"

惠施又问:"人如果没有情欲,怎么能叫作人呢?"

庄子说:"'道'给了他容貌,上天给了他形体,怎么能不把他叫作人呢?"

惠施又问:"既然叫作人,他哪能没有情欲呢?"

庄子说:"您所说的情欲,不是我所说的情欲啊。我所说的没有情欲,是说人们不用内心的喜爱和憎恶来伤害自己的身体,经常是顺从自然,并不希求增进生命。"

惠施又问:"不增进生命,怎么能够保有自己的身体呢?"

庄子说:"'道'给了人容貌,上天给了人形体,不因为喜爱和憎恶使自己的身体受到内伤。如今,您消耗着自己的神智,劳累着自己的精力,倚在树木旁边吟咏,伏在枯朽的邪柱上睡觉;原来上天就是选择了您这个形体,让您用'坚白'之论来和人们争辩啊。"

六、大　宗　师①（九章）

知天之所为、知人之所为者，至矣。

知天之所为者，天而生也。知人之所为者，以其知之所知，以养其知之所不知，终其天年，而不中道夭者，是知之盛也。

虽然，有患。夫知，有所待而后当；其所待者，特未定也。庸讵知吾所谓天之非人乎？所谓人之非天乎？且有真人而后有真知。

何谓真人？

古之真人，不逆寡，不雄成，不谟士②。若然者，过而弗悔，当而不自得也。若然者，登高不慄，入水不濡，入火不热。是知之能登假于道者也，若此。

古之真人，其寝不梦，其觉无忧，其食不甘，其息深深。真人之息以踵，众人之息以喉。屈服者其嗌言若哇③。其者欲深者，其天机④浅。

古之真人，不知说生，不知恶死；其出不䜣，其入不距⑤；翛然而往，翛然⑥而来而已矣。不忘其所始，不求其所终；受而喜之，忘而复之：是之谓不以心捐道⑦，不以人

· 80 ·

助天：是之谓真人。若然者，其心志⑧，其容寂，其颡頯，凄然似秋，暖然似春，喜怒通四时；与物有宜，而莫知其极。故圣人之用兵也，亡国，而不失人心；利泽施乎万世，不为爱人。故乐通物，非圣人也；有亲，非仁也；时天，非贤也⑨；利害不通，非君子也；行名失己，非士也；亡身不真，非役人也。若狐不偕⑩、务光⑪、伯夷、叔齐⑫、箕子、胥馀⑬、纪他、申徒狄⑭，是役人之役，适人之适，而不自适其适者也。

古之真人，其状：义而不朋，若不足而不承，与乎其坚而不觚⑮也，张乎⑯其虚而不华也，邴邴乎⑰其似喜乎，崔乎⑱其不得已乎，滀乎⑲其进我色也，与乎止我德也，厉乎其似世乎，謷乎⑳其未可制也，连乎㉑其似好闲㉒也，悗乎忘其言也㉓。以刑为体，以礼为翼，以知为时，以德为循。——以刑为体者，绰乎其杀㉔也；以礼为翼者，所以行于世也；以知为时者，不得已于事也；以德为循者，言其与有足者至于丘也。——而真人以为勤行者也。故其好之也，一；其弗好之也，一。其一也，一；其不一也，一。其一，与天为徒；其不一，与人为徒。天与人，不相胜也。是之谓真人。

死生，命也；其有夜旦之常，天也；人之有所不得与，皆物之情也。彼特以天为父，而身犹爱之，而况其卓乎？人特以有君为愈乎己，而身犹死之，而况其真乎？

泉涸，鱼相处于陆，相呴以湿，相濡以沫，不如相忘于江湖。与其誉尧而非桀也，不如两忘，而化其道。

夫大块，载我以形，劳我以生，佚我以老，息我以死。故善吾生者，乃所以善吾死也。

夫藏舟于壑，藏山于泽，谓之固矣；然而夜半有力者负之而走。昧者不知也。藏小大有宜，犹有所遁。若夫藏天下于天下，而不得所遁，是恒物之大情也。

特犯人㉕之形，而犹喜之。若人之形者，万化而未始有极者也，其为乐可胜计邪？故圣人将游于物之所不得遁而皆存。

善天、善老，善始、善终，人犹效之，而况万物之所系，而一化之所待乎？

【注释】① 大宗师，犹言师大宗也，谓以大宗为师也。大宗者，"明于天地之德"之谓也。天地之德，"虚静、恬淡、寂寞、无为"者也。以天地之德为师，故曰大宗师。 ② 不谟士者，不谋事也。 ③ 嗌，厄咽喉也。哇，呕也。 ④ 天机，天然机神。 ⑤ 䜣，音"欣"。距，本又作"拒"。 ⑥ 翛然，自然无心而自尔之谓。翛然，不系貌也。 ⑦ 捐，借为"掾"。 ⑧ 其心志，谓心藏而不露也。 ⑨ 时天，本作"天时"。 ⑩ 狐不偕，尧时贤人，不受尧让，投河而死。 ⑪ 务光，夏时人，汤让天下，不受，自负石沉于蓼水。 ⑫ 伯夷、叔齐，孤竹君之二子。 ⑬ 箕子、胥馀，漆身为厉，被发佯狂。 ⑭ 纪他、申徒狄，殷时人。 ⑮ "坚而不觚"，本作"觚而不坚"。 ⑯ 张，广大貌。 ⑰ 邴邴，明貌。 ⑱ 崔，动貌。 ⑲ 滀，聚也。 ⑳ 謷，志远貌。謷，高迈于俗也。 ㉑ 连，借为"缓"。 ㉒ "好闲"，本作"好闭"。 ㉓ 悗，无心貌。 ㉔ 绰，宽也。 ㉕ 犯，借为"范"。《说文》曰："范，法也。"犯人之形，谓模范人之形也。故下文以"大冶铸金"与"犯人之形"对举。

【译文】知道天之所为、知道人之所为的人，是最高明的。

知道天之所为的人，是天然生就的。知道人之所为的人，用他的明智所知道的,来培养他的明智所不知道的,能够获得善终,而不至中年死亡,这便是达到了知识的极点。

虽然如此,还是有顾虑的。所谓知识,必然要有所依据,然后才能够掌握住;不过所依据的东西,只是还不能固定罢了。可是怎么能够知道我所谓属于天的不是属于人的、我所谓属于人的不是属于天的呢?必然要有真人然后才能够有真知识。

怎样才叫作真人呢?

古来的真人,他不违反少数人的意志,不以自己的成功而自豪,不计谋任何事务。像这样的人,有了过失,也不懊悔;作得适当,也不自鸣得意。像这样的人,登到高处,并不害怕;跳到水里,并不沾湿;投到火里,并不觉热。掌握了知识,而升到"道"的高峰的人,就是如此。

古来的真人,他在睡眠之中,并不作梦;在清醒之后,没有忧虑;他吃食物,不求香甜;他的呼吸,非常深透。真人的呼吸用脚跟,常人的呼吸用喉咙。屈服于别人的人,他厄着喉咙说话,好像是呕吐一般。凡是嗜欲深厚的人,他的天机就浅薄。

古代的真人,不知道喜欢生存,不知道憎恶死亡;他对出生并不感到高兴,他对入土并不知道抗拒;只不过是顺其自然地逝去、顺其自然地归来罢了。不忘掉自己的元始,不究问自己的结局;凡是接触到的事物就喜欢,凡是忘却的事物就把它反还到本元;这就叫作不以心灵攀缘"道",不以人为帮助天。这就叫作真人。像这样的人,他的心思是沉默的,他的容色是寂静的,他的额角是宽阔的;他爽朗得像秋天,温和得像春天;他喜悦和恼怒的心绪,和四时相连通;他和万物相适应,但是人们并捉摸不着它的边际。所以,圣人在用兵的时候,虽然灭了别人的国家,并不会失掉人心；他的德泽万代流传，并看不出他怎样慈爱人民。所以，乐于通畅万物，算不得是圣人；有所亲厚，算不得是仁慈；等候天时来成事，算不得贤明；不通达利害，算不得是君子；为了名誉，而失掉身份，算不得是儒士；丧失了自身，并不合乎实情，算不得是能够指使别人。像狐不偕、务光、伯夷、叔齐、箕子、胥餘、纪他、申徒狄这般人，只是指使别人所指使的，快活别人所快活的，而不是快活自己所快活的啊。

古代的真人，他的表现是：适应事物，而不偏私；顺应困乏，而不接受补救；和和乐乐的，坚强不屈，而不感到孤独；宽宽敞敞的，保持虚静，而不表现浮夸；明明朗朗的，好像是和颜悦色；忙忙碌碌的，好像是出于不得已；厚厚实实的，振奋着自己的容色；安安稳稳的，休养着自己的德性；严严肃肃的，好像是态度傲慢；豪豪爽爽的，志趣简直是不可制止；舒舒缓缓的，好像喜欢闲静；芒芒昧昧的，好像忘掉说话。他把刑罚作为主体，把礼节作为辅助；把明智作为适应时机，把道德作为行动依据。——把刑罚作为主体，是尽量地减省刑罚；把礼节作为辅助，是要把它施行在世俗之中；把明智作为适应时机，是由于应付事务而不得不如此；把道德作为行动的根据，就是说他要和天下所有有脚的人都一同登上丘陵〔崇高地位〕。——因而人们都真以为他是勤于行动的人。所以，他对于事物的爱好，是同一的；他对于事物的不爱好，也是同一的；他的同一，是同一的；不同一，也是同一的。他的同一，是和天相交友；他的不同一，是和人相交友。天和人，并不是互相克制的。这就叫作真人。

人的死生，这是命运；人世间昼夜的永恒不变，这是自然；人对于这些都不可能参与任何力量，这都是事物的实情。万物独独把天当作父亲,而且本身都非常爱戴它,何况是那卓越的〔真人〕呢?一般人独独把君上看作是比自己优越,而且还亲身为他卖命,何况是那全真的〔真人〕呢?

江湖的水源枯竭了,所有的鱼一同居住在陆地上,它们用湿气互相吹嘘,用涶沫互相滋润,〔这样相依为命,〕还不如它们在江湖之中互相忘却的好。与其称赞唐尧而非难夏桀,不如把它们双方统统忘却,而和"道"相融和。

这大地,首先赋予我形体,它又用生存来劳累我,用衰老来安佚我,用死亡来休息我。所以,让我生存得好的,就是要让我死亡得好。

把船藏在山沟里面,把山藏在水泽里面,可以说是够牢固的了;然而,到了半夜里,有力量的物类却把它们都背走了。昏昏迷迷的人还没有察觉。把大大小小的东西都藏得很好,有时还会丢失掉。至于把天下藏在天下之中,使所有的一切都找不到丢失的所在,这才是永恒事物的最大真实。

仅仅是个用模子作的人形,人们还都喜爱它。像这真正的人形,千变万化神妙无穷,其中的乐趣还能够计算得过来吗?所以圣人将要遨游在万物都不会丢失的所在,而和它们共同存在。

对于死亡、衰老、开始、终结这些现象,快然于心,毫不介意的人,人们还要效法他,又何况是为万物所维系、为一元造化所依据的〔"道"〕呢?

夫道,有情①、有信,无为、无形;可传而不可受,可得而不可见。自本、自根,未有天地,自古以固存。神鬼、神帝,生天生地。在太极之上,而不为高;在六极②之下,而不为深;先天地生,而不为久;长于上古,而不为老。豨韦氏③得之,以挈④天地;伏羲氏得之,以袭气母⑤;维斗⑥得之,终古不忒⑦;日月得之,终古不息;堪坏⑧得之,以袭⑨昆仑;冯夷得之,以游大川⑩;肩吾得之,以处大山⑪;黄帝得之,以登云天;颛顼得之,以处玄宫⑫;禺强得之,立乎北极;西山母得之,坐乎少广⑬,莫知其始,莫知其终;彭祖得之,上及有虞,下及五伯⑭;傅说得之,以相武丁,奄有天下,乘东维,骑箕尾,而比于列星⑮。

【注释】① 明鉴洞照,有情也;趣机若响,有信也。 ② 六极,六合也。 ③ 豨韦氏,上古帝王名。 ④ 挈,提挈。 ⑤ 气母,元气之母也。气母,即太极、太一是也。 ⑥ 维斗,北斗,所以为天下纲维。 ⑦ 忒,差也。 ⑧ 堪坏,神名,人面兽形。 ⑨ 袭,入也。 ⑩ 大川,黄河也。 ⑪ 肩吾,山神,不死,至孔子时。 ⑫ 颛顼,高阳氏。玄宫,北方宫也。 ⑬ 少广,山名。 ⑭ 五伯,夏伯,昆吾;殷,大彭、豕韦;周,齐桓、晋文。 ⑮ 傅说,殷相也。武丁,殷王高宗也。东维,箕、斗之间,天汉之东维也。

【译文】那"道",有感触,有征验,没有行动,没有形体;它可以被人所传授,但是谁也不可能接受它;它可以被人所获得,但是谁也不可能看见它。它以自身为本元,以自身为根底;在没有天地之先,它早就是永恒存在的。它能够引出鬼神和上帝,能够生出苍天和大地。把它放在大地未分之先,也显不出它的高;把它放在天地四方之下,也显不出它的深;它生在天地之先,也显不出来它的长久;它长在上古时代,也显不出它的衰老。豨韦氏得到了它,就可以执掌天地;伏羲氏得到了它,就可以混同太一;斗星得到了它,就可以永无偏差;日月得到了它,就可以永远运行;堪坏得到了它,就可以进入昆仑;冯夷得到了它,就可以遨游黄河;肩吾得到了它,就可以稳居泰山;黄帝得到了它,就可以登上云天;颛顼得到了它,就可以高临玄宫;禺强得到了它,就可以立定北极;西王母得到了它,就可以安坐少广,既不知道她的开始,也不知道她的结局;彭祖得到了它,他的寿命往上可以推到虞舜时代,往下可以推到五霸时代;傅说得到了它,就可以辅佐殷高宗,安抚天下,后来还升上东方天柱,骑着箕星和尾星,参与群星之列。

南伯子葵问乎女偊①曰:"子之年长矣,而色若孺子,何也?"

曰:"吾闻道矣。"

南伯子葵曰:"道可得学邪?"

曰:"恶!恶可?子非其人也!夫卜梁倚②有圣人之才,而无圣人之道;我有圣人之道,而无圣人之才。吾欲以教之,庶几其果为圣人乎!不然。以圣人之道,告圣人之才,亦易矣;吾犹守而告之,参日③,而后能外天下④;已外天下矣,吾又守之,七日,而后能外物;已外物矣,吾又守之,九日,而后能外生。已外生矣,而后能朝彻⑤;朝彻,而后能见独⑥;见独,而后能无古今;无古今,而后能入于不死不生。——杀生者不死,生生者不生。其为物,无不将⑦也,无不迎也,无不毁也,无不成也;其名为撄宁⑧。——撄宁也者,撄而后成者也。"

南伯子葵曰:"子独恶乎闻之?"

曰:"闻诸副墨之子⑨。副墨之子闻诸洛诵之孙⑩。

洛诵之孙闻之瞻明⑪。瞻明闻之聂许⑫。聂许闻之需役⑬。需役闻之於讴⑭。於讴闻之玄冥⑮。玄冥闻之参寥⑯。参寥闻之疑始。"

【注释】① 南伯子葵,犹《人间世》篇南郭子綦也。女偊,古之怀道人也。 ②卜梁,姓;倚,名。 ③参,音"三"。 ④外,犹遗也。 ⑤朝彻,犹明彻也。 ⑥独,即一也。 ⑦将,送也。 ⑧撄,扰动也。宁,寂静也。道济苍生,妙无本名,动而常静,故撄而宁者也。 ⑨副墨之子,书籍文字也。文字是翰墨为之。然文字,非道也,不过传道之助耳,故谓之副墨。又对初作之文字言之,则后之文字,皆其孳生者,故曰副墨之子也。 ⑩ 洛,当读为"络"。络诵,犹言语也。文字本于语言,语言辗转相授,故曰洛诵之孙。 ⑪ 创造语言,本于所见所闻。所见为直接感受,所闻为间接感受。故观察在先,而听闻在后。瞻彻,谓观察明彻也。 ⑫ 见得彻,须听之聪。聂,附耳小语也。 ⑬ 听之聪,又须行之动。需,待也。役,行也。待行之,始为实也。以上言:文学书籍之创作,原于语言,而语言又原于观察、听闻与行动也。亦即载"道"之文字书籍,乃原于人之视、听、言、动,亦即记载人之视、听、言、动也。而视、听、言、动又为发展语言之先决条件也。 ⑭ 讴,煦也,欲化之貌。於,当读为"菸"或"郁"。於讴,犹菸煦、郁煦也,即天地间上蒸之气、大化之气或元气也。万物禀元气而生,人之视、听、言、动,亦元气之所予。故曰需役闻之於讴也。 ⑮ 玄冥者,所以名无而非无也。强名曰玄,视之冥然。 ⑯ 参,高也。高邈寥旷,不可名也。

【译文】南伯子葵问女偊说:"您的年纪高了,可是面色还像婴孩一样,这是什么原因呢?"

女偊说:"我接受过'道'了啊。"

南伯子葵又问:"'道'可以学到吗?"

女偊说:"咳!那怎么可以呢?您不是那样的人啊。那卜梁倚拥有圣人之才,而没有圣人之'道';我拥有圣人之'道',而没有圣人之才。我愿意把我的'道'教给他,大概他就可以成为圣人了! 事实并不一定如此。以我这拥有圣人之'道'的人,告诉给他那拥有圣人之才的人,这也容易;我还得等待时机,教导他,三天,然后他才能够把天下置之度外;已经把天下置之度外之后,我又等待时机,七天,然后他才能够把万物置之度外;已经把万物置之度外之后,我又等待时机,九天,然后他才能够把生存置之度外。已经把生存置之度外,然后才能够明通事理;明通事理,然后才能够见到同一;见到同一,然后才能够不分古今;不分古今,然后才能够进入不死不生的("道")的境界。——杀灭万物的,它本身不会死亡;生长万物的,它本身不会生长。这种不死不生的现象,〔它对于万物,〕没有不遣送的,没有不迎接的,没有不摧毁的,没有不成全的。它的名字就叫作'撄宁'(动静)。——撄宁(动静),就是宇宙万物由动而后静的意思。"

南伯子葵说:"但是您从什么地方听到这些道理的呢?"

女偊说:"我是听到副墨(文字)的儿子说的。副墨的儿子是听到洛诵(语言)的孙子说的。洛诵的孙子是听到瞻明(观察)说的。瞻明是听到聂许(听闻)说的。聂许是听到需役(行动)说的。需役是听到於讴(元气)说的。於讴是听到玄冥(幽隐)说的。玄冥是听到参寥(空旷)说的。参寥是听到疑始(似始非始)说的。"

子祀、子舆、子犁、子来四人①相与语曰:"孰能以无为首,以生为脊,以死为尻②,孰知死生、存亡之一体者,吾与之为友矣。"四人相视而笑,莫逆于心,遂相与为友。

俄而子舆有病,子祀往问之。

曰:"伟哉! 夫造物者将以予为此拘拘③也!"曲偻发背④,上有五管,颐隐于齐⑤,肩高于顶,句赘指天⑥;阴阳之气,有沴其心⑦,间而无事,跰𨇰⑧而鉴于井。曰:"嗟乎! 夫造物者又将以予为此拘拘也!"

子祀曰:"汝恶之乎?"

曰:"亡⑨,予何恶? 浸假⑩而化予之左臂以为鸡,予因之以求时夜⑪;浸假而化予之右臂以为弹,予因之以求鸮炙;浸假而化予之尻以为轮,以神为马,予因乘之,岂更驾哉? 且夫,得者,时也;失者,顺也;安时而处顺,哀乐不能入也。此古之所谓县解也。而不能自解者,物有结之。且夫,物不胜天,久矣。吾又何恶焉?"

俄而子来有病,喘喘然⑫将死。其妻、子环而泣之。子犁往问之。

曰:"叱⑬! 避! 无怛化⑭!"

倚其户,与之语,曰:"伟哉! 造化又将奚以汝为? 将奚以汝适? 以汝为鼠肝乎? 以汝为虫臂⑮乎?"

子来曰:"子于父母⑯,东西南北,唯命之从。阴阳于人,不翅⑰于父母。彼近我死,而我不听,我则悍矣,彼何罪焉? 夫大块,载我以形,劳我以生,佚我以老,息我以死。故善吾生焉,乃所以善吾死也。今之大冶铸金,金踊跃曰:'我且必为镆铘⑱。'大冶必以为不祥之金。今一犯人之形,而曰:'人耳! 人耳!'夫造化者必以为不祥之人。今一以天地为大炉,以造化为大冶,恶乎往而不可哉?"

成然寐,蘧然觉。

【注释】① 四人并方外之士。　② 尻,臀也。　③ 拘拘,体拘挛也。④ 伛偻曲腰,背骨发露。　⑤ 齐,《人间世》篇作"脐",此借字。　⑥ 句赘,即《人间世》:"会撮",一作"括撮",言括撮其发句曲如附赘也。　⑦ 瘅,本作"沴"。瘅,满也。瘅,即"沴"之别体。　⑧ 跰躃,曳疾貌。　⑨ 亡,无也。⑩ 浸,渐也。假,假令。假而,犹假如也。　⑪ 卵,本作"鸡"。　⑫ 喘喘,气息急也。　⑬ 叱,诃声也。　⑭ 怛,惊也。　⑮ 鼠肝、虫臂,取微蔑至贱。　⑯ "子于父母",旧作"父母于子"。　⑰ 不翅,即"不啻",音同,有不但、不只、不亚之意。　⑱ 镆铘,古之良剑也。古书多作"莫邪",此后出字。

【译文】子祀、子舆、子犁、子来四个人在一起互相谈论,说:"谁能够把虚无当作头,把生存当作脊骨,把死亡当作屁股,谁能够懂得生死、存亡一体的道理,我们就同他们作朋友。"四个人互相你看看我,我看看你,就笑了起来,他们心心相印,便互相成为朋友。

不久,子舆得了病,子祀去慰问他。

子舆对子祀说:"真伟大啊! 这造物者就要把我变化成这样弯曲不伸的形状啊!"他背部佝偻,有五节脊椎露出在头顶之上,下巴紧贴肚脐,肩膀比头顶还高,发髻指着天;可是阴阳造化之气却充满了他的内心。他感到清闲无事,就迆迆趄趄地走到井边,往井里去照。他对着自己的影子说:"唉呀! 这造物者又要把我造成这样弯曲不伸的形状啊!"

子祀就问他说:"你讨厌它吗?"

子舆说:"不,我有什么讨厌的呢? 假如慢慢地把我的左胳膊变成了蛋,我就凭着它来寻求鸡;假如慢慢地把我的右胳膊变成了弹弓,我就凭着它来寻求斑鸠;假如慢慢地把我的屁股变成了车轮,我就把我的精神当作马,骑上它,还用得着再套车吗?况且,获得就是应时,丢失就是顺理,悲哀、快乐的情感是不能够参加到里面去的。这便是古来所谓悬系的解脱。可是那不能够自己解脱的人,事物就会来束缚他。况且,万物都不可能胜过自然,古来就是如此,我又有什么讨厌的呢?"

不久,子来也得了病,喘喘嘘嘘地快要死了。他的妻子儿女都围着他哭。子犁去慰问他。

子来〔正对着妻子儿女〕说:"去!躲开!不要惊动了造化!"

子犁倚着房门,对子来说:"真伟大啊!这造物者又要把你造成什么呢?把你放到哪里去呢?把你造成老鼠肝吗?把你造成昆虫胳膊吗?"

子来说:"子女对于父母,无论在哪一方面,只有听从命令。阴阳之气对于人,并不亚于人的父母。它让我接近死亡,可是我却不听从它;这是由于我太蛮横无理了,它又有什么罪过呢?这大地,首先赋予我形体,它又用生存来劳累我,用衰老来安佚我,用死亡来休息我。所以,让我生存得好的,就是要让我死亡得好。假如锻冶工人在熔铸金器的时候,金器就跳起来说:'我必定要成为镆铘剑!'那锻冶工人必定把它当作不祥的金属。假如有一个用模子作的人形,他能够说:'我是人!我是人!'那造物者也必定把它当作不祥之人。现在我们已经把天地当作大炉,把造物者当作锻冶工人,又有什么不适宜的地方呢?"

〔说着说着,〕子来安安静静地睡着了,一会儿又形迹开朗地醒过来了。

子桑户、孟子反、子琴张①相与友。曰:"孰能相与于无相与,相为于无相为? 孰能登天游雾,挠挑无极②,相忘以生,无所终穷③?"三人相视而笑,莫逆于心,遂相与友,莫然④。

有间⑤,而子桑户死。未葬,孔子闻之,使子贡往侍事焉。

或编曲,或鼓琴,相和而歌。歌曰:"嗟来! 桑户乎! 嗟来,桑户乎! 而已反其真,而我犹为人猗⑥!"

子贡趋而进,曰:"敢问:临尸而歌,礼乎?"

二人相视而笑。曰:"是恶知礼意?"

子贡反,以告孔子,曰:"彼何人者邪? 修行无有,而外其形骸;临尸而歌,颜色不变。无以命⑦之。彼何人者邪?"

孔子曰:"彼,游方之外⑧者也;而丘,游方之内者也。内外不相及。而丘使汝往吊之,丘则陋矣。彼方与造物者为人,而游乎天地之一气。彼以生为附赘县疣,以死为决疣⑨溃痈⑩。夫若然者,又恶知死生、先后之所在? 假于异物,托于同体;忘其肝胆,遗其耳目;反覆终始,不知端倪⑪;芒然,彷徨乎尘埃之外,逍遥乎无为之业。彼又恶能愦愦然⑫为世俗之礼,以观众人之耳目哉?"

子贡曰:"然则,夫子何方之依?"

孔子曰:"丘,天之戮民也! 虽然,吾与汝共之。"

子贡曰:"敢问其方。"

孔子曰:"鱼相造⑬乎水,人相造乎道。——相造乎水者,穿池而养给;相造乎道者,无事而生定。故曰:鱼相忘乎江湖,人相忘乎道术。"

子贡曰:"敢问畸人⑭。"

曰:"畸人者,畸于人而侔于天。故曰:天之小人,人之君子;天之君子,人之小人⑮也。"

【注释】① 三人,并方外之士。 ② 挠挑,犹宛转也。宛转玄旷之中。③ 终穷,死也。 ④ 莫,定也。 ⑤ 间,顷也。 ⑥ 猗,辞也。 ⑦ 命,名也。 ⑧ 方,区域也。方之外,寰宇之外。 ⑨ 疢,当依《辅仁记》引作"肕"。《说文》:"肕,搔生疮也。" ⑩ 浮热为疽,不通为痈。 ⑪ 倪,音"崖"。端,始也。倪,畔也。 ⑫ 愦愦,犹烦乱也。 ⑬ 造,借为"遭"。⑭ 畸,不偶也。不偶于人,谓阙于礼教也。畸人,方外而不偶于俗者。⑮ "天之君子,人之小人",本作"人之君子,天之小人"。

【译文】子桑户、孟子反、子琴张三个人是好朋友。他们说:"谁能够在不互相亲近之中互相亲近、在不互相帮助之中互相帮助呢?谁能够升上天去,驾起云雾,回旋在广漠无穷的境界之中,把生命完全忘却,可是也没有个死亡呢?"三个人互相你看看我,我看看你,就笑起来了,他们心心相印,于是就互相友好起来,是一种淡如水的君子之交。

不久,子桑户死了。还没有葬埋,孔子听到这件事,就派子贡到那里去帮着料理丧事。

他们有的在编歌曲,有的在弹琴,互相应和地歌唱起来。唱道:"唉呀!子桑户啊!唉呀!子桑户啊!你已经反还到本真,可是我们还是人啊!"

子贡赶紧走到前面,问他们:"我请问:面临着死人来歌唱,这合乎礼吗?"

孟子反、子琴张两个人互相你看看我,我看看你,就笑起来了。他们说:"这样的人怎么会懂得礼的意思呢?"

子贡回去,把这种情形告诉孔子,说:"他们究竟是什么人呢? 他们不懂得什么是道德,而把形体置之度外;面临着死人歌唱,面不改色。我不能够给他们起个名字。他们究竟是什么人呢?"

孔子说:"他们是游行在人世之外的人,而我,是游行在人世之内的人啊。人世之外和人世之内是毫不相干的。可是我却教你去吊唁他们,我太浅陋了。他们正在要和造物者交友,而遨游在天地浑然一气之中。他们把生存当作是多余的赘瘤,把死亡当作是脓疮的自然溃疡。像这样的人,他们又哪知道生、死和先、后的所在呢? 他们假借着不同的物类,寄托着相同的形体;忘掉了自己的肝胆,忘掉了自己的耳目,把始终都颠倒过来,也不知道人世间的头绪和边缘;迷迷茫茫的,他们徘徊在浑浊人世之外,逍遥在清静无为之始。他们又哪能够烦烦乱乱地施行世俗的礼制,来显示给一般人听和看呢?"

子贡就问孔子说:"那么,老师您依从哪一个人世呢?"

孔子说:"我是上天的罪人啊! 虽然如此,我还是希望和你一同游行在人世之外。"

子贡又问:"我请问那游行在人世之外的方术。"

孔子说:"鱼和鱼要在水里相遇,人和人要在'道'上相遇。——在水里相遇的,要挖掘池塘来养活它们;在'道'上相遇的,要居处清闲,生活静定。所以说: 鱼要在江湖之中互相忘却,人要在道术之中互相忘却。"

子贡又问:"我请问和世俗不同的人是什么样子的。"

孔子说:"和世俗不同的人,他们和人不相同,而和天相同。所以说:天上的小人,便是人世的君子;天上的君子,便是人间的小人。"

　　颜回问仲尼曰:"孟孙才①其母死,哭而无涕,中心不戚,居丧不哀。无是三者,以善处丧盖鲁国。固有无其实而得其名者乎? 回壹怪之。"

　　仲尼曰:"夫孟孙氏尽之矣,进于知矣。唯简之而不得。夫已有所简矣。孟孙氏不知所以生,不知所以死;不知孰先,不知孰后。若化为物以待其所不知之化已乎? 且方将化,恶知不化哉? 方将不化,恶知已化哉? 吾特与汝其梦未始觉者邪? 且彼有骇形而无损心②,有旦宅③而无耗精④。孟孙氏特觉人哭亦哭,是自其所以乃⑤。且也,相与吾之耳矣。庸讵知吾所谓吾之乎? 且汝梦为鸟,而厉乎天,梦为鱼,而没于渊。不识今之言者,其觉者乎? 其梦者乎? 造适⑥不及笑,献笑⑦不及排⑧;安排而去化,乃入于寥天一。"

　　【注释】① 孟孙才,鲁之贤人。　② 骇,骇动。　③ 旦,日新也。宅者,神之舍也。　④ 耗精,本作"情死"。　⑤ 乃,犹言如此。　⑥ 造,至也。　⑦ 献,当借为"显"。　⑧ 排,谓排除俗虑,即消遣之意。

　　【译文】颜回问孔子说:"孟孙才的母亲死了,他啼哭不流泪,内心不悲伤,临丧不哀痛。他没有流泪、悲伤、哀痛这三种表现,可是他以善于居丧的声名盖过整个鲁国。难道有这种没有实际行为、却能够获得声名的人吗? 我就感到奇怪。"

　　孔子说:"那孟孙氏可以说是达到极点了,他已经超过一般知道〔丧礼〕的人了。他只不过是要简略于事,而感到不可能。可是他终于有所简略了。孟孙氏不知道人为什么要出生,不知道人为什么要死亡；不知道什么叫作占先，不知道什么叫作落后。他好像是化生为物类来等待着他所不能够知道的化生之理吧？并且，正在要化生，怎么能够知道不化生呢？正在不化生，又怎么知道已经化生了呢？我和你都是在作梦而还没有清醒过来吧？况且，他有变动的形体，而没有消损的心灵；有传代的躯壳，而没有耗灭的精神。孟孙氏只是感到别人哭，自己也就哭；这便是他所以如此的原因。况且，人们只是在相互之间自己把自己叫作我罢了，可是人们怎么会知道我所谓把自己叫作我的内情呢？况且，你作梦变作一只鸟，就飞上天去；作梦变作一条鱼，就沉在水里。也不知道现在说话的人，他究竟是醒着呢？还是在作梦呢？达到适意，并不一定达到欢笑；形于欢笑，并不一定达到消遣；安于消遣之乐，而且达到领会造化之妙，这才能够进入空虚、自然、浑元的境界。"

意而子①见许由。许由曰："尧何以资汝②？"

意而子曰："尧谓我：'汝必躬服仁义③，而明言是非。'"

许由曰："而奚来为轵④？夫尧既黥汝以仁义，而劓汝以是非⑤矣，汝将何以游夫遥荡、恣睢、转徙⑥之涂乎？"

意而子曰："虽然，吾愿游于其藩⑦。"

许由曰："不然。夫盲者无以与乎眉目颜色之好，瞽者无以与乎青黄黼黻之观⑧。"

意而子曰："夫无庄之失其美⑨，据梁之失其力⑩，黄帝之亡其知，皆在炉锤之间⑪耳。庸讵知夫造物者之不息我黥、而补我劓,使我乘成以随先生邪?"

许由曰:"噫! 未可知也! 我为汝言其大略:吾师乎! 吾师乎⑫! 鳌万物⑬,而不为义;泽及万世,而不为仁;长于上古,而不为老;覆载天地,刻雕众形,而不为巧。此所游已!"

【注释】① 意而子,贤士也。 ② 资,借为"咨"。 ③ 服,行。 ④ 轵,借为"只"。而,通"尔"。 ⑤ 黥,凿额也。劓,割鼻也。 ⑥ 转徙,变化也。 ⑦ 藩,域也。 ⑧ 盲者,有眼睛而不见物;瞽者,眼无联缝如鼓皮也。 ⑨ 无庄,古之美人。 ⑩ 据梁,古之多力人。 ⑪ 锤,鸥头,颇口,句铁以吹火也。 ⑫ 吾师者,至道也。 ⑬ 鳌,当读为"济"。

【译文】意而子去见许由。许由问他说:"帝尧对你说什么了?"

意而子说:"帝尧对我说:'你必须要亲行仁义,而明谈是非。'"

许由问意而子:"你打算怎么办呢?那帝尧既然已经用仁义在你脸上刺了字,用是非割掉了你的鼻子,你将来凭什么去遨游在逍遥、放任、变化无穷的境界呢?"

意而子说:"虽然如此,我还是愿意遨游在它的范围之中啊。"

许由说:"不行的。那没有眼珠的人,他是没有办法和别人共同观看目眉容色的美丽的;眼皮没有缝的人,他是没有办法和别人共同鉴赏五彩文章的辉煌的。"

意而子说:"那毛嫱失掉了她的美貌,杞梁失掉了他的力气,黄帝失掉了他的明智,都决定于造物者的洪炉之中。怎么能知道那造物者不给我消除脸上所刺的字,而且给我补上被割去的鼻子,使我凭藉它的成就来跟随着先生走呢?"

许由说:"哈哈! 也未可知啊! 我给你说说它的大概情形吧: 我们的师长(道)啊! 我们的师长(道)啊! 它调济万物,并显不出它怎么正义;它恩及万代,并显不出它怎么仁慈;它生长在上古时代,并显不出它怎么衰老;它笼罩着天,负载着地,能够雕刻出各式各样的物象,并显不出它怎么工巧。这便是我们所要遨游的所在啊!"

　　颜回曰:"回益矣。"

　　仲尼曰:"何谓也?"

　　曰:"回忘仁义矣。"

　　曰:"可矣,犹未也。"

　　它日,复见。曰:"回益矣。"

　　曰:"何谓也。"

　　曰:"回忘礼乐矣。"

　　曰:"可矣,犹未也。"

　　它日,复见。曰:"回益矣。"

　　曰:"何谓也。"

　　曰:"回坐忘①矣。"

　　仲尼蹴然曰:"何谓'坐忘'?"

　　颜回曰:"堕肢体,黜聪明②,离形,去知,同于大通③,此谓'坐忘'。"

　　仲尼曰:"同,则无好也;化,则无常也。而果其贤乎! 丘也请从而后也。"

【注释】① 坐忘,坐而自忘其身。 ② 堕,毁废也。黜,退除也。③ 大通,犹大道也。道能通生万物,故谓道为大通也。

【译文】颜回对孔子说:"我现在进步了。"

孔子问他:"你这是指着什么说的呢?"

颜回说:"我忘掉什么是仁义了。"

孔子说:"可以了,但是还不到程度。"

过了些日子,颜回又去见孔子。他又对孔子说:"我现在进步了。"

孔子又问:"你这是指着什么说的呢?"

颜回说:"我忘掉什么是礼乐了。"

孔子说:"可以了,但是还不到程度。"

又待了些日子,颜回又去见孔子。他又对孔子说:"我现在进步了。"

孔子又问:"你这是指着什么说的呢?"

颜回说:"我能够坐着忘掉自己了。"

孔子很惊异地问他说:"什么叫作'坐着忘掉自己'呢?"

颜回说:"废弃肢体,减退聪明,脱离形貌,去掉智慧,与'大道'相和同,这就叫作'坐着忘掉自己'。"

孔子说:"与'大道'相和同,就没有什么爱好的了;随着'大道'变化,就没有什么永恒的了。你真是个贤明的人啊! 我情愿追随在你的后面。"

子舆与子桑友。而霖雨十日,子舆曰:"子桑殆病矣!"裹饭而往食之。

至子桑之门,则若歌若哭,鼓琴。曰:"父邪! 母邪!

天乎！人乎！"有①不任其声而趋举其诗②焉。

子舆入，曰："子之歌诗，何故若是？"

曰："吾思夫使我至此极者，而弗得也！父母岂欲吾贫哉？天无私覆，地无私载。天地岂私贫我哉？求其为之者而不得也。然而至此极者，命也夫！"

【注释】① 有，犹如也。　② 任，堪也。趋，卒（猝）疾也。不任其声，惫也；趋举其诗，无音曲也。

【译文】子舆和子桑两人很友好。因为下了十天大雨，子舆〔想起了子桑〕说："子桑大概饿坏了！"他包着饭就给他送去了。

子舆走到子桑的门口，听到里面好像在唱歌，又好像在啼哭，弹着琴。说道："父亲啊！母亲啊！天啊！人啊！"好像是发不出声音，可是又急于要把他的诗辞表达出来似的。

子舆走进门去，就问子桑说："您唱的诗辞，为什么是那么一种声调呢？"

子桑说："我是寻思那使我受到这般困窘的原因，而没有寻思到啊！父母难道愿意我受贫穷吗？天笼罩万物没有偏私，地负载万物没有偏私。天地难道偏偏地让我受贫穷吗？我是寻思那个主使者而没有寻思到啊！然而我所以受到这般困窘的，乃是命该如此啊！"

七、应　帝　王①（七章）

　　齧缺问于王倪,四问而四不知。

　　齧缺因跃而大喜。行以告蒲衣子②。

　　蒲衣子曰:"而乃今知之乎? 有虞氏③不及泰氏④。有虞氏其犹藏仁以要人⑤,亦得人矣,而未始出于非人⑥。泰氏其卧徐徐,其觉于于⑦,一以己为马,一以己为牛⑧;其知情信,其德甚真⑨,而未始入于非人。"

　　【注释】① 应,和也。应帝王,谓"处无为之事,行不言之教",足以上应帝王之道也。　② 蒲衣,即被衣,王倪之师也。　③ 有虞,舜也。④ 泰氏,即太昊伏羲也。　⑤ 藏仁以要人,怀仁以结人也。　⑥ 非人,言人之非也。　⑦ 徐徐,安稳貌。于于,无所知貌。　⑧ 夫如是,又奚是人非人之有哉? 可谓出于非人之域。　⑨ 任其所知,故情信;任其自得,故无伪。

　　【译文】齧缺去请教老师王倪,问了四个问题,四个问题都说不知道。

　　齧缺高兴得跳了起来。他回去把这件事情告诉了他老师的老师蒲衣子。

　　蒲衣子说:"你这才知道吗?〔古来的帝王,〕有虞氏就不如泰氏〔契合自然〕。有虞氏,他好像是怀着仁慈之心去结交别人;

他虽然也得到了人心,但是他并没有超出非议别人的境界。泰氏,他躺下来,是安安稳稳的,醒过来,是迷迷糊糊的;他有时把自己当作一匹马,有时把自己当作一头牛;他的认识,自以为实在可信;他的德行,自以为非常纯真;但是他并没有进入非议别人的境界。"

肩吾见狂接舆。狂接舆曰:"日中始①何以语女?"

肩吾曰:"告我:'君人者,以己出经式义度②,人孰敢不听而化诸?'"

狂接舆曰:"是欺德也! 其于治天下也,犹涉海凿河、而使蚊负山也。夫圣人之治也,治外乎? 正,而后行确乎能其事者而已矣。且鸟高飞,以避矰弋③之害;鼷鼠深穴乎神丘之下④,以避熏凿之患。而曾二虫之无知?"

【注释】① 日中始,人姓名,贤者也。 ② 经、式、仪、度,皆谓法度也。③ 弋,以绳系箭而射之也。 ④ 鼷鼠,小鼠也。神丘,社坛也。郊牛,郊祭用牛也。是鼷鼠恒潜伏于神坛之下也。

【译文】肩吾去见狂接舆。狂接舆问肩吾说:"日中始是怎样告诉你的?"

肩吾说:"他告诉我:'作为人民君上的,凭着自己定出的种种法度,人民哪个敢不听从而归化呢?'"

狂接舆说:"这是骗人的行为啊! 他对于治理天下,就好比趟着海水去挖河、使蚊虫背山一样。那圣人治理天下,是治理外表吗? 只不过是先端正了自己,然后去施行确乎是人民所作得到的事情罢了。况且,那鸟儿飞得高高的,是为了躲避弓箭的杀伤;鼷鼠深藏在神坛下的窟窿里,是为了躲避烟熏和挖掘的灾祸。你怎么连这两种动物的本能都一无所知呢?"

天根游于殷阳,至蓼水之上①,适遭无名人②而问焉。曰:"请问为天下。"

无名人曰:"去! 汝,鄙人也! 何问之不豫③也? 予方将与造物者为人:厌④,则又乘夫莽眇⑤之鸟,以出六极⑥之外,而游乎无何有之乡,以处圹垠⑦之野。汝又何为⑧以治天下感予之心为?"

又复问。

无名人曰:"汝游心于淡,合气于漠,顺物自然,而无容私焉,而天下治矣。"

【注释】① 殷阳,地名。蓼,水名也。皆寓托之名也。 ② 天根、无名,并为姓字,寓言问答也。 ③ 不豫,嫌不渐豫,太仓促也。 ④ 厌,足也。 ⑤ 莽眇,轻虚之状也。 ⑥ 六极,犹六合也。 ⑦ 圹垠,犹旷荡也。 ⑧ 为,本作"帛"。

【译文】天根往殷阳去闲游,走到蓼水旁边,恰好遇见了无名人,就向他请教。说:"我请问治理天下的道术。"

无名人说:"去! 你是个粗俗鄙浅的人啊! 你的问话怎么也不加考虑呢? 我正在要和造物者交友:我高兴了,就又驾驶起轻捷虚无的鸟儿,超出天地四方之外,而遨游在一无所有的境界,居住在寥廓无边的原野。你为什么用治理天下的事情来触动我的心呢?"

天根还是问。

无名人说:"你把心神遨游在虚静恬淡之内,把形气融和在寂寞无为之中,顺从万物的自然,而不怀藏半点儿私心,天下自然就会太平的啊！"

    阳子居^①见老聃，曰："有人于此，向疾^②强梁^③，物彻疏明，学道不倦^④。如是者，可比明王乎？"

    老聃曰："是于圣人也，胥易、技系、劳形、怵心^⑤者也！且也，虎豹之文，来田^⑥；猨狙之便、执斄之狗，来藉^⑦。如是者，可比明王乎？"

    阳子居蹴然曰："敢问明王之治。"

    老聃曰："明王之治，功盖天下，而似不自己；化贷^⑧万物，而民弗恃；有，莫举名；使物自喜；立乎不测^⑨，而游于无有者也。"

【注释】① 阳子居，居，名也；子，男子通称。 ② 向疾，敏疾如向也。③ 强梁，强干果决。 ④ 陆德明《礼记》释文："倦，本又作'勌'。"《说文》作"券"。 ⑤ 胥，当为"谞"之借字。《说文》："谞，知也。"易，当借为"役"，同音通借字。胥易，被知慧所役使也；技系，被技术所拘系也。 ⑥ 虎豹以皮有文章见猎也。田，猎也。 ⑦ 藉，绳也。由捷见结缚也。藉，系也。⑧ 贷，施也。 ⑨ 居变化之涂，日新而无方者也。

【译文】阳子居去见老聃，他对老聃说："现在有这么一个人，他行动敏捷，强干果决，洞察事理，性情开朗，并且学习道义不知疲倦。像这样的人，可不可以和明王相比呢？"

    老聃说："这样的人，在圣人看来，也只不过是为才智所驱使、为技术所拘系、劳累自己的形体、惊骇自己的心神的那种人啊！况且，虎豹由于身上有文彩，而招致猎人的捕捉；猿猴由于身体灵敏，狗由于能捉狸子，而招致人们的拴缚。这些东西，难道也可以和明王相比吗？"

阳子居惊悚地说道:"我请问明王治理天下的道术。"

老聃说:"明王的治理天下,他的功绩盖过天下,可是好像不是由于自己;他化施万物,可是人民并不需要依靠他;有他这么个人,可是人民却举不出他的名字;他能够使万物都快然自得;他是站立在变化不测的所在,而遨游在空虚无有的境界的人啊。"

郑有神巫曰季咸,知人之死生、存亡、祸福、寿夭,期以岁、月、旬、日,若神。郑人见之,皆弃而走;列子见之,而心醉。

归,以告壶子①,曰:"始,吾以夫子之道为至矣,则又有至焉者矣。"

壶子曰:"吾与②汝,既其文,未既其实③,而固得道与? 众雌而无雄,而又奚卵焉? 而以道与世亢,必信,夫故使人得而相汝。尝试与来,以予示之。"

明日,列子与之见壶子。出,而谓列子曰:"嘻! 子之先生死矣! 弗活矣! 不以旬数矣! 吾见怪焉! 吾见湿灰焉!"

列子入,泣涕沾襟,以告壶子。壶子曰:"乡④,吾示之以'地文'⑤:萌乎不震不正。是殆见吾杜德机⑥也。尝又与来。"

明日,又与之见壶子。出,而谓列子曰:"幸矣子之先生之遇我也! 有瘳矣! 全然有生矣,吾见其杜权矣。"

列子入,以告壶子。壶子曰:"乡,吾示之以'天壤'⑦：名实不入，而机发于踵。是殆见吾善者机也。尝又与来。"

明日，又与之见壶子。出，而谓列子曰："子之先生不齐，吾无得而相焉。试齐，且复相之。"

列子入，以告壶子。壶子曰："吾乡示之以'太冲莫朕'⑧。是殆见吾衡气机⑨也。鲵桓⑩之审为渊⑪，止水之审为渊，流水之审为渊。渊有九名，此处三焉⑫。尝又与来。"

明日，又与之见壶子。立未定，自失而走。壶子曰："追之！"

列子追之，不及。反，以告壶子，曰："已灭⑬矣，已失矣，吾弗及已！"

壶子曰："乡，吾示之以'未始出吾宗'。吾与之虚而委蛇⑭，不知其谁何；因以为弟靡，因以为波随⑮。故逃也。"

然后，列子自以为未始学，而归。三年不出，为其妻爨。食豕如食人，于事无所亲；雕琢复朴，块然独以其形立；纷而封戎⑯，一以是终。

【注释】① 壶子，名林，郑人，列子师。 ② 与，授也。 ② 既，尽也。 ④ 乡，本作"曏"，亦作"向"，同。 ⑤ 文，犹理也。 ⑥ 德，谓本性也。杜德机，塞吾德之机也。 ⑦ 天壤，犹天象也。 ⑧ 朕，本作"胜"。 ⑨ 衡，平也。 ⑩ 桓，盘桓也。鲵，借为"研"，与"计倪"作"计研"、"天倪"作"天研"同例。 ⑪ 审，当读为"沈"。 ⑫ 渊者，静默之谓耳。 ⑬ 灭，不见也。 ⑭ 委蛇，至顺之貌。 ⑮ 波随，本作"波流"。 ⑯ 戎，本作"哉"。纷，乱貌。封戎，散乱也。

【译文】郑国有个神通的巫人,名字叫季咸,他〔一观人的气色,就〕知道人的生死、存亡、祸福、寿数,他所算定的期限,无论是年数、月数、旬数、日数,就如同神仙那么应验。郑国人一见到他,都赶紧跑开。列子见到他,却被迷住了。

列子回去之后,就把这件事情告诉了他的老师壶子,说:"起初,我以为老师的道术是最高明的,原来还有更高明的人呢。"

壶子说:"我所教给你的东西,只是穷究了它的文辞,并没有穷究它的实际,你难道就算得到道术了吗? 譬如,鸟儿只有一些雌性的,而没有雄性的,又怎么能够生卵呢? 你拿着你所学到的那点儿道术和世俗相对抗,必然轻信别人,所以你就招得别人来给你相面。你试试明天和他一同来见我,把我的气色现示给他,让他给我相一相。"

第二天,列子陪着季咸来见壶子。出去之后,季咸对列子说:"唉呀! 您的老师快要死了! 活不成了! 超不出十天了! 我见到鬼了! 我见到泼湿了的灰烬了!"

列子回到屋里,哭得涕泪沾襟,就把季咸对他所说的话告诉给了壶子。壶子说:"方才,我是用'地文'现示给了他:我就像万物都在沉沉寂寂的,既不荡动,又不静止。他大概是见到我杜塞了本性的机能了。你试试明天再和他一同来见我。"

第二天,列子又陪着季咸来见壶子。出去之后,季咸对列子说:"幸亏您的老师遇到了我! 他有救了! 他大大地有生气了! 我昨天是见到他杜塞了本性的机能了。"

列子回到屋里,又把季咸对他说的话告诉给了壶子。壶子说:"方才,我是用'天象'现示给了他:我把声名和实际都没放在心里,我的机能是从脚根发出来的。他大概是见到我本性之善的机能了。你试试明天再和他一同来见我。"

第二天,列子又陪着季咸来见壶子。出去之后,季咸对列子说:"您的老师如果不斋戒一番,我是没有办法给他相面的。试试在斋戒之后,我再来给他相一相。"

列子回到屋里,又把季咸对他说的话告诉壶子。壶子说:"方才,我是用'太虚无迹'现示给他。他大概是见到我平衡气息的机能了。回转盘旋的积水也叫作渊水,停滞不动的积水也叫作渊水,滚动不息的积水也叫作渊水;渊水有九种名称,我在这里只显示了三种。你试试明天再和他来一同见我。"

第二天,列子又陪着季咸来见壶子。季咸还没站稳,自己觉得没有存身之处,就逃跑了。壶子说:"追他!"

列子追他,没有追上。回来,把情形告诉给了壶子。说:"已经无影无踪了,已经不知去向了,我追不上他。"

壶子说:"方才,我是用'不曾超出我的本元'现示给他:我虚无飘渺地应付他,我并不知道他究竟是什么样的人,我好像是对他低声下气,又好像是对他随波逐流。〔他对我无法观察,〕所以只好逃跑了。"

从此以后,列子才感觉到自己并没有什么道术,就回家去了。他三年也没有出过门,给他的妻子烧火作饭。他饲养猪就如同饲养人一样,对于一切事物都没有什么亲近的;他把浮华恢复为朴素,呆呆地独自站立在没有人的地方;他总感到人世间是纷纷扰扰的,就这样地结束了他的一生。

无为名尸①,无为谋府,无为事任,无为知主。体尽无穷,而游无朕,尽乎所受乎天,而无见得:亦虚而已。

至人之用心若镜：不将，不迎，应而不藏；故能胜物②而不伤。

【注释】①尸，主也。 ②胜，尽也。

【译文】不作声名的首领，不作谋议的府库，不作事务的挑担，不作明智的主帅。体会尽广漠无穷的宇宙，而遨游在浑沌无形的境域；穷究尽禀受天命的道理，而不参与自己的见解：也只有抱守虚静而已。

至人的用心如同镜子一般：它不遣送走的，不迎接来的，应和物类，而毫不隐藏；所以他能够穷尽物类，而不为物类所伤害。

南海之帝为儵，北海之帝为忽，中央之帝为浑沌①。

儵与忽时相遇于浑沌之地，浑沌待之甚善。

儵与忽谋报浑沌之德，曰："人皆有七窍，以视、听、食、息。此独无有。尝试凿之。"

日凿一窍，七日而浑沌死②。

【注释】①儵，喻有象也；忽，喻无形也；浑沌，清浊未分也，此喻自然。②言不顺自然，强开耳目也。

【译文】南海的天神叫作儵，北海的天神叫作忽，中央的天神叫作浑沌。

儵和忽经常在浑沌那里会面，浑沌招待他们非常周到。

儵和忽商量着要报答浑沌的盛情，他们说："人类都有七窍，用来看、听、吃饭、出气。可是这个人独独没有。我们试试给他凿出来。"

他们每天给他凿一窍，凿到七天，浑沌就死掉了。

外篇

一、骈　　拇（一章）

骈拇①、枝指②，出乎性哉？而侈于德；附赘、县疣，出乎形哉？而侈③于性。多方乎仁义而用之者，列于五藏④哉？而非道德之正也。

是故骈于足者，连无用之肉也；枝于手者，树无用之指也；骈枝⑤于五藏之情者，淫僻于仁义之行，而多方于聪明之用也。

是故骈于明者，乱五色，淫文章，青黄黼黻之煌煌⑥，非乎？而离朱⑦是已。多于聪者，乱五声，淫六律，金、石、丝、竹、黄钟、大吕之声⑧，非乎？而师旷⑨是已。枝于仁者，擢德⑩、塞性⑪，以收名声，使天下簧鼓⑫，以奉不及之法，非乎？而曾、史⑬是已。骈于辩者，累丸⑭、结绳⑮，窜句⑯，游心于"坚白"、"异同"之间⑰，而敝跬誉⑱无用之言,非乎? 而杨、墨⑲是已。故此皆多骈、旁枝之道,非天地之至正也。

彼至正⑳者,不失其性命之情。故合者不为骈,而枝者不为跂㉑,长者不为有馀,短者不为不足。是故凫㉒胫虽短,续之则忧;鹤胫虽长,断之则悲。故性长非所断,性短非所续;无所去忧也。意仁义其非人情乎! 彼仁人何其多忧也?

且夫,骈于拇者,决㉓之则泣;枝于手者,龁㉔之则啼;二者,或有馀于数,或不足于数,其于忧,一也。今世之仁人,蒿目而忧世之患;不仁之人,决性命之情㉕,而饕㉖富贵。故意仁义其非人情乎! 自三代以下者,天下何其嚣嚣㉗也?

且夫,待钩、绳、规、矩㉘而正者,是削其性者也;待绳约、胶漆而固者,是侵㉙其德者也。屈折礼乐,呴俞仁义㉚,以慰天下之心者,此失其常然㉛也。天下有常然。常然者,曲者不以钩,直者不以绳,圆者不以规,方者不以矩,附离㉜不以胶漆,约束不以纆索㉝。故天下诱然皆生,而不知其所以生;同焉皆得,而不知其所以得。故古今不二,不可亏也。则仁义又奚连连如胶漆、纆索,而游乎道德之间为哉? ——使天下惑也。

夫小惑易方,大惑易性。何以知其然邪? 自虞氏招㉞仁义以挠㉟天下也,天下莫不奔命于仁义。是非以仁义易其性与?

故尝试论之:

自三代以下者,天下莫不以物易其性矣;小人则以身殉㊱利,士则以身殉名,大夫则以身殉家,圣人则以身殉天下。故此数子者,事业不同,名声异号,其于伤性,以身为殉,一也。

臧与穀㊲二人相与牧羊,而俱亡其羊。问臧奚事,则挟筴㊳读书;问穀奚事,则博塞㊴以游;二人事业不同,其于亡羊,均也。

伯夷死名于首阳之下,盗跖死利于东陵之上㊵;二人所死不同,其于残生伤性,均也。奚必伯夷之是而盗跖之非乎?

天下尽殉也。彼其所殉,仁义也,则俗谓之君子;其所殉,货财也,则俗谓之小人。其殉一也,则有君子焉,有小人焉。若其残生损性,则盗跖亦伯夷已,又恶取君子小人于其间哉?

且夫,属㊶其性乎仁义者,虽通如曾、史,非吾所谓臧㊷也;属其性乎五味者,虽通如俞儿㊸,非吾所谓臧也;属性乎五声,虽通如师旷,非吾所谓聪也;属其性乎五色,虽通如离朱,非吾所谓明也。

吾所谓臧者,非仁义之谓也,臧于其德而已矣;吾所谓臧者,非所谓仁义之谓也,任其性命之情而已矣;吾所谓聪者,非谓其闻彼也,自闻而已矣;吾所谓明者,非谓其见彼也,自见而已矣。

不自见而见彼、不自得而得彼者,是得人之得、而不自得其得者也,适人之适、而不自适其适者也。

夫适人之适、而不自适其适,虽盗跖与伯夷是同为淫僻也。

余愧乎道德,是以上不敢为仁义之操,而下不敢为淫僻之行也。

【注释】① 骈拇,谓是拇指连第二指也。 ② 枝指,手有六指也。 ③ 侈,多也。 ④ 藏,当为"臧"。五臧,谓耳、目、口、鼻及心之窍。 ⑤ "骈枝"上本有"多方"二字,赘,当涉上下文而误衍,今以意删。 ⑥ 煌煌,眩目貌。 ⑦ 离朱,黄帝时人,百步见秋毫之末。 ⑧ 五声,谓宫、商、角、徵、羽也。六律,黄钟、大吕、姑洗、蕤宾、无射、夹钟之徒是也。六律,阳;六吕,阴;总十二也。金、石、丝、竹、匏、土、革、木,此八音也。 ⑨ 师旷,晋贤大夫也。善音律,能致鬼神。 ⑩ 擢,拔也。 ⑪ 搴,本作"塞"。塞,与"擢"义不相类,塞,当为"搴"。擢、搴,皆谓拔取之也。 ⑫ 簧鼓,喧攘。 ⑬ 曾、史,曾参、史鳅也。曾参,字子舆,仲尼之弟子。史鳅,字子鱼,卫灵公臣。此二人并禀性仁孝。 ⑭ 丸,本作"瓦"。 ⑮ 结绳,解难解之绳结,亦魔术之类也。 ⑯ 累丸,言其轻巧;结绳,言其纷乱;窜句,言其危险。 ⑰ 游,当读为"由"。游心,用心也。 ⑱ 跰,近也。誉,当读为"娱"。跰誉,谓近于游戏也。 ⑲ 杨、墨,杨朱、墨翟也。 ⑳ 至正,本作"正正"。 ㉑ 跂,即"歧"之本字。跂,是多指也。 ㉒ 凫,小鸭也。 ㉓ 决,离析也。 ㉔ 龁,齿断也。 ㉕ 决,有放任自流之意。 ㉖ 饕,贪也。 ㉗ 嚣嚣,犹謷咶也。 ㉘ 钩,曲线板;绳,墨线;规,圆规;矩,曲尺也。此皆匠工之具。 ㉙ 侵,伤也。 ㉚ 屈折礼乐,谓屈折身体为礼乐也。呴俞,谓呴喻颜色为仁义之貌。 ㉛ 常然,犹常态也。 ㉜ 离,依也。离,通"丽"。 ㉝ 缠,索也。 ㉞ 此文"招"字亦当训"举",而读为"翘"。言举仁义以挠天下也。 ㉟ 挠,乱也。 ㊱ 殉,营也。 ㊲ 臧、谷,假托之人名也。 ㊳ 筴,竹简也,古以写书,长二尺四寸。 ㊴ 塞,博之类也。 ㊵ 东陵,谓泰山也。 ㊶ 属,徐音"烛",著也。 ㊷ 臧,善也。 ㊸ 俞儿,古之善识味人也。"五味"下本无"者"字,今据上文"仁义者"补。

【译文】脚的大趾和二趾相连并，一只手生六个指头，是出自本性吗？乃是超越了一般的肢体；附着或悬挂在身上的瘤子，是出自本形吗？乃是超越了一般的外貌。在本性之外附加的仁义之道，用来教化人民，是分配在五窍之中的吗？这并不是道德的正轨啊。

因此，脚趾相连并的，便是连上了没有用的肌肉；一只手生六个指头的，便是长上了没有用的指头；超越了五窍的真性的，便是淫邪于仁义之道，而是超越了一般耳力和目力的功能。

因此，超越了一般目力的人，他就会搅乱五色，混淆文采，弄得光怪陆离，眼花缭乱；不是吗？像离朱就是这样的人。超越了一般耳力的人，他就会搅乱五声，混淆六律，弄得八音浑浊，声调杂陈；不是吗？像师旷就是这样的人。超越了人道之常的人，他提高自己的德性，藉以博取声名，使得天下骚扰不安，来奉行作不到的礼法；不是吗？像曾参、史鳅就是这样的人。超越了辩论之正的人，他〔的言论〕工巧得如同累弹丸、纷乱得如同结绳索，危险得如同钻刀山，他用心于"坚白"、"异同"之辩，而劳神于近似游戏、毫无实用的言论；不是吗？像杨朱、墨翟就是这样的人。所以，这都是些脚趾连并、手生六指的道术，而不是天下最正派的道术。

那最正派的道术，不失掉人类性命的真实。所以，原来就是相合的，不算是连并；原来就是枝杈的，不算是分歧；原来就是长的，不算是有余；原来就是短的，不算是不足。因此，野鸭的腿虽然短，如果给它接上一段，它就会痛苦；仙鹤的腿虽然长，如果给它截去一段，它就会悲伤。所以，天生就是长的，并不给他截短；天生就是短的，并不给它接长；就没有什么顾虑的了。我想仁义并不是人类的实情啊！那仁人怎么会有那么多的顾虑呢？

况且，脚趾连并的，割开它，他就得掉泪；手生六指的，咬掉它，他就得哭啼；这两种情形，有的比原数多，有的比原数少，可是他们受的痛苦是一样的。现在的仁人，望眼如穿地担忧世俗的患难；不仁之人，纵情任欲地去贪取富贵。所以，我想仁义并不是人类的实情啊！自从三代以后，天下怎么这么闹闹嚷嚷的啊！

况且，依靠曲线板、墨线、圆规、曲尺去矫正它的，是会削损它的天性的；依靠绳索捆绑、胶漆黏合去加固它的，是会损伤它的本质的。弯腰屈膝地去演习礼乐，和颜悦色地去施行仁义，藉以安慰天下人心的，这便是失掉了人类的常态。天下有常态。常态，弯的用不着曲线板，直的用不着墨线，圆的用不着圆规，方的用不着曲尺，合拢用不着胶漆，捆缚用不着绳索。所以天下万物都向前生长，可是并不知道为什么生长；都同一舒适，可是并不知道为什么舒适。所以古今没有什么两样，不可以对它们有所亏损。仁义这些东西，又为什么绵绵连连地像胶漆、绳索一样，而施行在道德之中呢？——这会使天下人受到迷惑的。

那小的迷惑，足以变失方向；大的迷惑，足以变失本性。为什么知道是这样的呢？自从大舜举出仁义来扰乱天下以后，天下人没有不是拼命地趋向于仁义的。这不就是用仁义来变失人类的本性吗？

所以，我就试谈一谈吧：

自从三代以后，天下的人没有不被外物的渐染而变失了本性的：百姓们拼着命地去追求财利，儒士们拼着命地去追求声名，大夫们拼着命地去保全封地，圣人们拼着命地去保全天下。

所以,这些人,事业虽然不同,名声虽然不同,但是他们对于损伤本性,拼着命地去追求,却是都一样的。

臧儿和穀儿俩人在一起放羊,他们都把羊放丢了。问臧儿在干什么,他是抱着竹简读书了;问穀儿在干什么,他是玩五道棋了。他俩的事由虽然不同,但是他们对于放丢了羊这件事来说,却是一样的。

伯夷为了追求声名,死在首阳山下;盗跖为了追求财利,死在东陵之上。俩人死的原因虽然不同,但是就他们残害自己的生命和本性这种情况来说,却是一样的。何必一定以为伯夷是对的、而盗跖是不对的呢?

天下的人都是拼着命地去追求。他们所拼命追求的是仁义,世俗上就把他们叫作君子;他们所拼命追求的是财利,世俗上就把他们叫作小人。就拼命追求这一点讲,他们是一样的,可是有的就是君子,有的就是小人。如果按着他们的残害生命和本性来说,那么盗跖也就是伯夷。又为什么在这中间却取用了君子、小人这种不同的称呼呢?

况且,把自己的本性牵附在仁义之上的人,虽然精通得像曾参、史鳝一样,这并不是我所谓好的;把自己的本性牵附在五味之上的人,虽然精通得像俞儿一样,这并不是我所谓好的;把自己的本性牵附在五声之上的人,虽然精通得像师旷一样,这并不是我所谓耳力好的;把自己的本性牵附在五色之上的人,虽然精通得像离朱一样,这并不是我所谓目力好的。

我所谓好的,并不是说的仁义,只不过是好在他的道德上罢了;我所谓好的,并不是世俗上的所谓仁义,只不过是任着他的本性的真实罢了;我所谓耳力好的,并不是他能够听到外物,只不过是他自己能够听到自己罢了;我所谓目力好的,并不是他能够见到外物,只不过是他自己能够看到自己罢了。

那不能够见到自己、而见到外物,不能够得到自己、而得到外物的人,这便是得到别人所要得到的,而不能够得到自己所要得到的,向往别人所要向往的,而不能够向往自己所要向往的。

那向往别人所要向往的,而不能够向往自己所要向往的,虽然盗跖和伯夷不同,但是都是一样的淫邪了本性。

我对于体形道德感到很惭愧,因而,往上说我不敢作出仁义的德操,往下说我不敢作出淫邪的行为。

二、马　　蹄(一章)

马,蹄可以践霜雪,毛可以御风寒。龁草①,饮水,翘足而陆②,此马之真性也;虽有义台,路寝③,无所用之。

及至伯乐④,曰:"我善治马。"烧之,剔之,刻之,雒之⑤,连之以羁马⑥,编之以皁栈⑦,马之死者十二三矣;饥之,渴之,驰之,骤之,整之,齐之,前有橛饰⑧之患,而后有鞭笑⑨之威,而马之死者已过半矣。

陶者曰:"我善治埴⑩。"圆者中规,方者中矩。匠人曰:"我善治木。"曲者中钩,直者中绳。夫埴、木之性,岂中规矩、绳墨哉?

然且世世称之曰:伯乐善治马,而陶、匠善治埴、木。此亦治天下者之过也!吾意善治天下者不然。

彼民有常性:织而衣,耕而食,是谓同德;一而不党⑪,命曰天放。

故至德之世,其行填填,其视颠颠⑫。当是时也,山无蹊隧⑬,泽无舟梁;万物群生,连属其乡;禽兽成群,草木遂长。是故禽兽可系羁而游,鸟鹊之巢可攀援而窥⑭。

夫至德之世,同与禽兽居,族与万物并,恶乎知君子小人哉？同乎无知，其德不离；同乎无欲，是谓素朴。素朴，而民性得矣。

及至圣人，蹩躠为仁，踶跂为义⑮，而天下始疑矣；澶漫为乐，摘辟为礼⑯，而天下始分矣。

故纯朴不残⑰，孰为牺尊？白玉不毁，孰为珪璋⑱？道德不废，安取仁义？性情不离，安用礼乐？五色不乱，孰为文采？五声不乱，孰应六律？夫残朴以为器，工匠之罪也；毁道德以为仁义，圣人之过也。

夫马，居⑲则食草饮水，喜则交颈相靡⑳，怒则分背相踶㉑，马知已此矣。夫加之以衡扼㉒，齐之以月题㉓，而马知介倪、阖扼、鸷曼、诡衔、窃辔㉔。故马之知而态㉕至盗者，伯乐之罪也。

夫赫胥氏㉖之时，民居不知所为，行不知所之，含哺而熙㉗，鼓腹而游，民能以㉘此矣。及至圣人，屈折礼乐，以匡天下之形；县企仁义，以慰天下之心；而民乃始踶跂好知，争归于利，不可止也。此亦圣人之过也。

【注释】① 龁，啮也。　② 陆，跳也。翘，举也。　③ 义台，犹灵台也。路寝，正寝也。　④ 伯乐，姓孙，名阳，善驭马。　⑤ 烧，谓烧铁以烁之。剔，谓翦其毛。刻，谓削其甲(蹄)。雒，谓即烙。　⑥ 羁，勒也。馽，绊前两足也。　⑦ 皂，栈也。栈，若橧床，施之湿地也。皂，马闲也。⑧ 橛，衔也。饰，排衔也，谓加饰于马镳也。　⑨ 带皮曰鞭，无皮曰笃。⑩ 埴土，可以为陶器。　⑪ 党，偏也。　⑫ 填填，迟重也。颠颠，专一也。⑬ 蹊，径也。隧，道也。　⑭ 窥，窥望。　⑮ 蹩躠，用力之貌。踶跂，矜持之容。　⑯ 澶漫，犹纵逸也。但曼，淫衍也。摘辟，多节。　⑰ 纯朴，全木也。不残，未雕也。　⑱ 珪、璋，皆器也。锐上方下曰珪，半珪曰璋。

⑲ "居"上本有"陆"字。 ⑳ 靡,摩也。 ㉑ 马之踶,必向后,故曰分背。踶,俗作"踢"。分背,谓臀尾相对也。 ㉒ 衡,辕前横木,缚轭者也。扼,叉马颈木也。扼,叉颈木也。 ㉓ 月题,马额上当颅如月形者也。㉔ 诡衔,吐出衔也。介,借为"軜";倪,借为"輗"。龂,齿相切也。輗,大车端持衡者也。闉,借为"迁";扼,借为"軛";谓移齿也。鸷,借为"折",曼,借为"軜"。介,当借为"扴"。诡,当借为"垝"。 ㉕ 态,本义当训巧艺多才也,即"才能"、"贤能"之"能",故从"心"。态,世德堂本作"能"。态,本字,能,借字,此皆古义之幸存者。 ㉖ 赫胥氏,上古帝王也。 ㉗ 熙,戏。熙,与"嬉"同。借为"嬉",即"娭"。 ㉘ 以,即"已"字。

【译文】马,蹄子可以走霜雪,毛可以挡风寒。吃草,喝水,撒开腿就跑,这都是马的真性;纵然有高大的楼台,宽敞的宫寝,对它是没有用处的。

到后来有了伯乐,他说:"我善于治理马。"他就烫平它们的毛,剪齐它们的鬃,削齐它们的蹄子,在它们身上烙火印,用笼头和绊索把它们拴起来,用牢圈和栅栏把它们围起来;马因为这个而死掉的就有十分之二、三了。饿着它们,渴着它们,赶着它们飞驰、奔跑,教练它们步伐整齐,前面有衔木的苦痛,后面有鞭策的威胁;马因为这个而死掉的就已经超过一半了。

陶工说:"我善于调理黏土。"使得圆的符合圆规,方的符合曲尺。木匠说:"我善于整治木材。"使得弯的符合曲线板,直的符合墨线。那黏土和木材的本性,难道原来就符合圆规和曲尺、曲线板和墨线吗?

然而,人们世世代代都称赞他们说:"伯乐善于治理马,陶工和木匠善于整治黏土和木材。"这也是治理天下的人的罪过啊!

我想善于治理天下的人并不是这样。

那人民有永恒的本性:织布来穿衣,种田来吃饭,这叫作共同的德性;禀赋纯一,而不偏私,这叫作天然的放任。

所以,在升平的世界,人民的行动是稳重的,眼神是专注的。在这种时代,山里没有小路和大道,水上没有船舶和桥梁;万物同共生长,乡庄相互连接,禽兽都成群结队,草木都茂密丛生。因此,禽兽可以拴起来同人一起遨游,鸟窝可以让人爬到树上窥探。

那升平的世界,人和禽兽一同居住,人和万物相互集聚,哪里知道什么君子、小人呢? 人们都没有知识,他们的本性不会离失;人们都没有欲望,这就叫作纯素朴实。纯素朴实,这就能保住人民的本性。

到后来有了圣人,他们劳劳碌碌地施行仁德,兢兢业业地施行正义,因而天下就开始迷惑了;淫淫荡荡地学音乐,拳拳曲曲地学习礼节,因而天下开始分散了。

所以,完整的木材不受伤残,怎么能够成为雕饰华美的酒尊呢? 洁白的玉石不受毁坏,怎么能够成为多式多样的玉器呢? 道德不废弃,怎么能够用得着仁义呢? 性情不离失,怎么能够用得着礼乐呢? 五色不紊乱,怎么能够成为文彩呢? 五声不紊乱,怎么能够应和六律呢? 那伤残了完整的木材而作为器皿的,乃是工匠的罪过;毁破了道德而成为仁义的,乃是圣人的罪过。

那马,站立着,就吃草、喝水;高兴了,就伸着脖子互相摩蹭;发怒了,就对着屁股互相踢踏;马的智慧也就止于此了。那么,给它驾上车辕,戴上笼头,它就知道磨刮辕衡,移动套枙,折断车棚,毁坏衔木,咬断辔头。所以,马的智慧之所以能够变得像盗贼一样,乃是伯乐的罪过。

在上古赫胥氏时代,人民居家不知道作什么事,走路不知道往哪里去;嘴里嚼着食物玩耍,拍打着肚子遨游;人民的能力也就止于此了。到后来有了圣人,委屈着肢体去演习礼乐,来端正天下的形貌;高高地标出仁义行为,来安定天下的人心;因而人民才开始务为智巧,争求财利,闹得不可遏止。这也是圣人的罪过。

三、胠 箧（一章）

将为胠箧①、探囊、发匮之盗而为守备，则必摄缄縢②、固扃鐍③，此世俗之所谓知也。然而巨盗至，则负匮、揭箧、担囊而趋，唯恐缄縢、扃鐍之不固也。然则乡④之所谓知者，不乃为大盗积者也？

故⑤，尝试论之：世俗之所谓知者，有不为大盗积者乎？所谓圣者，有不为大盗守者乎？

何以知其然邪？

昔者，齐国，邻邑相望，鸡犬之音相闻；罔罟之所布，耒耨⑥之所刺，方二千馀里；阖四竟⑦之内，所以立宗庙、社稷，治邑、屋、州、闾、乡、曲⑧者，曷尝不法圣人哉？然而，田成子一旦杀齐君，而盗其国⑨。所盗者岂独其国邪？并其圣知之法而盗之。

故田成子有乎盗贼之名，而身处尧、舜之安，小国不敢非，大国不敢诛，世世有齐国⑩。则是不乃窃齐国并与其圣知之法、以守其盗贼之身乎？

尝试论之：世俗之所谓至知者，有不为大盗积者乎？所谓至圣者，有不为大盗守者乎？

何以知其然邪？

昔者，龙逢斩，比干剖⑪，苌弘胣⑫，子胥靡⑬，故四子之贤，而身不免于戮。

故跖之徒问于跖曰："盗亦有道乎？"跖曰："何适而无有道邪？夫妄意⑭室中之藏，圣也；入先，勇也；出后，义也；知可否，知也；分均，仁也。五者不备，而能成大盗者，天下未之有也。"

由是观之，善人不得圣人之道，不立；跖不得圣人之盗，不行。天下之善人少，而不善人多，则圣人之利天下也少，而害天下也多。

故曰：唇竭则齿寒⑮。鲁酒薄，而邯郸围；圣人生，而大盗起。掊击圣人，纵舍盗贼，而天下治矣。

夫川竭而谷虚，丘夷而渊实；圣人已死，则大盗不起，天下平而无故矣。

圣人不死，大盗不止。虽重圣人而治天下，则是重利盗跖也。为之斗斛以量之，则并与斗斛而窃之；为之权衡⑯以称之，则并与权衡而窃之；为之符玺⑰而信之，则并与符玺而窃之；为之仁义以矫之，则并与仁义而窃之。

何以知其然邪？

彼窃钩⑱者诛，窃国者为诸侯。诸侯之门，而仁义存焉。则是非窃仁义、圣知邪？

故逐于大盗揭诸侯窃仁义并斗斛、权衡、符玺之利者，虽有轩冕⑲之赏弗能劝，斧钺之威弗能禁。此重利盗跖而使不可禁者，是乃圣人之过也。

故曰:"鱼不可脱于渊;国之利器不可以示人。"彼圣人者,天下之利器也,非所以明天下也。

故绝圣弃知,大盗乃止;擿玉毁珠㉑,小盗不起;焚符破玺,而民朴鄙;剖斗折衡,而民不争。殚残㉑天下之圣法,而民始可与论议。

擢乱㉒六律,铄绝竽瑟㉓,塞师旷之耳,而天下始人含其聪矣;灭文章,散五采,胶离朱之目,而天下始人含其明矣。毁绝钩绳,而弃规矩,攦工倕之指㉔,而天下始人有其巧矣㉕。削曾、史之行,钳杨、墨之口,攘弃㉖仁义,而天下之德始玄同㉗矣。

彼人含其明,则天下不铄㉘矣;人含其聪,则天下不累矣;人含其知,则天下不惑矣;人含其德,则天下不僻矣。

彼曾、史、杨、墨、师旷、工倕、离朱者,皆外立其德而爚乱㉙天下者也,法之所无用也。

子独不知至德之世乎? 昔者,容成氏、大庭氏、伯皇氏、中央氏、栗陆氏、骊畜氏、轩辕氏、赫胥氏、尊卢氏、祝融氏、伏羲氏、神农氏㉚,当是时也,民结绳而用之,甘其食,美其服,乐其俗,安其居,邻国相望,鸡狗之音相闻,民至老死,而不相往来。若此之时,则至治已。今遂至使民延颈举踵曰:"某所有贤者。"赢粮而趣之;则内弃其亲,而外去其主之事,足迹接乎诸侯之境,车轨结乎千里之外。则是上好知之过也。

上诚好知而无道,则天下大乱矣。

何以知其然邪?

夫弓弩、毕弋、机变㉝之知多,则鸟乱于上矣;钩饵、罔罟、罾笱㉜之知多,则鱼乱于水矣;削格、罗络、罝罘㉝之知多,则兽乱于泽矣;知诈㉞、渐毒㉟,颉滑㊱、"坚白"、解垢㊲、"同异"之变多,则俗惑于辩矣。故天下每每㊳大乱,罪在于好知。

故天下皆知求其所不知,而莫知求其所已知者;皆知非其所不善,而莫知非其所已善者。是以大乱。

故上悖㊴日月之明,下烁㊵山川之精,中堕㊶四时之施;惴耎之虫㊷,肖翘之物㊸,莫不失其性。甚矣夫,好知之乱天下也!

自三代以下者是已:舍夫种种之民㊹,而悦夫役役㊺之佞;释㊻夫恬淡无为,而悦夫啍啍㊼之意。啍啍,已乱天下矣!

【注释】① 胠,开也。箧,箱也。 ② 摄,结也。 ③ 镮,锁钥也。 ④ 乡,本又作"向",亦作"曏"。 ⑤ 故,今也。 ⑥ 耒,犁也;一云,耜柄也。耨,锄也;或云,以木为锄柄。 ⑦ 阖,合也。 ⑧ 二十五家为闾,二千五百家为州,万二千五百家为乡也。 ⑨ 田成子,齐大夫陈恒也。齐君,简公也;《春秋·哀公十四年》,陈恒杀之于舒州。 ⑩ "世世有齐国",本作"十二世有齐国"。 ⑪ 龙逢,姓关,夏桀之贤臣,为桀所杀。比干,王子也,谏纣,纣剖其心而视之。 ⑫ 胣,崔云,读若"拖",或作"施"字。胣,裂也。 ⑬ 子胥,伍员也。谏夫差,夫差不从,赐之属镂(剑名)以死,投之于江也。靡,烂之于江也。 ⑭ 意,斟酌商度。 ⑮ 唇竭,俗称撅嘴。"竭"变作"噘"。 ⑯ 权,称锤;衡,称衡也。 ⑰ 符者,分为两片,合而成一,即今之金鱼木契也。玺者,玉印,握之以摄召天下也。 ⑱ 钩,带钩也。 ⑲ 轩,车也。冕,冠也。 ⑳ 擿,犹投弃之也。 ㉑ 殚,尽也。残,毁也。 ㉒ 擢,拔也。 ㉓ 铄绝,烧断之也。 ㉔ 工倕,尧时巧者也。捆,折断。 ㉕ 此下本有"故曰大巧若拙"六字。今以意删。 ㉖ 攘,却也。 ㉗ 玄,元也。玄同,谓与天地之本元相混同也。 ㉘ 铄,向音"爍"。 ㉙ 㸤,借为"殽"。《广雅》:"殽,乱也。" ㉚ 此十二氏,皆古帝王。 ㉛ 兔网曰毕。缴射曰弋。弩牙曰机。 ㉜ 罾,渔网也。 ㉝ 削格,所以施罗网也。罝罘,兔网也。 ㉞ 知诈,犹巧诈也。 ㉟ 渐,疑借为"谗";毒,疑借为"伪"或"譸";皆叠韵通借字。渐毒,即谗伪,即妄诞也。 ㊱ 颉滑,滑稽也。 ㊲ 解垢,谓背反常理也。 ㊳ 每每,犹昏昏也。 ㊴ 悖,乱也。 ㊵ 烁,消也。 ㊶ 堕,毁也。 ㊷ 喘耎,蠕蠕,动虫也。 ㊸ 肖翘,翾飞之属也。 ㊹ 种种,谨愨貌。一云,淳厚也。 ㊺ 役役,鬼黠貌。 ㊻ 释,废也。 ㊼ 啍啍,以己诲人也。

【译文】为了防备开箱柜、探包裹的小偷,就必然要结紧绳索,上好锁钥,这便是世俗所谓聪明人。然而大贼盗一来,就扛起箱柜、担起包裹,整个儿地弄走了,他还惟恐这绳索和锁钥不牢固呢。那么,方才的所谓聪明人,不正是为大贼盗而积蓄的人吗?

现在,我们就尝试着谈一谈吧。

世俗所谓的聪明人,有不为大贼盗而积蓄的人吗?所谓圣人,有不为大贼盗而守备的人吗?

怎么知道是这样的呢?

在古代,齐国和邻国的城乡互相望得见,鸡狗的声音互相听得见;可以捕鱼的池泽,可以耕种的田地,方圆有两千多里;所有四境之内,所建立的宗庙和神祠,设置的城市和乡庄,何尝不是效法圣人呢?然而,田成子一旦杀了齐简公,并盗取了齐国。他所盗取的岂止是别人的国家吗?连别人圣知的法制都盗取去了。

所以，田成子具有贼盗的名声，可是却身处在像尧、舜那样安全的地位，小国不敢议论他，大国不敢讨伐他，世世代代享有齐国。这不正是他盗窃了齐国和它圣知的法制，来保全他盗贼的身体吗？

我们就尝试着谈一谈吧。

世俗所谓最聪明的人，有不为大贼盗而积蓄的人吗？所谓最圣明人，有不为大贼盗而守备的人吗？

怎么知道是这样的呢？

在古代，关龙逄被夏桀杀了头，王子比干被殷纣挖了心，苌弘被周国分了尸，伍子胥被吴王夫差投在江里。以这四个人的贤明，可是却没能幸免杀戮之祸。

所以，盗跖的徒弟问盗跖说："做贼盗也有道术吗？"盗跖说："什么地方能没有道术呢？能凭空测度出屋里财物所藏的地方，便是圣明；争着先进去，便是勇敢；甘愿后出来，便是义气；知道什么可以做什么不可以做，便是明智；财物分得平均，便是仁爱。这五项如果不具备，而能够成为大盗，天下是没有这种事情的。"

由此看来，善人得不到圣人的道术，就没有成就；盗贼得不到圣人的道术，就行不通。天下好人少，而不好的人多，就是由于圣人对天下的好处少，对天下的危害多。

所以说：嘴唇噘起来，牙齿就受到风寒。鲁国献给楚王的酒味薄，赵国的都城就遭到围困；圣人降生，大贼盗就多起来。打倒了圣人，放任贼盗，天下就会太平了。

流水枯竭，山谷就要虚空；丘陵削平，池泽就会充实；圣人死了，大贼盗就起不来，天下就太平无事了。

圣人不死,大贼盗就不会止息。虽然重视圣人来治理天下,实际上这对盗跖是大大有利的。创制了升斗来量东西,可是盗贼连升斗都盗窃了去;创制了秤杆秤砣来称东西,可是盗贼连秤杆秤砣都盗窃了去;创制了符节和玉玺来作为凭信,可是盗贼连符节和玉玺都盗窃了去;创制了仁义来矫正过错,可是盗贼连仁义都盗窃了去。

怎么知道是这样的呢?

那盗窃带钩的人,会被杀掉;那盗窃了国家的人,却成为诸侯。诸侯之家,是存在着仁义的。这不就是盗窃了仁义和圣智吗?

所以,追随大贼盗,高居诸侯之位,盗窃了仁义和升斗、秤杆、秤砣、符节、玉玺之利的人,虽然有加官的赏赐,也不能够奖励他〔为善〕;虽然有杀戮的威刑,也不能够禁止他〔作恶〕。出现这种大大有利于盗跖而使天下不可禁止的情况,乃是圣人的罪过。

所以说:"鱼不可以脱离池泽,国家的威权不可以显示给别人。"那圣人便是天下的威权,并不是用他来明示给天下的。

所以,抛弃了圣明智巧,大贼盗就会止息;毁掉了珠宝玉器,小贼盗就没有了;焚毁了符节,摔碎了玉玺,人民就归于淳朴;拆毁了升斗,折断了秤杆,人民就不会争夺。完全废除圣人的法制,人民才可以一同谈论天下大事。

拨乱六律,烧断笙瑟,塞住师旷的耳朵,天下人才能保全住耳力的通彻;消灭文采,分散五色,黏住离朱的眼睛,天下人才能保全住眼力的明亮;毁坏曲线板和墨线,丢弃圆规和曲尺,折断工倕的手指头,天下人才能保全住工艺的技巧;削除曾参、史鳅的行为,钳住杨朱、墨翟的嘴巴,扔掉仁义之道,天下的德性才能和天地的本元相混同。

那人人保全了眼力的明亮,天下就不会有被炫耀的;人人保全了耳力的通彻,天下就不会有被困累的;人人保全了自己的智慧,天下就不会有被迷惑的;人人保全了自己的德性,天下就不会有趋向邪僻的。

曾参、史鰌、杨朱、墨翟、师旷、工倕、离朱这般人,都是把自己的德性建立在外物之上而殽乱天下的,这都是常法(自然法则)所用不着的。

您难道不知道升平之世〔的情况〕吗?在上古时代,容成氏、大庭氏、伯皇氏、中央氏、栗陆氏、骊畜氏、轩辕氏、赫胥氏、尊卢氏、祝融氏、伏羲氏、神农氏,在那个时代,人民用结绳来记事情,他们觉得自己食品香甜,衣服华美,习俗可爱,居住安适,邻国互相望得见,鸡狗叫的声音互相听得见,人民直到老死,也不互相往来。像这样的时代,可说是非常太平了。现在,甚至于使人民伸长脖子,举起脚跟,说:"某地方有贤人。"担着口粮往那里去请教,因而,在家里离弃了自己的父母,在外边丢下了自己的主管事务,足迹跑遍了诸侯各国,车辙联结到千里之外。这便是君上崇尚智巧的罪过。

君上真地崇尚智巧,而不懂"道",天下就要大乱了。

怎么知道是这样的呢?

那制造各色各样的弓弹、鸟网的智巧一多,鸟类就在天空混乱起来了;制造各色各样的钓具、渔网的智巧一多,鱼类就在水塘混乱起来了;制造各色各样的鹿角、兽网的智巧一多,兽类就在薮泽混乱起来了。巧诈、妄诞、屈曲、"坚白"、乖离、"异同"的诡变多,世俗之人就会被这些诡辩迷惑起来。所以,天下昏昏大乱,罪过就在于崇尚智巧。

所以,天下都知道追求自己所不知道的,而不知道追求自己所已经知道的;都知道非难自己所不喜好的,而不知道非难自己所已经喜好的。所以天下就大乱了。

所以,在天上,扰乱了日月的光明;在地上,消损了山川的精气;在人世间,毁灭了四时的施化;蠕动的虫类,飞动的生物,没有不失掉它的本性的。崇尚智巧而昏乱天下,可以说是太厉害了!

自从三代以来,就是这样的:舍弃淳厚朴素的真实,而喜欢诡诈奸邪的巧辩;抛开恬淡无为,而喜欢喋喋不休的教化。喋喋不休地教诲别人,就是已经昏乱天下了!

四、在　　宥（七章）

　　闻在宥①天下，不闻治天下也。在之者，恐天下之淫其性也；宥之者，恐天下之迁其德也。天下不淫其性，不迁其德，有治天下者哉？

　　昔，尧之治天下也，使天下欣欣焉人乐其性，是不恬②也；桀之治天下也，使天下瘁瘁焉③人苦其性，是不愉也。夫不恬、不愉，非德也。非德也，而可长久者，天下无之。

　　人大喜邪，毗于阳；大怒邪，毗于阴。阴阳并毗，四时不至，寒暑之和不成，其反伤人之形乎！

　　使人喜怒失位，居处无常，思虑不自得，中道不成章④，于是乎天下始乔诘、卓鸷⑤，而后有桀、跖⑥、曾、史之行。

　　故举天下以赏其善者，不足；举天下以罚其恶者，不给；故天下之大，不足以赏罚。自三代以下者，匈匈焉⑦终以赏罚为事。彼何暇安其性命之情哉？

　　而且，说明邪，是淫于色也；说聪邪，是淫于声也；说仁邪，是乱于德也；说义邪，是悖于理也；说礼邪，是相于技⑧也;说乐邪,是相于淫也;说圣邪,是相于艺也;说知邪,是相于疵也。

天下将安其性命之情,之八者,存可也,亡可也;天下将不安其性命之情,之八者,乃始脔卷⑨,狍囊⑩而乱天下也;而天下乃始尊之、惜之。甚矣,天下之惑也!岂直过而去之邪!乃齐戒以言之,跪坐以进之,鼓歌以儛⑪之。吾若是何哉?

故君子不得已而临莅天下,莫若无为。无为也,而后安其性命之情。故"贵以身为天下,可以托天下;爱以身为天下,可以寄天下。"

故君子苟能无解其五藏,无擢其聪明,尸居而龙见,渊默而雷声,神动而天随;从容无为,而万物炊累⑫焉。吾又何暇治天下哉?

【注释】① 宥,宽也。 ② 恬,静也。 ③ 瘁,病也。 ④ 成章,谓成就于内,表着于外也。 ⑤ 盖乔诘,迂曲之行也;卓鸷,敫败之行也。 ⑥ 桀跖,本作"盗跖"。 ⑦ 匈匈,讙讠夅也,竞逐之谓也。 ⑧ 相,助也。 ⑨ 脔卷,不申舒之状也。 ⑩ 狍之貌也。○按:狍,应为"抢"之误字。 ⑪ 儛,即"舞"之俗字。 ⑫ 炊累,犹动升也。

【译文】只听说过抚恤和宽容天下,没听说过治理天下。抚恤他们,是恐怕天下淆乱了本性;宽容他们,是恐怕天下变改了德行。天下不淆乱本性,不变改德行,还用得着治理天下吗?

在古代,帝尧的治理天下,使天下欢欣鼓舞地畅快他们的本性,这便是不让他们安静;夏桀的治理天下,使天下疲劳憔悴地痛苦他们的本性,这便是不让他们愉快。不让安静,不让愉快,就不是施德于天下,不施德于天下,而能够保持长久的,天下是没有的。

人过于喜悦,就会侧重于阳气;过于愤怒,就会侧重于阴气。阴阳之气都侧重,四季就不能按时季到来,寒暑就不能布施均调;这会反过来伤害人民的形体的!

使人民喜怒失去正常,居处没有定所,思虑不能随心,正道不能养成,于是天下开始意志不平,行为不正,而后便出现了夏桀、盗跖和曾参、史鳅这些不同行为。

所以,要想把天下的好人都赏赐了,是赏赐不清的;要想把天下的坏人都处罚了,是处罚不完的。所以,天下这么大,用赏罚的办法是不够的。可是自从三代以下,总是闹闹嚷嚷地总是把赏罚当件事情来做。人民哪里还有时间安于他们性命的真情呢?

而且,喜欢眼力明亮吧,就会淆乱颜色;喜欢耳力通彻吧,就会淆乱声音;喜欢仁慈吧,就会淆乱德性;喜欢正义吧,就会悖乱天理;喜欢礼节吧,就会助长偏邪;喜欢音乐吧,就会助长淫荡;喜欢圣明吧,就会助长法制;喜欢智巧吧,就会助长灾患。

天下如果安于他们本性的真情,这八项,保存它也可以,丢掉它也可以;天下如果不安于他们本性的真情,这八项,便开始弄得天下拳曲不伸,纷扰不安,而搅乱了天下;可是天下却开始尊重这些行动,爱惜这些行动。天下真是太迷惑了!他们岂止是让这些行动一过去就算完了!却是斋戒之后才去谈论,用跪坐之礼实行,用歌乐去鼓舞人心。我对这些有什么办法呢?

所以,君子不得已而监临天下,没有比无为再好的了。做到无为,而后才可以安定人民本性的真情。所以"宝重身体去治理天下的人,才可以把天下委托给他;爱惜身体去治理天下的人,才可以把天下交付给它。"

所以,君子如果能不放纵自己的感官享乐,不提高自己的聪明;静处时如同神像,而显现时如同飞龙;沉默如同渊水,而行动如同雷电;精神起动,而天下随从;从容自在,清静无为,而万物都升腾活跃起来。我又哪里有时间去治理天下呢?

崔瞿①问于老聃曰:"不治天下,安臧人心?"

老聃曰:"女慎勿撄②人心。人心:排下而进上,上下囚杀③;淖约柔乎刚强④,廉刿雕琢;其热,焦火;其寒,凝冰;其疾,俛仰之间,而再抚四海之外:其居也,静而渊;其动也,县而天⑤。偾骄而不可系者,其唯人心乎!

"昔者,黄帝始以仁义撄人之心。尧、舜于是乎股无胈,胫无毛,以养天下之形;愁其五藏,以为仁义;矜其血气,以规法度。然犹有不胜也。尧于是乎放讙兜于崇山,投三苗于三危,流共工于幽都。此不胜天下也。

"夫施及⑥三王,而天下大骇矣。下有桀、跖,上有曾、史⑦,而儒、墨毕起。于是乎喜怒相疑,愚知相欺,善否相非,诞信相讥,而天下衰矣。大德不同,而性命烂漫⑧矣;天下好知,而百姓求竭⑨矣。于是乎斤锯制焉,绳墨杀焉,椎凿决焉⑩。天下脊脊⑪大乱,罪在撄人心。故贤者伏处大山嵁岩⑫之下,而万乘之君忧慄乎庙堂之上。

"今世,殊死⑬者相枕也,桁杨⑭者相推也,形戮者相望也,而儒、墨乃始离跂、攘臂⑮乎桎梏之间。意⑯!甚矣哉,其无愧而不知耻也!甚矣,吾未知圣知之不为桁杨椄榗⑰也,仁义之不为侄梏凿枘⑱也! 焉知曾、史之不为桀、跖矫矢⑲也?

"故曰:绝圣弃知,而天下大治。"

【注释】① 崔瞿,人姓名也。 ② 撄,挠。 ③ 囚,读为"道"。④ 淖约,柔弱也。 ⑤ 按:静而渊,本作"渊而静",与下句"县而天"不相对,且失"渊"、"天"之韵。今以意改。县,当借为"玄"。静而渊,静默如渊也;县而天,玄远如天也。 ⑥ 施,延也。 ⑦ 桀、跖行小人之行,为下;曾、史行君子之行,为上。 ⑧ 烂漫,散乱也。 ⑨ 求竭,即"胶隔"也,今作"纠葛"。 ⑩ 斫,本亦作"斤"。绳墨,正木之曲直;礼义,示人之隆杀;椎凿,穿木之孔窍;刑法,决人之身首;工匠运斤锯以残木,圣人用之以伤道。斫,俗"斤"字。 ⑪ 脊,音"藉"。脊脊,相残藉也。 ⑫ 巇,借为"隙"。 ⑬ 殊,决也。一云:诛也。 ⑭ 崔譔:械夹颈及胫者,皆曰桁杨。⑮ 离跂,即举足之意。 ⑯ 意,同"噫"。 ⑰ 榗,械楔也。 ⑱ 枘,向本作"内",音同。《三苍》云:柱头枘也。 ⑲ 矫矢,本作"嚆矢"。

【译文】崔瞿问老聃说:"不治理天下,怎么能够使人心向善呢?"

老聃说:"你千万不要搅扰人心。人心:排挤就往下降,推进就往上升,上下被外物所迫害;它柔弱足以克制刚强,尖锐足以雕琢器皿;它的热度如同着火,它的冷度如同结冰;它的速度,在一低头一仰头的时刻,就能够到四海之外巡行两周;它在静止的时候,就稳定得如同渊水一般;它在运动的时候,就玄远得如同天道一般。世间强健而不可拘系的东西,那只有人心才是这样的啊!

"在古代,黄帝开始用仁义搅扰人心。到了帝尧、大舜,就劳累得大腿上磨得没有小毛,小腿上磨得没有汗毛,来养活天下的形体;约束着五脏,去施行仁义;消损着精力,去制定法制。但是还是克制不了。帝尧于是把凶人讙兜充军到崇山,把凶人三苗充军到三峗,把凶人共工充军到幽都。这便是帝尧不能够克制的明证。

"延到三代时期,天下就大乱了。下等人有夏桀、盗跖,上等人有曾参、史鰌,而且儒家、墨家的学说都起来了。于是就喜悦的和愤怒的互相猜疑,愚昧的和明智的互相欺骗,善良的和凶恶的互相非难,虚诈的和诚信的互相讥诮,因而天下就衰微了。盛大的德化不能够齐同布施,因而人民的本性也就散乱了。天下都爱好知识,因而百姓们也就纠缠不清了。于是斧锯、墨线、锤头、凿子这些工具也就制造出来了。天下互相践踏,纷乱不堪,这种罪过就在于搅扰人心。所以,贤人都隐遁在大山岩穴之中,而大国之君都在朝廷上担惊受怕。

"当今之世,被处死刑的人互相枕藉,带刑具的人互相拥挤,被杀戮的人满眼皆是,因而儒家、墨家便开始在罪人中间指手画脚地宣传教化。哎呀!他们真是不知道惭愧和羞耻已经达到极点了!太难了,我真不知道圣智不是为木枷安楔儿,仁义不是为木栲凿眼儿啊!我又怎么知道曾参、史鰌不是为夏桀、盗跖修正弓箭呢?

"所以说:灭绝了圣明,废弃了智慧,天下就会太平。"

黄帝立为天子十九年,令行天下。闻广成子①在于空同②之上,故往见之。

曰:"吾闻夫子达于至道,敢问至道之精。吾欲取天地之精,以佐五谷,以养民人;吾又欲官阴阳,以遂群生。为之奈何?"

广成子曰:"而所欲问者,物之质也;而所欲官者,物之残也。自而治天下,云气不待族而雨,草木不待黄而落③;日月之光,益以荒矣。而佞人之心翦翦者,又奚足以语至道?"

黄帝捐天下,筑特室,席白茅,闲居三月,复往邀之。

广成子南首而卧,黄帝顺下风,膝行而进,再拜稽首而问曰:"吾闻夫子达于至道,敢问治身奈何而可以长久?"

广成子蹶然④而起,曰:"善哉,问乎! 来! 吾语女至道:至道之精,窈窈冥冥;至道之极,昏昏默默。无视无听,抱神以静,形将自正;必静必清,无劳女形,无摇女精,乃可以长生。目无所见,耳无所闻,心无所知,女神将守形,形乃长生。慎女内,闭女外,多知为败。我为女遂于大明之上矣,至彼至阳之原也;为女入于窈冥之门矣,至彼至阴之原也⑤。天地有官,阴阳有藏。慎守女身,物将自壮。我守其一,以处其和,故我修身千二百岁矣,吾形未尝衰。"

黄帝再拜稽首,曰:"广成子之谓天矣。"

广成子曰:"来,余语女! 彼其物无穷,而人皆以为有终;彼其物无测⑥,而人皆以为有极。得吾道者,上为皇而下为王;失吾道者,上见光⑦而下为土。今夫百昌⑧皆生于土,而反于土。故余将去女,入无穷之门,以游无极之野;吾与日月参光⑨,吾与天地为常。当我,缗乎;远我,昏乎。人皆尽死,而我独存乎!"

【注释】① 广成子,或云,即老子也。 ② 空同,有浑同太虚之义,亦寓名也。 ③ 族,聚也。未聚而雨,言泽少;草木不待黄而落,言杀气多。 ④ 司马彪:蹶,疾起貌。 ⑤ 大明,至阳之原,指天而言;窈冥,至阴之原,指地而言。 ⑥ 无测,言无尽也。 ⑦ 兆,本作"光",又不可通,当涉下文"光"字而形误。 ⑧ 百昌,犹百物也。 ⑨ 参,同也。

【译文】黄帝立为天子已有十九年,教令施行于天下。他听说广成子住在空同山上,就往那里去拜见。

黄帝问广成子说:"我听说先生明通'大道',我请问什么是'大道'的精华。我想取得天地的精华,来辅助五谷,来生养人民;我又想效法阴阳,来成长万物。得怎么办呢?"

广成子说:"你所想问的,只不过是事物的形质;你所想效法的,只不过是事物的残余。自从你治理天下以来,云气没等到聚结,雨就下来了;草木没等到发黄,叶子就落了;日月的光辉,离人们越来越远了。你是个用邪道诱引人心的见识短浅的人,又怎么可以把'大道'告诉给你呢?"

〔此后,〕黄帝放弃了天下,修筑了独立房舍,用白茅草当作席,静居了三个月,又去求见广成子。

广成子头朝南躺着,黄帝顺着下风,跪着向前行进,深深地拜了两拜,问广成子说:"我听说先生明通'大道',我请问修治身心,怎样才可以保持长久呢?"

广成子赶紧站起来,对黄帝说:"你问得太好了! 来! 我把'大道'告诉给你:'大道'的精华,窈窈冥冥的(深远);'大道'的边缘,昏昏默默的(暗昧)。不要探视,不要听取,用寂静来抱守精神,形体自然就会端正;一定要做到寂静和清明,不要劳累你的形体,不要摇动你的精神,就可以获得长生。眼睛什么也看不见,耳朵什么也听不见,内心什么也不知道,你的精神就会抱守形体,形体就会永远存在。静定住你的内心,关闭住你的外窍;知识多了,就会坏事。我为你升腾到光明的青天之上去,探到那盛阳的本元;我为你降下到幽暗的大地之中去,探到那盛阴的本元。天地各有职守,阴阳互相包容。缜密地保守着你的身躯,万物自然就会壮大。我抱守着天地的一元,来调理阴阳的和气,所以我修治身心一千二百年了,我的形体保持着长久不衰。”

黄帝深深地拜了两拜,说:“广成子可以说就是上天了。”

广成子说:“来,我告诉给你:天地间的万物是没有穷尽的,可是人们都以为有终结;天地间的万物是没有边缘的,可是人们都以为有极点。得到我的‘道’的,在上可以为皇帝;在下可以为君王。失掉我的‘道’的,在上就受到阻绝;在下就化为土壤。而今万物都生长在土壤,归还在土壤。所以,我将要离开你,进入那变化无穷的门户,而遨游在那广漠无边的原野;我和日月共光明,我和天地相永恒。万物接近我,我是迷迷茫茫的;万物离开我,我是昏昏昧昧的。人们都死亡掉,我还是独立存在的啊!”

云将①东游,过扶摇②之枝,而适遭鸿蒙③。鸿蒙方将拊髀④雀跃⑤而游。云将见之,倘然止,贽然立⑥。曰:“叟⑦何人邪?叟何为此?”

鸿蒙拊髀雀跃不辍,对云将曰:“游。”

云将曰:“朕愿有问也。”

鸿蒙仰而视云将曰:“吁!”

云将曰:“天气不和,地气郁结,六气不调,四时不节。今我愿合六气之精,以育群生。为之奈何?”

鸿蒙拊髀雀跃,掉头曰:“吾弗知!吾弗知!”

云将不得问。

又三年，东游，过有宋之野⑧，而适遭鸿蒙。云将大喜，行趋而进，曰："而忘朕邪？而忘朕邪⑨？"再拜稽首，愿闻于鸿蒙。

鸿蒙曰："浮游，不知所求；猖狂，不知所往⑩。游者鞅掌⑪，以观无妄。朕又何知？"

云将曰："朕也自以为猖狂，而民随乎所往。朕也不得已于民。今则民之放⑫也。愿闻一言。"

鸿蒙曰："乱天之经，逆物之情，玄天弗成⑬；解兽之群，而鸟皆夜鸣，灾及草木，祸及昆虫⑭。意！治人之过也！"

云将曰："然则吾奈何？"

鸿蒙曰："意⑮！毒哉⑯！仙仙乎⑰归矣。"

云将曰："吾遇天难。愿闻一言。"

鸿蒙曰："意！心养！汝徒⑱处无为，而物自化。堕尔形体，吐尔聪明⑲，伦⑳与物忘，大同乎涬溟㉑。解心释神，莫然㉒无魂，万物云云㉓，各复其根。各复其根而不知，浑浑沌沌㉔，终身不离。若彼知之，乃是离之。无问其名，无窥其情，物固自生。"

云将曰："天降朕以德，示朕以默，躬身求之，乃今也得。"再拜稽首，起，辞而行。

【注释】① 云将，云师也。　② 扶摇，神木也，生东海。　③ 鸿蒙，自然元气也。一云，海上气也。　④ 拊，拍也。　⑤ 雀，本又作"爵"，同。雀跃，如雀之跳跃也。　⑥ 倘然，惊疑貌。贽然，不动貌。　⑦ 叟，长者称。　⑧ 宋,容也。　⑨"而"字,本皆作"天",非义,当为"而"字之形误。而,汝也。　⑩ 浮游,犹飘荡也。猖狂,疑犹惚恍也。　⑪ 夫内足者,举目皆自正也。　⑫ 放,依也。　⑬ 玄天弗成,自然之化弗成也。　⑭ 昆,本作"止"。　⑮ 意,本又作"噫"。下皆同。　⑯ 毒,当训"厚"。　⑰ 仙仙,轻举之貌。　⑱ 徒,但也。　⑲ 堕形体,忘身也。吐,当作"杜",言杜塞其聪明也。　⑳ 伦,理也。　㉑ 滓溟,自然气也。　㉒ 莫然,无知。　㉓ 云云,众多也。　㉔ 浑沌,无知。

【译文】云将往东方去游历,穿过扶摇树枝之下,恰好遇见了鸿蒙。鸿蒙正拍着大腿、跳跃着游玩。云将一见到他,便惊疑地停住了脚步,呆呆地站住了。他问鸿蒙说:"老先生是什么人呢?为什么这样子呢?"

鸿蒙拍着大腿,跳个不停,对云将说:"游玩呗。"

云将说:"我想请教你一下。"

鸿蒙抬起头来看了看云将,说:"啊!"

云将说:"天气不和,地气不通,六气不调,四时失节。现在我想会合起六气的精华,来养育万物,得怎么办呢?"

鸿蒙拍着大腿跳跃,摇摇头说:"我不知道! 我不知道!"

云将没法儿再问了。

过了三年,云将又往东方去游历,经过包容万有的郊野,恰好又遇见了鸿蒙。云将高兴极了。急忙走到鸿蒙的面前,说:"你忘记我了吗? 你忘记我了吗?"深深地拜了两拜,他还是要听听鸿蒙的言论。

鸿蒙说:"飘飘游游的,都不知道追求什么;迷迷茫茫的,都不知道往哪里去;来来往往的人都是怡然自得,来观察毫无虚妄的世界。我又知道什么呢?"

云将说:"我认为自己是迷迷茫茫的,可是人民却都随着我走。我对于人民乃是由于不得已。现在我只有依从人民了。我愿意听取您一句话。"

鸿蒙说:"紊乱天道的正常,违反万物的本性,自然的化育不能够完成;解散了兽类的群居,鸟类都在夜间乱叫,灾荒临到了草木,昆虫遭到了祸害。唉! 这都是治理人民的罪过啊!"

云将说:"那么,我怎么办呢?"

鸿蒙说:"唉! 要淳厚吧! 你可以轻轻快快地回去了!"

云将说:"我遇到了天灾。我愿意听取您一句话。"

鸿蒙说:"唉! 要养心啊! 你只要做到无为,万物自然就会化生。毁掉你的形体,丢弃你的聪明,把事理和万物忘掉,要和元气相混同。要解放心神,要静定精气,万物纷纷扰扰的,都要归反到它们的本元。它们归反了本元,可是自己并不知道,浑浑沌沌的,终身也脱离不开;它们如果知道,便是脱离开本元了。不要追问它们的名字,不要窥探它们的情状,万物自然就会成长的。"

云将说:"上天把道德下放给我,把静默指示给我,我亲身追求它,现在总算得到〔养育万物的道理〕了。"他向鸿蒙深深地拜了两拜,起身,就向鸿蒙告辞了。

世俗之人,皆喜人之同乎己,而恶人之异乎己也。同于己而欲之,异于己而不欲者,以出乎众为心也。

夫以出乎众为心者,曷尝出乎众哉? 因众以宁所闻,不如众技众矣,而欲为人之国者,此揽①乎三王之利,而不见其患者也。此以人之国侥②倖也。几何侥倖而不丧人之国乎? 其存人之国也,无万分之一;而丧人之国也,一不成而万有馀丧矣。悲夫,有土者之不知也!

夫有土者,有大物也。有大物者,不可以物;物而不物,故能物物。明乎物物者之非物也,岂独治天下百姓而已哉!

出入六合,游乎九州,独往独来,是谓独有。独有之人,是之谓至矣。

【注释】① 揽,本亦作"览"。 ② 侥,要也;要求一身之幸会。

【译文】世俗之人,都喜欢别人和自己相同,而憎恶别人和自己违异。和自己相同就高兴,和自己违异就不高兴的人,他的心意是要超出众人之上。

那心意要超出众人之上的人,他何尝能够超出众人之上呢?他依据着众人的见解,来稳定自己所听到的事物,他不如众人才能的地方太多了;可是他就想着去治理别人的国家。这是想总揽三王的利益,而没有看到他们的危害啊。这是利用别人的国家,来希图侥倖的。有几个希图侥倖的人而不丧失别人的国家呢? 他们保存别人的国家,不到万分之一;而丧失别人的国家,一事不成,而万事丧尽。可怜那些拥有国家的人还不明白啊!

那拥有国家的人,是拥有大事物的人。拥有大事物的人,不可以把这种事物当作事物。是事物而不把它当作事物,所以才能够辨察事物。明白了辨察事物的道理,而不把这种事物当作事物,他岂止是能够治理天下百姓而已啊!

出入于天地之间,游行于九州之内,独往独来,这就叫做独自保有。独自保有的人,就叫做达到了最高境界。

大人①之教,若形之于影、声之于向②。有问而应之,尽其所怀,为天下配。

处乎无向,行乎无方。挈汝适复之挠挠,以游无端③。出入无旁,与日无始。颂论形躯,合乎大同④。

大同而无已。无已,恶乎得有"有"? 睹"有"者,昔之君子;睹"无"者,天地之友。

【注释】① 大人,圣人也。 ② 向,本又作"响"。 ③ 适复,犹往复也。挠挠,乱也。 ④ 大同,与二仪大道合同。

【译文】圣人的教化,如同形体对于影子、本声对于应声一样。有人问他,他就回答,把自己心里怀藏着的都告诉给别人,来和天下交往。

居处在没有音响的地方,行动在没有故常的所在。提挈着你那些来来往往闹闹嚷嚷的人,和他们一同遨游在没有边缘的大自然中。出来进去,无所凭藉;和太阳一样,也没有开端的时刻。称颂自己的形躯,和"大道"互相和同。

和"大道"相和同,而无所休止。无所休止,怎么能够保有"有"呢? 观察到"有"的人,只是古来的君子;观察到"无"的人,才是天地的朋友。

贱而不可不任者,物也;卑而不可不因者,民也;匿而不可不为者,事也;粗而不可不陈者,法也;远而不可不居者,义也;亲而不可不广者,仁也;节而不可不积①者,礼也;中而不可不高者,德也;一而不可不易者,道也;神而不可不为者,天也。

故圣人,观于天而不助,成于德而不累,出于道而不谋,会于仁而不恃,薄②于义而不积,应于礼而不讳③,接于事而不辞,齐于法而不乱,恃于民而不轻,因于物而不去。物者,莫足为也,而不可不为。

不明于天者,不纯于德;不通于道者,无自而可。不明于道者,悲夫!

何谓道?

有天道,有人道。无为而尊者,天道也;有为而累者,人道也。主者,天道也;臣者,人道也。天道之与人道也,相去远矣,不可不察也。

【注释】① 积,厚也。节,文也。 ② 薄,止也。 ③ 讳,避也。

【译文】体质微贱,可是不能不利用它们的,就是万物;地位卑下,可是不能不依靠他们的,就是人民;形迹隐匿,可是不能不操持它的,就是事务;功用粗劣,可是不能不陈施它的,就是法制;疏远于人,可是不能不执守它的,就是正义;交相亲爱,可是不能不推广它的,就是仁慈;富有文采,可是不能不存心敦厚的,就是礼节;居中处正,可是不能不高超出众的,就是“德”;纯一不杂,可是不能不随机应变的,就是“道”;神妙无穷,可是不能不有所作为的,就是天。

所以,圣人,观察于天,并不助长万物;成就于“德”,并不系累万物;本原于“道”,并不谋虑万物;会通仁慈,并不自恃其德;合乎正义,并不有所积蓄;适应礼节,并不有所避讳;接近事务,并不有所推辞;齐一法制,并不扰乱是非;信赖人民,并不有所轻视;依靠万物,并不有所离失。万物,没有什么可以作为的,可是又不能不有所作为。

不明了于天的人,他的“德”不会纯一;不通达于“道”的人,他什么都作不来。不明察于“道”的人,太可怜了!

什么叫做"道"？

有的叫做天道,有的叫做人道。无所作为而崇高无比的,是天道;有所作为而系累人心的,是人道。君上,属于天道;臣下,属于人道。天道和人道,二者距离是遥远的,这是不可以不观察明晰的。

五、天　　地（十六章）

天地虽大，其化均也；万物虽多，其治一也；人卒虽众，其主君也。君原于德，而成于天。故曰：玄古[1]之君，天下无为也，天德而已矣。

以道观言，而天下之君正；以道观分，而君臣之义明；以道观能，而天下之官治；以道泛观，而万物之应备。

故通于天者，道也；顺于地者，德也；行于万物者，义也[2]；上治人者，事也；能有所艺者，技也。技兼于事，事兼于义，义兼于德，德兼于道，道兼于天。

故曰：古之畜天下者，无欲而天下足，无为而万物化，渊静而百姓定。记[3]曰："通于一，而万事毕；无心得，而鬼神服。"

【注释】① 玄，远也。　② 以上三句本作"通于天地者，德也；行于万物者，道也"二句。　③ 记，书名也。

【译文】天地虽然广大，它们的施化是均平的；万物虽然繁杂，它们的条理是同一的；人民虽然众多，他们的首脑就是君上。君上的设置，本元于"德"，而决定于天。所以说：上古的君上，在天下是无所作为的，只不过是合乎"天德"罢了。

根据"道"来观察教令,因而天下的君位就端正了;根据"道"来观察名分,因而君臣之义就明确了;根据"道"来观察才能,因而天下的官职就整饬了;根据"道"来广泛地观察天下,因而万物的供应就齐全了。

所以,通达于天的,就是"道";顺从于地的,就是"德";施行于万物的,就是义(时宜);君上统治人民的,就是事务;才能有所创造的,就是技术。技术包括在事务里面,事务包括在义(时宜)里面,义(时宜)包括在"德"里面,"德"包括在"道"里面,"道"包括在天(自然)里面。

所以说:古代包容天下的人,没有欲望,天下就会富足;无所作为,万物就会归化;抱守静默,百姓就会平定。古书说:"明通一元之理,万事就会完成;做到没有思虑,鬼神也要服从。"

夫子①曰:夫道,覆载万物者也,洋洋乎,大哉!君子不可以不刳心②焉。

无为为之之谓天,无为言之之谓德,爱人利物之谓仁,不同同之之谓大,行不崖异③之谓宽,有万不同之谓富,故执④德之谓纪,德成之谓立,循于道之谓备,不以物挫志之谓完⑤。君子明于此十者,则韬乎⑥其事心⑦之大也,沛乎其为⑧万物逝也。

若然者,藏金于山,藏珠于渊;不利财货⑨,不近⑩富贵;不乐寿,不哀夭;不荣通,不丑穷;不拘一世之利⑪以为己私分,不以王天下为己处显。显则明,万物一府,死生同状。

【注释】① 夫子，庄子也。　② 刿，当读为"夸"。刿心，谓开拓心志也。③ 崖，借为"乖"。　④ 故，通"固"。故执，即固执。　⑤ 完，借为"院"。⑥ 韬，包容也。　⑦ 事心，犹立心也；言其立心之大也。　⑧ 为，犹与也。⑨ 财货，本作"货财"。　⑩ 近，借为"祈"。　⑪ 拘，与"钩"同。

【译文】庄夫子说："道"，是笼罩、负载万物的，洋溢无边，真是广大极了！君子不可以不用"道"来开拓心志。

无所作为而有所作为，就叫做天；无所作为而有所言论，就叫做"德"；慈爱人民，利益万物，就叫做仁；把不同的物类同一起来，就叫做大；行为和万物没有乖异，就叫做宽；能够保有不同的物类，就叫做富；坚守德操，就叫做纪；德业完成，就叫做立；顺"道"而行，就叫做备；不因为外物而挫折意志，就叫做完。君子明了了这十项，他就无所不容地立心远大、无有止境地和万物共同前进。

像这样的人，把黄金藏到山里，把珠宝藏到水里，不追求财物，不祈求富贵，不羡慕高龄，不悲伤短命，不以显达为荣，不以穷困为丑，不攫取世间的福利来作为自己的私有，不以统御天下来显贵自己的地位。地位显贵，而明通事理，把万物视同一家，把生死看作一样。

夫子曰：夫道，渊乎其居也，渺乎其清也。金石不得，无以鸣。故金石有声，不考①不鸣。万物孰能定之？

夫王德②之人，素逝③，而耻通于事，立之本原，而知通于神；故其德广。其心之出，有物采之。

故形非道不生，生非德不明。存形，穷生，立德，明道，非王德者邪？荡荡乎④，忽然出，勃然动⑤，而万物从之乎。此之谓王德之人。

视乎冥冥,听乎无声。冥冥之中,独见晓焉;无声之中,独闻和焉。故深之又深,而能物焉;神之又神,而能精焉。故其与万物接也,至无而供其求,时骋⑥而要其宿。大小、长短,修远。

【注释】① 考,击也。　② 王德,犹盛德也。　③ 素逝,犹《中庸》所谓"素位而行"也。　④ 荡荡,宽平之名。　⑤ 忽、勃,皆无心而应之貌。动出无心,故万物从之。　⑥ 骋,纵也。

【译文】庄夫子说:"道",像静水似的那样安定,像深水似的那样清澈。金石得不到"道",它就发不出声响,所以金石有声音,不敲,它就不响。对于万物,谁能够规定出它们的情状呢?

那盛德之人,依从着本性去行动,而以通达事物为可耻;站立在事物的本元,而智慧和神明相通;所以他的"德"广大无边。他的心思一出动,就有万物来采取他。

所以形体离开了"道",就不能够化生;化生离开了"德",就不能够明朗。保存形体,穷尽化生,树立"德",彰明"道",这不就是盛德之人吗?坦坦荡荡的,不知道为什么而出生,不知道为什么而动作,可是万物都随从着他。这就叫做盛德之人。

要在无形之中去观察,要在无声之中去听取。在无形之中,独独见到光明;在无声之中,独独听到和声。所以深而又深,就能够领会事物;神而又神,就能够领会本元。所以他和万物相接触的时候,非常虚静,可是能够供应它们的需求;无限放任,可是能够成为它们的归宿。无论它们是大的,是小的,是长的,是短的,都让它们永远存在。

　　黄帝游乎赤水①之北,登乎昆仑之丘,而南望;还归,遗其玄珠②。使知索之,而不得;使离朱索之,而不得;使喫诟索之,而不得也;乃使罔象③,罔象得之。黄帝曰:"异哉! 罔象乃可以得之乎!"

　　【注释】① 赤水,出昆仑山下。　② 赤水,而假名玄珠,喻道也。③ 罔象,无心之谓。○按:罔象,本作"象罔"。

　　【译文】黄帝到赤水以北出游,登上了昆仑山顶,向南方瞭望;在回归的路上,把自己的玄珠("道")丢掉了。他派遣知(机智的人)去寻找,没有找到;派遣离朱(眼力好的人)去寻找,没有找到;派遣喫诟(善于拾取的人)去寻找,也没找到;于是派遣了个罔象(无心之人),罔象找到了。黄帝说:"奇怪呀! 罔象倒可以找到啊!"

　　尧之师曰许由,许由之师曰齧缺、齧缺之师曰王倪,王倪之师曰被衣①。

　　尧问许由曰:"齧缺可以配天②乎? 吾藉王倪以要③之。"

　　许由曰:"殆哉! 圾乎④天下! 齧缺之为人也,聪明睿知,给数以敏⑤,其性过人,而又乃⑥以人受天;彼审乎禁过,而不知过之所由生。与之配天乎,彼方且乘人而无天⑦,方且⑧本身而异形,方且尊知而从心驰⑨,方且为绪使,方且为物絯⑩,方且四顾而物应,方且应众宜,方且与物化,而未始有恒。夫何足以配天乎? 虽然,有族,有祖,可以为众父,而不可以为众父父⑪。治,乱之率也,北面之祸也,南面之贼也⑫!"

【注释】① 被,音"披"。　② 配,合也。配天,有合天位之德。③ 藉,因也。　④ 圾,危也。　⑤ 睿,圣也。给,捷也。敏,速也。⑥ 乃,犹能也。　⑦ 无,疑当读为"牾"(俗作"忤"),谓违天也,与"配天"相反。　⑧ 凡言方且者,言方将有所为也。"方且乘人"句本无"方"字,不协,今从下文皆有,补。　⑨ 公,本作"火"。　⑩ 绖,碍也。　⑪ 父,君也。　⑫ 北面,谓臣也;南面,谓君也。

【译文】帝尧的老师叫许由,许由的老师叫齧缺,齧缺的老师叫王倪,王倪的老师叫被衣。

帝尧问许由说:"齧缺可以配居天位了吧? 我想通过王倪去邀请他。"

许由说:"危险啊! 要危及到天下啊! 齧缺的为人,聪明颖悟,疾速敏捷,天性过人,而且又能够以人而接受天命;他明审于禁止过错,但是不知道过错是怎样发生的。如果举他配居天位,他将要依靠人为,而违失天道;将要根据本身,而标奇立异;将要重视才智,而背道相驰;将要被事务所驱使;将要被外物所阻隔;将要照顾四方,而适应万物;将要迎合一切事宜;将要随着事物共同变化;但是他并不曾掌握到永恒。他怎么能够配居天位呢? 虽然如此,他有群众的拥戴,有先王的借鉴,可以作为群众的首领(诸侯),而不可以作为群众的首领的首领(天子)。平治,乃是昏乱的先导,乃是臣仆的隐患,乃是帝王的贼寇!"

尧观乎华①。

华封人②曰:"嘻! 圣人! 请祝圣人,使圣人寿!"

尧曰:"辞!"

"使圣人富!"

尧曰:"辞!"

"使圣人多男子!"

尧曰:"辞!"

封人曰:"寿、富、多男子,人之所欲也;女独不欲,何邪?"

尧曰:"多男子,则多惧;富,则多事;寿,则多辱;是三者,非所以养德也。故辞。"

封人曰:"始也,我以女为圣人邪,今然君子也。天生万民,必授之职。多男子,而授之职,则何惧之有?富,而使人分之,则何事之有?夫圣人,鹑居③而𪃟食④,鸟行而无彰⑤。天下有道,则与物皆昌;天下无道,则修德就闲;千岁厌世,去而上仙,乘彼白云,至于帝乡;三患⑥莫至,身常无殃。则何辱之有?"

封人去之。尧随之,曰:"请问……"

封人曰:"退已!"

【注释】① 华,今陕西华县境。 ② 封人,守封疆人也。 ③ 鹑居,谓无常处也。 ④ 𪃟者,鸟之子,食必仰母而足。 ⑤ 彰,文迹也。鸟之飞行,无踪迹可见也。 ⑥ 三患,病、老、死也。

【译文】帝尧到华邑出巡。

华邑的守边人见到帝尧说:"呀!圣人来了!我要为圣人祈祷,愿圣人长寿!"

帝尧说:"不要!"

守边人又说:"我愿意圣人富有!"

帝尧说:"不要!"

守边人又说:"我愿意圣人男孩儿多!"

帝尧说:"不要!"

守边人说:"长寿、富有、男孩儿多,都是人们所愿意的;你却独独地不愿意,这是为什么呢?"

帝尧说:"男孩儿多了,恐惧就多;富有了,事故就多;长寿了,污辱就多。这三项,都不能够藉以培养德性。所以我不要。"

守边人说:"起初,我以为你是个圣人呢;现在,我才知道你只不过是个君子而已。天生下这些人来,必然要授予他们一定的职务。男孩儿多了,就都授予他们职务,这又有什么可恐惧的呢? 富有了,就让人们分享,这又有什么事故可发生的呢? 那圣人,居家和鹌鹑一样〔有住的就行〕,吃饭如同雏鸟一样〔有吃的就行〕;鸟儿的飞行,是留不下踪迹的。天下太平,他就和万物共同欢畅;天下大乱,他就进德修业,趋就清闲。千年之后,他厌倦了世界,就登上仙境,驾驶白云,飞向天宫。三种忧患〔疾病、衰老、死亡〕都临不到,身体永远遭受不到灾殃。这又有什么污辱的呢?"

守边人走开了。帝尧在后面跟着他,说:"我请问……"

守边人说:"你请回吧!"

尧治天下,伯成子高①立为诸侯;尧授舜,舜授禹,伯成子高辞为诸侯,而耕。

禹往见之,则耕在野。禹趋就下风立,而问焉,曰:"昔,尧治天下,吾子立为诸侯;尧授舜,舜授予,而子辞为诸侯,而耕,敢问其故何也?"

子高曰："昔，尧治天下，不赏，而民劝；不罚，而民畏。今子赏罚，而民且不仁。德自此衰，刑自此立；后世之乱，自此始矣！夫子阖②行邪？无落③吾事！"

俋俋乎④耕而不顾。

【注释】① 伯成子高，盖有道之士。　② 阖，本亦作"盖"。阖，何不也。　③《广雅》："阁，止也。"即今之"耽搁"字。　④ 俋俋，耕貌。一云，耕人行貌。俋，为"伋"之或体。《说文》："伋，急行也。"

【译文】帝尧作天子的时候，伯成子高被封为诸侯；后来，帝尧把天下让给了大舜，大舜又让给了大禹，伯成子高就辞掉了诸侯，回家去种地。

大禹去访问伯成子高，伯成子高正在野外耕地。大禹赶紧走到下风站着，问伯成子高。说："从前，帝尧作天子的时候，您被封为诸侯；后来，帝尧把天下让给了大舜，大舜又让给了我，可是您就辞掉了诸侯，回家来种地。请问这是什么原因呢？"

伯成子高说："从前，帝尧作天子的时候，用不着奖赏，人们都知道劝勉；用不着惩罚，人们都知道畏惧。现在，你赏罚并用，可是人们都不懂得仁道了。道德从此衰落下去，刑罚从此建立起来；后世的昏乱，就从此开始了！老先生何不走开呢，不要耽误了我的工作！"

伯成子高放开脚步地耕起地来，并不回头看他一眼。

泰初有"无"①，无"有"，无名；"一"之所起，有"一"而未形。

物得以生，谓之"德"②。未形者有分，且然无间③，谓之命。留动而生物④，物成生理，谓之形。形体保神，各有仪则,谓之性。性修,反"德";"德"至,同于初。

同,乃虚;虚,乃大,合喙鸣。喙鸣合,与天地为合⑤。其合缗缗⑥,若愚若昏,是谓"玄德",同乎大顺⑦。

【注释】① 泰,太;初,始也。 ② 德者,得也,谓得此也。 ③ 且,当读为"宜"。《说文》:"宜,人相依宜也。""相依宜",即"无间"之意。④ 留,借为"流"。 ⑤ 合喙鸣,浑合众口,盖忘言也。既忘言,则与天地一体矣。○按:《说文》:"喙,口也。"《广雅》:"合,同也。"合喙鸣,谓众口同声,万物一体也。 ⑥ 缗,合也。 ⑦ 大顺,即太初自然之理也。

【译文】天地元始有个"无"的境界,它既没有"有"(形质),又没有名字;"一"就是由它发生出来的;它虽然包含着"一",但是这个"一"还没有形成(物象)。

万物得到"一"而生成,这就叫做"德"。没有形成的"一"又分离为二,两相依存,没有间隙,这就叫做生命。演变流通,而化生万物;万物生成,表现出文理来,这就叫做形体。形体保持着精神,而且各自都有一定的法则,这就叫做本性。修养本性,就可以返还到"德";达到了"德",就可以和天地的元始相和同。

和天地的元始相和同,就达到了虚静;达到虚静,就广大得无所不包,和天下众口同声;众口同声相合,便是与天地相互契合。这种契合,浑浑茫茫的,又好像是愚蠢,又好像是昏昧,这就叫作"玄德",契同于大的条理。

夫子①问于老聃曰:"有人,治道若相方②:可,不可;然,不然。辩者有言曰:'离坚白,若县寓③。'若是,则可谓圣人乎?"

老聃曰:"是胥易、技系④、劳形、怵心者也。执留之

狗,成思;猿狙之便,自山林来。丘！予告若而⑤所不能
闻与而所不能言:凡有首有趾、无心无耳者,众有形者,
无形无状而皆存者,尽无。其动止也,其死生也,其废起
也,此又非其所以也。有治在人。忘乎物,忘乎天,其名
为忘己。忘己之人,是谓之入于天⑥。"

【注释】① 夫子,仲尼也。 ② 方,本亦作"放"。 ③ 县,音"玄"。
寓,音"宇"。 ④ 胥易、技系,解见《应帝王》篇。 ⑤ 若、而,皆汝也。
⑥ 入,会也。

【译文】孔子问老聃说:"有的人,他们研究道术,好像是自相
矛盾: 可以,又认为不可以;如此,又认为不如此。辩者们有这
样的话:'分析"坚白"之论,就像高悬的屋檐〔那样明显〕。'像这
样的人,就可以称作圣人吗?"

老聃说:"这是被智慧所驱使、被技术所拘系、劳累形体、惊
骇心神的人啊。被拴起来的狗,它会感到愁苦;灵巧的猴子,都
是来自山林。〔它们都已经失去了性理之常〕。孔丘啊! 我告诉
给你你所不能听到的和不能谈到的道理吧:大凡是有头、有脚
的,没心、没耳朵的,许多有形体的,没有形体可是实际都存在的
东西,都是一无所有。它们的动静、死生、兴废,这又都不是它们
的所以然。天下的有统治,都是人为的。忘掉万物、忘掉天然,
这就叫做忘掉自己。忘掉自己的人,这就叫做返还天然。"

将闾葂见季彻①,曰:"鲁君谓葂也曰:'请受教。'辞,
不获命。既已告矣,未知中否。请尝荐②之。吾谓鲁君
曰:'必服恭俭,拔出公忠之属,而无阿私③。民孰敢
不辑④?'"

季彻局局然⑤笑曰:"若夫子之言,于帝王之德,犹螳螂之怒臂以当车轶,则必不胜任矣。且若是,则其自为处危;其观台多物,将往投迹者众⑥。"

将闾葂觊觊然惊⑦,曰:"葂也汇若⑧于夫子之所言矣。虽然,愿先生之言其风⑨也。"

季彻曰:"大圣之治天下也,摇荡⑩民心,使之成教易俗,举灭其贼心,而皆进其独志,若性之自为,而民不知其所由然。若然者,岂兄⑪尧舜之教民、溟涬然⑫弟之哉?欲同乎德,而心居⑬矣。"

【注释】① 将,一本作"蒋"。葂,亦作"苋"。将闾葂,人姓名也,一云,姓将闾,名葂;或姓蒋,名闾葂也。季彻,人姓名也,盖季氏之族。 ② 尝荐,试陈也。 ③ 阿,曲也。 ④《尔雅》云:辑,和也。 ⑤ 陆德明:局局,大笑之貌。局,疑借为"欿"。 ⑥ 观台,君所居也。物,事也。言君自此多事。举足投迹者众,君且不胜其烦。非帝王修德安人之道。 ⑦ 觊觊,惊惧之貌。觊,为"虩"之误字。《说文》引《易》:"履虎尾,虩虩恐惧。" ⑧ 汇,本亦作"芒"。 ⑨ 言其风,犹曰言其略也。○风,当读为"凡"。犹云言其大凡也。 ⑩ 摇荡,犹言鼓舞。 ⑪ 兄,当读为"况"。谓比况也。 ⑫ 溟,借为"嫇"。 ⑬ 居,安定之谓也。

【译文】将闾葂去拜访季彻,对季彻说:"鲁君对我说:'我向你请教。'我推辞,他不允许。我已经告诉他了,不知道说得对不对。我要对你陈说一下。我当时对鲁君说:'君王必定要实行谦恭、俭约,提拔公正、忠诚之人,不要有所偏私。人民哪个还敢不和顺呢?'"

季彻听了,便张嘴儿笑着说:"像先生这些话,对于帝王的德业来说,就如同螳螂举起两只胳膊来挡车辙一样,那必然是不能胜任的。况且,像这样,自己就要处于危险的境地;君王门前是非多,跑到君王那里去的人就要多起来。"

将闾葂畏畏缩缩地大吃一惊,说:"我对于先生所说的话真是感到茫然了。虽然如此,我还是愿意先生把大意对我讲一讲。"

季彻说:"大圣人的治理天下,鼓舞人民心志,使他们成全教化,改变风俗,完全灭绝他们的恶心,而且都加强了他们的个人意志,好像是出于他们的自然行动,可是人民并不知道自己为什么这样。像这样,哪能和尧、舜的教化人民相比,只是小心翼翼的顺从着他们呢? 使人民的欲望和德性和同起来,民心就会安定的。"

子贡南游于楚,反于晋,过汉阴①,见一丈人②,方将为圃畦③,凿隧而入井,抱瓮而出灌。搰搰然用力④甚多,而见功寡。

子贡曰:"有械⑤于此,一日浸⑥百畦,用力甚寡,而见功多。夫子不欲乎?"

为圃者卬⑦而视之,曰:"奈何?"

曰:"凿木为机⑧,后重前轻,挈水若抽,数如泆汤⑨。其名为槔⑩。"

为圃者忿然作色,而笑曰:"吾闻之吾师:'有机械者,必有机事;有机事者,必有机心。机心存于胸中,则纯白不备;纯白不备,则神生不定;神生不定者,道之所不载也。'吾非不知,羞而不为也!"

子贡瞒然惭[11]，俯而不对。

有间[12]，为圃者曰："子奚为者邪？"

曰："孔丘之徒也。"

为圃者曰："子非夫博学以拟圣，於于[13]以盖众，独弦哀歌，以卖名声于天下者乎？汝方将忘汝神气，堕[14]汝形骸，而庶几乎！而身之不能治，何暇治天下乎？子往矣！无乏[15]吾事！"

子贡卑陬失色，顼顼然不自得[16]，行三十里而后愈。

其弟子曰："向之人，何为者邪？夫子何故见之变容失色，终日不自反邪？"

曰："始，吾以为天下一人[17]耳，不知复有夫人也！吾闻之夫子：'事求可，功求成，用力少、见功多者，圣人之道。'今徒不然。执道者德全，德全者形全，形全者神全。神全者，圣人之道也。托生与民并行，而不知其所之，汒乎淳备[18]哉！功利机巧，必忘夫人之心。若夫人者，非其志不之，非其心不为；虽以天下誉之，得其所谓，警然不顾；以天下非之，失其所谓，傥然不受[19]；天下之非誉，无损益焉。是谓全德之人哉！——我谓之风波之民。"

反于鲁，以告孔子。

孔子曰："彼假修浑沌氏之术[20]者也。识其一，不知其二[21]；治其内，而不治其外[22]。夫明白、入素、无为、复朴、体性、抱神以游世俗之间者，汝将固惊邪？且浑沌氏之术，予与汝何足以识之哉？"

【注释】① 水南曰阴。汉阴，汉水之阴。　② 丈人，长者之称也。

③ 菜蔬曰圃。圬中曰畦。菜圃划区培陇,以便浇水,今仍谓之畦。
④ 搰搰,用力貌。 ⑤ 械,器械也。 ⑥ 浸,灌也。 ⑦ 卬,音"仰",本亦作"仰"。 ⑧ 机,关也。 ⑨ 抽,引也。数如洸汤,疾速如汤沸溢也。挈,提挈。 ⑩ 槔,桔槔也。 ⑪ 瞒,惭貌。 ⑫ 有间,俄顷也。 ⑬ 於于,夸诞貌。 ⑭ 堕,堕坏。 ⑮ 乏,废也。 ⑯ 卑陬,愧惧貌;一云,颜色不自得也。顼顼,自失貌。 ⑰ 一人,谓孔丘也。 ⑱ 汒,芒昧。操行淳和,道德圆备。 ⑲ 謷,诞慢之容;侻,无心之貌。 ⑳ 浑沌者,无分别之谓也。 ㉑ 徒识修古抱灌之朴,而不知因时任物之易也。 ㉒ 抱道守素,治内也;不能随时应变,不治外也。

【译文】子贡往南方楚国去游历,回到晋国,路过汉水的北岸,见到一位老人,正在菜园里整畦浇水,他挖通地道,进到井里,抱着水罐出来,把水浇到畦里。呼呼哧哧的,费力很多,可是效率很低。

子贡对老人说:"有一种机器,一天可以浇一百畦,费力很少,可是效率很高。先生不愿意试试吗?"

浇园的人抬起头来,看了看子贡,说:"那得怎么办呢?"

子贡说:"把一根木头,在中间凿出一个机关,后边重,前边轻,打水就像抽水,速度如同开水漫溢一般。它的名字叫桔槔。"

浇园的人忿怒地变了脸色,可又笑着说:"我听到我的老师说过:'有机巧的器械的,必定有机巧的事务;有机巧的事务的,必定有机巧的心意。把机巧的心意存在胸怀里,本性的纯洁就不会完全;本性的纯洁不完全,神明的生气就不会稳定。神明的生气不稳定的人,他是不可能修成"道"的。'我并不是不知道用桔槔,而是以为可耻,因而才不那样作啊!"

子贡听了之后,感到非常惭愧,低下头,回答不上来。

待了一会儿,浇园的人问子贡说:"您是作什么的呢?"

子贡回答说："我是孔丘的学生。"

浇园的人说："您不就是那用博学多闻来拟像圣人,用浮夸妄诞来压倒群众,弹着单弦儿悲歌,来炫卖声名于天下的人吗?你正应该忘掉你的神气,废掉你的形体,或者还有希望啊!你连自己的身体都不能够治理,哪里还有工夫去治理天下呢?您走开吧!不要耽误我的事!"

子贡惭愧得变了脸色,晃晃悠悠的,精神很不愉快;走了三十里路,才恢复了常态。

子贡的学生问子贡说："方才那个人,他是作什么的呢?老师为什么见了他就变貌失色的,一天也没有恢复过来呢?"

子贡说："起初,我以为天下只有孔夫子一个人,并不知道还有这样的人啊!我听到孔夫子说过:'事务要求着办妥当,功绩要求着有成就,费的力量要少,见的功绩要多,这才是圣人之道。'现在却不是这样。执守着'道'的人,他的'德'就十全;'德'十全的人,他的形体就十全;形体十全的人,他的精神就十全。精神十全,便是圣人之道。托生在天地之间,和人民在一起行动,可是并不知道走向何方,茫茫昧昧的,真是淳朴、百顺的啊!功利、械巧这些杂念,必然会在这样的人心里忘却。像这样的人,不合他的意志,他就不去;不合他的心思,他就不作;虽然天下都赞扬他,说得很对,他是孤高傲慢地不予理睬;虽然天下都非难他,说得不对,他是若无其事地不予接受;天下的非难和赞扬,对他是无加无损的。这就叫做全德之人啊!——我就叫做风波之人。"

回到鲁国之后,子贡把这件事情告诉给了孔子。

孔子说："他原来是个修治浑沌氏的道术的人啊。他只知道一种(泥古)道理而不知道另一种(变通)道理;他只知道修治内心,而不知道修治外物。那种神智清明、内心质素、清静无为、回复淳朴、体悟本性、抱守精神、而游行在世俗之间的人,你难道会感到惊奇吗? 况且,浑沌氏这种道术,我和你怎么能够懂得呢?"

谆芒①将东之大壑②,适遇苑风③于东海之滨。

苑风曰:"子将奚之?"

曰:"将之大壑。"

曰:"奚为焉?"

曰:"大壑之为物也,注焉而不满,酌焉而不竭。吾将游焉。"

苑风曰:"夫子无意于横目之民④乎? 愿闻圣治。"

谆芒曰:"圣治乎,官施而不失其宜,拔举而不失其能;毕见其情事,而行其所为。行言自为,而天下化;手挠⑤、颐指⑥,四方之民,莫不俱至。此之谓圣治。"

"愿闻德人。"

曰:"德人者,居无思,行无虑;不藏是非、善恶。四海之内,共利之之谓悦,共给之之为安。怊乎若婴儿之失其母也,傥乎若行而失其道也。财用有馀,而不知其自来;饮食取足,而不知其所从。此谓德人之容。"

"愿闻神人。"

曰:"上神乘光⑦,与形灭亡;此谓昭⑧旷。致命尽情,天地乐而万事销亡,万物复情,此之谓混冥。"

【注释】① 谆芒,望望谆谆,察察芒芒。 ② 大壑,东海也。 ③ 苑风,小风也。谆芒、苑风,皆寓言也。 ④ 横目之民,横目,非义。目,疑为"囝"字之误。《说文》古文"良"字作"囝"。横良,犹康良也,安良也。⑤ 挠,动也。 ⑥ 颐,本作"顾"。颐指,谓举颐指挥也。 ⑦ 上神,犹言上升也。 ⑧ 昭,本作"照"。

【译文】谆芒将要往东海外的深谷那里去游历,恰好在东海边上遇见了苑风。

苑风问谆芒说:"您要往哪里去?"

谆芒说:"我要到深谷那里去。"

苑风又问:"去干什么呢?"

谆芒说:"深谷那种东西,往它里面注水,注不满;从它里面向外泄水,泄不干。我要去游历。"

苑风又问:"先生对于善良的人民不感兴趣吗?我愿意听听圣人的政治。"

谆芒说:"圣人的政治嘛,布施教令,不失掉时宜;举拔人才,不失掉贤能;人民的心事,他都看得见;人民怎样作,他就怎样作;一切行动和教令,都依凭人民自动,天下就都归他;手一动,下巴一指,四方的人民,没有不来的。这就叫圣人的政治。"

苑风说:"我愿意听听有德之人。"

谆芒说:"有德之人,在休息中没有任何思念,在行动中没有任何顾虑;心里不存是非和善恶。天下四方,都受到利益,就叫做喜悦;都感到充足,就叫做安宁。孤独无依的,好像婴儿失去了母亲;徘徊不定的,好像行人失迷了路途。财用富裕,可是不知道是怎样来的;饮食充足,可是不知道是怎样得到的。这就叫做有德之人的具体表现。"

苑风说:"我愿意听听神人。"

谆芒说:"〔神人〕升上天去,驾驶晖光,见不到形迹,这就叫作昭明虚旷。禀受天命,穷尽情理,与天地同乐,而不为事物所累,万物各归其真,这就叫做混同玄冥。"

门无鬼与赤张满稽①观于武王之师②。

赤张满稽曰:"不及有虞氏乎!故离③此患也!"

门无鬼曰:"天下均治④,而有虞氏治之邪? 其乱而后治之邪?"

赤张满稽曰:"天下均治之为愿,而何计以有虞氏为? 有虞氏之药疡⑤也,秃而施髢⑥,病而求医。孝子操药以修慈父,其色燋然⑦。圣人羞之!"

【注释】①门、赤张,氏也;无鬼、满稽,名也。 ②师,众也。武王伐纣,兵渡孟津时,则二人共观。 ③离,遭也。 ④均,平也。天下均治,天下太平。 ⑤疡,头创(疮)也。言创以喻乱。求虞氏药治之。⑥髢,鬓也。今谓之假发。 ⑦燋然,憔悴貌。

【译文】门无鬼和赤张满稽一同去参观周武王讨伐殷纣王的大军。

赤张满稽说:"现在不及有虞氏时代了! 所以人们才遭到这种灾祸啊!"

门无鬼说:"是天下太平了,有虞氏就治理它呢? 还是天下大乱了,然后才治理它呢?"

赤张满稽说:"天下太平,乃是人民的希望,哪里还计划着用有虞氏来治理呢? 有虞氏治疗头疮的方法,秃了,就给敷上假发;疮厉害了,就请求医生。孝子用药给慈父治病,他的面色是愁眉不展的。圣人以为这样作是可耻的啊!"

至德之世,不尚贤,不使能;上如标枝①,民如野鹿②。端正,而不知以为义;相爱,而不知以为仁;实,而不知以为忠;当,而不知以为信;蠢动③而相使,不以为赐④。是故行而无迹,事而无传。

【注释】① 标枝,言树杪之枝,无心在上也。 ② 野鹿,放而自得也。③ 蠢,动也。 ④ 赐,借为"敭"。《说文》:"敭,侮也。"

【译文】盛德之世,不崇尚贤明,不重用才能;君上如同树梢的小枝,人民如同原野的走鹿。行为端正,并不知道这就是义;互相亲爱,并不知道这就是仁;内心诚实,并不知道这就是忠;言行的当,并不知道这就是信;在工作中,互相指使,并不以为这就是轻慢。因此,道路走过去,没有踪迹;事情作过了,不见流传。

孝子不谀其亲,忠臣不谄其君①,臣子之盛也。

亲之所言而然,所行而善,则世俗谓之不肖子;君之所言而然,所行而善,则世俗谓之不肖臣。而未知此其必然邪?

世俗之所谓然而然之,所谓善而善之,则不谓之谄谀②之人也。然则俗故严于亲而尊于君邪?

谓己谄人,则勃然作色;谓己谀人,则怫然作色③。而终身谄人也,终身谀人也。

合譬④,饰辞,聚众也;是始终本末不相坐。

垂衣裳,设采色,动容貌,以媚一世,而不自谓谄谀;与夫人之为徒,通是非,而不自谓众人。愚之至也。

知其愚者,非大愚也;知其惑者,非大惑也。大惑者终身不解，大愚者终身不灵⑤。

三人行，而一人惑，所适者犹可致也，惑者少也；二人惑，则劳而不至，惑者胜也。而今也，以天下惑予，虽有祈向⑥，不可得也。不亦悲乎！

大声⑦不入于里耳，《折杨》、《皇荂》⑧，则嗑然而笑⑨。

是故，高言不至于众人之心，至言不出⑩。俗言胜也。

以二垂踵惑，而所适不得矣⑪。而今也，以天下惑予，虽有祈向，其庸可得邪？

知其不可得也，而强之，又一惑也。故莫若释之而不推。不推，其谁比忧？

厉之人⑫，夜半生其子，遽取火而视之，汲汲然⑬唯恐其似己也。

【注释】①谀，伪也。谄，欺也。　②诒溲，本皆作"道谀"。　③勃、佛，皆嗔貌也。　④合譬，谓设作譬喻也。　⑤灵，晓也。　⑥祈，当借为"昕"，与"斤"借为"昕"同例。　⑦大声，非委巷之所尚也。　⑧《折杨》、《皇华》，皆古歌曲也。　⑨嗑，笑声也。　⑩出，显也。　⑪跂踵，本作"缶锺"。　⑫厉，恶癞也。　⑬遽，速也。汲汲，匆迫貌。

【译文】孝子不屈从自己的父母，忠臣不谄媚自己的君上，这是臣、子的典范。

自己父母听说的话，就以为是对的；自己父母所做的事，就以为是好的：世俗就把这种人叫做不肖之子；君上所说的话，就以为是对的；君上所做的事，就以为是好的：世俗就把这种人叫做不肖之臣。可是不知道这是不是必然的呢？

世俗上所谓对的,就以为是对;世俗上所谓好的,就以为是好:就不把这种人叫做谄媚曲从的人。那么,世俗上难道还有比父母和君上更尊贵的吗?

说自己是谄媚别人,就盛怒地翻了脸;说自己是屈从别人,就气恼地翻了脸。可是自己一生就是谄媚别人,屈从别人。

〔这种人〕利用譬喻,修饰辞令,用这个来聚集群众,因而他自始至终、从头到尾地受不到挫折。

衣冠楚楚,服饰文采,装模作样,藉以献媚当世,可是不承认自己谄媚别人、屈从别人;和群众在一起,是非认识相同,可是不承认自己一如众人。这是最愚蠢不过的。

知道自己愚蠢的,并不是最愚蠢的人;知道自己迷糊的,并不是最迷糊的人。最迷糊的人,一辈子也觉悟不过来;最愚蠢的人,一辈子也明白不过来。

三个人一起走路,如果一个人迷糊了方向,还可以达到目的地,这是因为迷糊的人少;如果两个人迷糊了方向,就是劳累也达不到目的地。这是因为迷糊的人多。可是现在,使天下的人都来迷糊我,我虽然有明确的方向,也达不到。不也令人感到悲伤吗?

典雅的古乐,乡里人听不入耳;但《折杨》、《皇荂》之类的通俗歌曲,一听就格格地笑出声来。

因此,高深的语言,放不进众人的心里;深奥的语言,显露不出它的意义。这是由于世俗语言占优势。

用两条岔路的足迹来迷惑人,就令人不知道走哪条路好。可是现在,使天下人都来迷惑我,我虽然有明确的方向,那怎么能够达到呢?

明知道达不到,可是还要勉强去作,这又是一种迷惑。所以,不如放下,而不去推求它。凡事都不去推求,怎么会遭到忧患呢?

生癞病的人,半夜里生了孩子,赶紧拿起火来照看,急急遑遑的,唯恐孩子长得和自己一样。

百年之木,破为牺尊,青黄而文之,其断在沟中;比牺尊于沟中之断,则美恶有间矣;其于失性,一也。

桀、跖①与曾、史,行义②有间矣,然其失性,均也。

且夫,失性有五:一曰,五色乱目,使目不明;二曰,五声乱耳,使耳不聪;三曰,五臭③薰鼻,困惾中颡④;四曰,五味浊口,使口厉爽⑤;五曰,趣舍滑心⑥,使性飞荡。此五者,皆生之害也。

而杨、墨乃始离跂⑦自以为得,非吾所谓得也。

夫得者困,可以为得乎,则鸠鸮之在笼也,亦可以为得矣。

且夫,趣舍、声色,以柴⑧其内;皮弁⑨、鹬冠⑩、搢笏⑪、修绅⑫,以约其外;内支盈于柴栅,外重缰缴⑬,睆睆然⑭在缰缴之中,而自以为得;则是罪人交臂⑮、历指⑯,而虎豹在于囊槛,亦可以为得矣。

【注释】① "跂"上本无"桀"字。　② 行义,犹行为也。义,借为"爲",实借为"伪"。　③ 五臭,谓膻、薰、香、腥、腐。外书呼香为臭也。　④ 成玄英:惾,塞也。言鼻耽五臭,故壅塞不通,而中伤颡额也。　⑤ 厉,病也。爽,失也。　⑥ 趣,取也。滑,乱也。　⑦ 离跂,即离歧,不同于世俗之谓也。　⑧ 柴,塞。　⑨ 皮弁者,以皮为冠也。　⑩ 鹬者,鸟名也,似鹫,绀色,出郁林,取其翠羽饰冠,故谓之鹬冠。此鸟,知天文者为之冠也。
⑪ 揗,插也;笏,犹珪;谓插笏也。　⑫ 修绅,本作"绅修"。修绅,长带也。
⑬ 纆缴,绳也。　⑭ 睆睆,穷视貌。　⑮ 交臂,反缚也。　⑯ 历,借
为"枥"。

【译文】把生长百年的木材破开,作成牺尊(雕刻华丽的酒杯),修饰上彩色的花纹,把截掉一部分木材抛在水沟里;拿牺尊和抛在水沟的那一部分相比,它们的华美和丑陋是有距离的;但是就它们的失掉本性来说,却是一样的。

夏桀、盗跖和曾参、史鳅,他们的行为是有距离的;但是就他们的失掉本性来说,却是相同的。

况且,失掉本性有五种情况:第一,五色能够搅乱人的眼睛,使眼睛不明亮;第二,五声能够搅乱人的耳朵,使耳朵不通彻;第三,五臭能够薰伤人的鼻孔,使鼻孔窒塞不通,而中伤了额角;第四,五味能够混浊人的口腔,使口腔受到病伤;第五,取舍能够混乱人的心神,使性情飞扬浮躁。这五种情况对生命都是有危害的。

可是,杨朱、墨翟之流就从此标奇立异,自以为得意,这并不是我所说的得意。

如果得意的人受到危困,可以算得意的话,那么,斑鸠困在樊笼里,也可以算得意的了。

况且,取舍和声色,梗塞了内心;朝服和朝帽,约束了外形;内心支架满了棍棒,外形重叠上绳索,眼巴巴地拘困在绳索之中,可是还自以为得意;那么,罪人被绳索把胳膊反绑起来,被楼子把手指枷起来,或者虎豹被装在布袋和木笼里,也可以叫作得意了。

六、天　道(七章)

天道运,而无所积①,故万物成;帝道运,而无所积,故天下归;圣道运,而无所积,故海内服。明于天、通于圣,六通四辟②于帝王之德者,其自为也,昧然无不静者矣。

圣人之静也,非曰静也善,故静也;万物无足以铙心③者,故静也。

水静,则明烛④须眉;平中准,大匠取法焉。

水静犹明,而况圣人之心⑤静乎? 天地之鉴也,万物之镜也。

夫虚静、恬淡、寂漠、无为⑥者,天地之平,而道德之至。故帝王、圣人休⑦焉。

休则虚,虚则实,实者⑧伦⑨矣。虚则静,静则动,动则得矣。静则无为,无为也,则任事者责矣。无为则俞俞⑩。俞俞者,忧患不能处,年寿长矣。

夫虚静、恬淡、寂漠、无为者,万物之本也。明乎此以南乡,尧之为君也;明乎此以北面,舜之为臣也。以此处上,帝王、天子之德也;以此处下,玄圣、素王⑪之道也。

以此退居而闲游,则江湖山林之士服;以此进为而抚世⑫,则功大名显,而天下一也。

静而圣,动而王,无为也而尊,朴素而天下莫能与之争美。

夫明白于天地之德者,此之谓大本大宗,与天地和者也;所以均调天下,与人和者也。与人和者,谓之人乐;与天和者,谓之天乐。

庄子曰:吾师乎!吾师乎!赍万物⑬,而不为戾;泽及万世,而不为仁;长于上古,而不为寿;覆载天地,刻雕众形,而不为巧。此之谓天乐。

故曰:知天乐者,其生也天行,其死也物化;静而与阴同德,动而与阳同波。故知天乐者,无天怨,无人非,无物累,无鬼责。

故曰:其动也天,其静也地;一心定,而王天下。其魄不祟,其魂不疲⑭;一心定,而万物服。言以虚静推于天地,通于万物,此之谓天乐。天乐者,圣人之心以畜天下也。

夫帝王之德,以天地为宗,以道德为主,以无为为常。无为也,则用天下而有馀;有为也,则为天下用而不足。故古之人贵夫无为也。

上无为也,下亦无为也,是下与上同德;下与上同德,则不臣。下有为也,上亦有为也,是上与下同道;上与下同道,则不主。上必无为,而用天下;下必有为,为天下用。此不易之道也。

故,古之王天下者,知虽落天地⑮,不自虑也;辩虽彫万物⑯,不自说也;能虽穷四海,不自为也。

天不产,而万物化;地不长,而万物育;帝王无为,而天下功。故曰:莫神于天,莫富于地,莫大于帝王。故曰:帝王之德配天地。此乘天地、驰万物,而用人群之道也。

本在于上,末在于下⑰;要在于主,详在于臣。

三军、五兵之运⑱,德之末也;赏罚、利害⑲、五刑之辟⑳,教之末也;礼法、数度、形名、比详㉑,治之末也;钟鼓之声、羽旄之容㉒,乐之末也;哭泣、衰绖隆杀之服㉓,哀之末也。此五末者,须精神之运、心术之动,然后从之者也。末学者,古人有之,而非所以先也。

君先而臣从,父先而子从,兄先而弟从,长先而少从,男先而女从,夫先而妇从。夫尊卑、先后,天地之行也,故圣人取象焉。

天尊,地卑,神明之位也;春夏先,秋冬后,四时之序也;万物化作,萌区有状,盛衰之杀,变化之流也。夫天地至神,而有尊卑、先后之序,而况人道乎?

宗庙尚亲,朝廷尚尊,乡党尚齿,行事尚贤,大道之序也。

语道而非其序者,非其道也。语道而非其道者,安取道?

是故,古之明大道者,先明天,而道德次之;道德已明,而仁义次之;仁义已明,而分守次之;分守已明,而形名次之;形名已明,而因任㉔次之;因任已明,而原省次之;原省已明,而是非次之;是非已明,而赏罚次之;赏罚已明,而愚知处宜,贵贱履位,仁贤不肖袭情㉕,必分其能,必由其名。以此事上,以此畜下,以此治物,以此修身;知谋不用,必归其天。此之谓太平。治之至也。

故,书㉖曰:"有形,有名。"形名者,古人有之,而非所以先也。

古之语大道者,五变而形名可举也,九变而赏罚可言也。骤㉗而语形名,不知其本也;骤而语赏罚,不知其始也。

倒道而言,迕道㉘而说者,人之所治也。安能治人?

骤而语形名、赏罚,此有㉙知治之具,非知治之道,可用于天下,不足以用天下。此之谓辩士,一曲之人也。

礼法、数度、形名,比详,古人有之;此下之所以事上,非上之所以畜下也。

【注释】① 积,谓滞积不通也。 ② 陆德明:四辟,谓四方开也。六通,四方上下也。六通四辟,犹言四通八达也。 ③ 铙,喧挠。 ④ 烛,照也。 ⑤ "圣人之心"上本有"精神"二字。 ⑥ 虚静、恬淡、寂漠、无为,四者异名同实者也;叹无为之美,故具此四名。 ⑦ 休,未尝动也。 ⑧ 者,读为"则"。 ⑨ 伦,理也。 ⑩ 俞俞然,从容自得之貌。 ⑪ 圣人而幽处下位,故曰玄圣,与素王之意略同。 ⑫ 退居,谓晦迹隐处也。进为,谓显迹出仕也。 ⑬ 螯,变而相杂。 ⑭ 魄,本作"鬼"。 ⑮ 落,与"络"同,谓包络。 ⑯ 彫,借为"周"。 ⑰ 本,天道;末,人道也。 ⑱ 五兵者,一弓、二殳、三矛、四戈、五戟也。运,动也。 ⑲ 赏者,轩冕荣华,故利也;罚者,诛残戮辱,故害也。 ⑳ 辟,法也。五刑者,一劓、二墨、三刖、四宫、五大辟。　㉑数者,计算;度者,尺丈。形者,容仪;名者,字讳。比者,较当;详者,定审。　㉒羽者,鸟羽;旄者,兽毛;言采鸟兽之羽毛,以饰其乐也。羽旄之容,指舞言。旄,通"毛"。　㉓衰,丧服也。绖,麻冠,麻带也。　㉔因任,因材任使也。　㉕袭,因也;情,实也;各因其实。　㉖书,古书也。　㉗骤,数也,速也。　㉘迕,逆也。　㉙有,读为"为"。

【译文】天道施行,而无所积滞,所以万物生成;帝道施行,而无所积滞,所以天下归顺;圣道施行,而无所积滞,所以天下信服。明白上天、通达圣哲,而且无所不通于帝王之德的人,他的自然行动,幽幽默默的,就没有不是静定的了。

圣人的静定,并不说静定好,所以才静定;而是万物都不能够搅扰他的内心,所以才静定。

水静定了,就清亮得照见人的须眉;它的平正适应法则,因而木匠就取法它而制作出水准器。

水静定了,还是清亮的,何况是圣人内心的静定呢? 它是天地的明镜,它是万物的明镜。

这虚静、恬淡、寂漠、无为,便是天地的平正,道德的顶峰。所以帝王、圣人在天下是安息的。

安息,就能够虚无;虚无,就能够充实;充实,就顺乎理性。虚无,就能够静定;静定,就能够运动;运动,就得到本然。静定,就能够无为;无为,任事者就各有专责了。无为,就能够从容自得;从容自得的人,忧患就落不到身上,因而获得长寿。

这虚静、恬淡、寂漠、无为,便是万物的本元。明白了这个道理,而去南面临朝,便是帝尧一般的君上;明白了这个道理,而去北面朝君,便是大舜一般的臣下。用这个来居处上位,便是帝王、天子的德业;用这个来居处下位,便是玄圣(幽微的圣哲)、素王(无位的帝王)的道术。用这个来隐居闲游,江海山林之士就都宾服;用这个来居官治世,就功绩伟大,名声高显,而天下一统。

静处,就成为圣人;行动,就成为帝王;无为,就为天下所尊贵;朴素,天下就没有能够同他比美的。

那明白天地之德的人,就叫做大本大宗,是与天地相和同的;这是所以均调天下,而与人民相和同的。与人民相和同,就叫作人间的乐趣;与上天相和同,就叫做大上的乐趣。

庄子说:我要以这个(天上的乐趣)为师法啊!我要以这个(天上的乐趣)为师法啊!杂糅万物,并不觉得它暴戾;德泽流传万代,并不觉得它仁慈;生长在上古时代,并不觉得它长寿;笼罩上天,负载大地,雕刻出形形色色的物象,并不觉得它工巧。这就叫做天上的乐趣。

所以说:知道天上的乐趣的人,他的生存,顺天而行;他的死亡,随物而化;静定,就与阴气同德;行动,就与阳气同流。所以,知道天上的乐趣的人,受不着上天的怨恨,受不着人间的非难,受不着事物的系累,受不着鬼神的责谴。

所以说:他的行动,拟象于天;他的静定,取法于地;一心凝定,而天下归往。他的体魄,不受病苦;他的精神,不会疲倦;一心凝定,而万物悦服。这就是说,把虚静推行于天地之间,流通于万物之中,这就叫作天上的乐趣。天上的乐趣,便是用圣人的心来包容天下。

那帝王的德业,把天地作为本元,把道德作为宗主,把无为作为永恒。无为,就能够利用天下,而感到从容有余;有为,就被天下所利用,而感到急迫不足。所以古代帝王是崇尚无为之治的。

上位无为，下位也无为，这便是下位和上位德业相同；下位和上位德业相同，便不合乎臣道。下位有为，上位也有为，这便是上位和下位德业相同；上位和下位德业相同，便不合乎君道。上位必须无为，而利用天下；下位必须有为，而为天下所利用。这是不可移易的道理。

所以，古来为天下所归往的人，他的智慧虽然包络天地，并不考虑自己；他的明辩虽然周遍万物，并不称道自己；他的才能虽然穷究四海，并不顾待自己。

天不出产万物，而万物得以化生；地不长养万物，而万物得以发育；圣人清静无为，而天下得以安定。所以说：没有比天再神明的，没有比地再富有的，没有比帝王再伟大的。所以说：帝王的德业配天地。这便是统御天地、驱使万物、利用人群的道术。

根本(无为)在于上方，末节(有为)在于下方；政治要领在于君主，详密策略在于臣仆。

军队、武器的运用，这是德业的末节；赏罚、利害，五刑的制定，这是教化的末节；礼制法度、计算量度、物象名称，比较审定，这是政治的末节；钟鼓的声音，羽旄的形容，这是音乐的末节；哭泣的节度，孝服的等第，这是丧礼的末节。这五种末节，必须有精神的运用、心术的推动，然后才能够施行。这种末节之学，古人原本就有的，而不是首要的事物。

君主领先，而臣仆随后；父亲领先，而儿子随后；哥哥领先，而弟弟随后；男子领先，而妇女随后，丈夫领先，而妻子随后。这种尊卑、先后，乃是天地自然之道；所以圣人就取法这种现象。

天体尊高，地体卑下，这是神明的方位；春夏在先，秋冬在后，这是四时的秩序；万物化生，萌芽的情状，盛衰的差别，乃是变化的流行。这天地是最神明的，还有尊卑、先后的秩序，何况是人道呢？

宗庙之中，嫡亲居上；朝廷之内，尊贵居上；乡里之间，年长居上；行事作为，贤能为上：这便是"大道"的秩序。

谈论"道"而不合乎它的秩序，就不成为"道"。谈论"道"而不合乎"道"，又何必取法乎"道"呢？

因此，古来明通"大道"的人，首先要明通上天，而道德却在其次；道德已经明通，而仁义却在其次；仁义已经明通，而分位却在其次；分位已经明通，而物象名称却在其次；物象名称已经明通，而因材任事却在其次；因材任事已经明通，而原宥省察却在其次；原宥省察已经明通，而是非却在其次；是非已经明通，而赏罚却在其次；赏罚已经明通，而愚昧和明智的安置得当，尊贵和卑贱的履践本位，仁贤和不肖的符合实情，必定要区分他们的才能，必定要依据他们的名分。用这个来事奉君上，用这个来畜养下民，用这个来统治万物，用这个来修治身心；用不着智谋，必定要归之上天。这就叫做天下太平。这便是政治的盛迹。

所以，古书上说："有物象，就有名称。"物象、名称，古人原本就有的，而不是首要的事物。

古来谈论"大道"的人，演变到五次，而物象名称就可以举出；演变到九次，而赏罚就可以谈论。贸然地谈论物象名称，便是不知道政治的根本；贸然地谈论赏罚，便是不知道政治的元始。

颠倒"道"的秩序来谈、不顺"道"的秩序来讲的人，乃是被人所治理的人,他怎么能够治理人呢?

贸然地谈论物象名称、赏罚,乃是只知道政治的工具,而不知道政治的道理的人;他可以被天下所利用,而不可以利用天下。这就叫做辨别事物一偏的人。

礼制法度、计算量度、物象名称、比较审定,古人原本就有的;这是下位事奉上位的事物,而不是上位畜养下位的事物。

昔者,舜问尧曰:"天王①之用心何如?"

尧曰:"吾不敖无告②,不废穷民,苦死者,嘉孺子,而哀③妇人。此吾所用心已。"

舜曰:"美则美矣,而未大也。"

尧曰:"然则何如?"

舜曰:"天德而土宁④,日月照而四时行,若昼夜之有经,云行而雨施矣。"

尧曰:"胶胶扰扰乎⑤!子,天之合也;我,人之合也。"

夫天地者,古之所以大也,而黄帝、尧、舜之所共美也。故古之王天下者,奚为哉!天地而已矣。

【注释】① 天王,犹天子也。 ② 敖,侮慢也。无告,谓顽愚之甚,无堪告示也。 ③ 哀,闵也。 ④ 土,本作"出"。 ⑤ 胶胶扰扰,动乱之貌。

【译文】在古代,大舜问帝尧说:"天子的用心是怎样的呢?"

帝尧说:"我不侮慢愚顽,不废弃穷困,安息死亡,善待幼小,而怜恤妇人。这便是我用心的所在。"

大舜说:"好倒是好,但是还不够开朗。"

帝尧说:"那怎么办呢?"

大舜说:"要如同上天那样高显,如同大地那样宁静,如同日月那样照临,如同四时那样运行,如同昼夜那样经常,如同云气那样飞行,如同雨泽那样布施。"

帝尧说:"这样的搅扰不宁啊! 您是合于天道的,我是合于人道的。"

这天地,古来就认为它们是伟大的,而黄帝、帝尧、大舜都是赞美它们的。所以古来为天下所归往的人,究竟作了些什么呢? 只不过是效法天地罢了。

孔子西藏书于周室①。

子路谋曰:"由闻周之徵藏史②有老聃者,免③而归居。夫子欲藏书,则试往因焉。"

孔子曰:"善。"

往见老聃,而老聃不许。于是繙十二经以说。

老聃中其说④,曰:"大谩⑤,愿闻其要。"

孔子曰:"要在仁义。"

老聃曰:"请问:仁义,人之性邪?"

孔子曰:"然。君子不仁,则不成;不义,则不生。仁义,真人之性也。又将奚为矣?"

老聃曰:"请问:何谓仁义?"

孔子曰:"中心物恺⑥,兼爱无私,此仁义之情也。"

老聃曰:"意⑦! 几乎后言! 夫兼爱,不亦迂⑧乎? 无私焉,乃私也。夫子若欲使天下无失其牧⑨乎,则天地固有常矣,日月固有明矣,星辰固有列矣,禽兽固有群矣,树木固有立矣。夫子亦放德而行,循道而趋,已至矣。又何偈偈乎⑩揭仁义,若击鼓而求亡子⑪焉? 意! 夫子乱人之性也!"

【注释】① 藏书,藏其所著书也。宣尼睹周德已衰,不可匡辅,故将己所修之书,欲藏于周之府藏,庶为将来君王治化之术。藏书,亦当包括古书。　② 徵藏史,犹今之秘书官,职典坟籍。　③ 免,解免其官。　④ 中其说,语未尽也。　⑤ 谩,借为"蔓"。大谩者,嫌其繁谩太多,请简要之术也。　⑥ 恺,乐也。物,本亦作"勿"。　⑦ 意,通"噫"。　⑧ 迂,当读为"夸"。　⑨ 牧,养也。　⑩ 偈偈,用力之貌。　⑪ 亡子,逃人也。打击大鼓,而求觅亡子,鼓声愈大,而亡者愈离。仁义弥彰,而去道弥远。

【译文】孔子打算去西边把书籍藏到周家的国库里。

子路策划着说:"我听说周家掌管书库的史官有个叫老聃的,他已经退休回家。老师想把书籍藏起来,就试试找他帮忙。"

孔子说:"好吧。"

孔子去拜访老聃,老聃没有答应。孔子就把十二经摆出来和老聃讲论起来了。

老聃还没有等孔子把话说完,就对孔子说:"太繁琐了,我愿意听听其中的要领。"

孔子说:"要领就在于仁义之道。"

老聃问:"请问: 仁义就是人的本性吗?"

孔子说:"是的。君子不讲仁,就不能够成事;不讲义,就不能够生存。仁义,的确是人的本性啊。除此之外,还有什么可作的呢?"

老聃又问:"请问: 什么叫作仁义呢?"

孔子说:"悦乐之情,发自内心,兼爱万物,大公无私,这便是仁义的实情。"

老聃说:"哎呀! 这近乎是后人的说法! 这种兼爱万物的说法,不也有些夸张吗? 所谓无私,实际就是自私。先生如果愿意天下都不失掉养育吧,可是天地本来就是有恒常的,日月本来就是有光明的,星辰本来就是有次序的,禽兽本来就是有类别的,树木本来就是有定位的。先生也只有依据着'德'去做事,遵循着'道'去行动,就算达到极点了。又何必卖尽气力地高举着仁义,就好像敲着鼓去寻找逃亡的儿子一样呢? 〔这不是越追越远吗?〕哎呀! 先生把人的本性都给搅乱了啊!"

士成绮①见老子,而问曰:"吾闻,夫子,圣人也,吾固②不辞远道而来,愿见;百舍③,重趼④,而不敢息。今观,夫子,非圣人也:鼠壤有馀蔬,而弃妹,不仁也⑤;生熟不尽于前,而积敛无崖⑥。"

老子漠然不应。

士成绮明日复见。曰:"昔者,吾有刺于子,今吾心正却⑦矣。何故也?"

老子曰:"夫巧知神圣之人,吾自以为脱焉。昔者,子呼我牛也,而谓之牛;呼我马也,而谓之马。苟有其实,人与之名而弗受,再受其殃。吾服也恒服,吾非以服有服⑧。"

士成绮雁行避影,履行⑨,遂进,而问:"修身若何?"

老子曰:"而⑩容崖然⑪,而目冲然⑫,而颡頯然⑬,而口阚然⑭,而状义然⑮,似系马而止也;动而持,发也机,察

而审,知巧而睹于泰,凡以为不信。边竟有人焉,其名
为窃。"

【注释】① 士成绮,人姓名也。 ② 固,读为"故"。 ③ 百舍,三千
里。 ④ 跰,胼也。 ⑤ 蔬,读曰"糈"。糈,粒也。 ⑥ 积敛无崖,犹贪
取无已。 ⑦ 正却,犹平息也。 ⑧ 服,服从也。 ⑨ 雁行避影,形容其
侧身之貌。履行,一步蹑一步也。 ⑩ 而,汝也。 ⑪ 崖,通作"厓"。
⑫ 冲,直视。 ⑬ 颒然,高露发美之貌。 ⑭ 阚,借为"𠙵"。《说文》:
"𠙵,张口也。"言口张如虎也。 ⑮ 义,当读为"𪎭"。

【译文】士成绮去拜访老子,向老子说:"我听说,先生是圣
人,所以我不嫌路远而来,愿意同您会见。我走了三千里路,脚
上都磨出了跰子,也不敢休息。现在一看,先生并不是圣人:您
家的老鼠洞里都存有余粮(富裕),却遗弃了妹妹,这是不仁道。
生熟的食物,在您身边总不断,却是贪取不休。"

老子态度淡然,没有回答。

第二天,士成绮又去见老子。士成绮说:"昨天,我对您有所
讽刺,今天,我的心完全端正过来了。这是什么原因呢?"

老子说:"世俗上所谓巧智神圣的人,我自以为是已经摆脱
掉了。昨天,您把我称作牛,我就承认是牛;您把我称作马,我就
承认是马。如果自己有这种事实,别人给他这种称呼,可是不肯
接受,他就会再一次受到惩罚。我的服从别人,是经常地服从,
我并不是为了服从而服从。"

士成绮〔感到很惭愧,〕侧着身子,毕恭毕敬地追随在老子后
面,走到老子面前,又问道:"修治身心得怎么办呢?"

老子说:"你的容貌端端方方,你的眼神直直正正,你的额角
高高耸起,你的嘴张得很大,你的形体魁伟高大,好像把马拴起
来而防止它奔驰一样;行动起来,兢兢业业;心思一动,相当机

警;省察事物,相当明审;智慧技巧,看出来的傲慢;对于所有事物,都不肯相信。边境上有一种人,他的名字就叫作浅薄。"

夫子①曰:夫道,于大不终②,于小不遗,故万物备。广广乎其无不容也,渊渊③乎其不可测也。

形德④、仁义,神之末也。非至人,孰能定之?

夫至人有世⑤,不亦大乎? 而不足以为累;天下奋棅⑥,而不与之偕;审乎无假,而不与利迁。极物之真,能守其本。故外天地,遗万物,而神未尝有所困也。

通乎道,合乎德,退仁义,宾礼乐⑦,至人之心有所定矣。

【注释】① 此夫子与《天地》篇同,指庄子。 ② 终,借为"崇"。③ "渊渊",本只作"渊"。 ④ 形德,犹形貌也。 ⑤ 有,有抚有、包容之义。 ⑥ 棅,威权也。 ⑦ 宾,读为"摈"。谓摈弃礼乐也。

【译文】庄夫子说:这"道",对于大的事物不尊崇,对于小的事物不遗弃;所以天地之间万物具备。它广大得无所不包,它深远得不可测度。

形貌、仁义,乃是精神的糟粕。不是圣人,谁能够定止天下呢?

那圣人,包容世界,不也太伟大了吗? 可是他并不为世界所系累;天下都争权夺利,可是他并不同他们搀和;他明通于天地的运行不息,可是他并不随同财利而有所迁移。他穷究万物的全真,而抱守万物的本元。所以,他忘却天地,忘却万物,而精神不曾有所困顿。

通达于"道",契合于"德",丢掉了仁义,放弃了礼乐,圣人的心就有所定止了。

世之所贵道者,书①也。书不过语。语有贵也。语之所贵者,意也。意有所随。意之所随者,不可以言传也。而世因贵言传书。

世虽贵之哉,犹不足贵也,为其贵非其贵也。

故,视而可见者,形与色也;听而可闻者,名与声也。悲夫!世人以形色、名声为足以得彼之情!夫形色、名声果不足以得彼之情,则"知者不言,言者不知",而世岂识之哉?

【注释】① 书者,文字。

【译文】世俗上所以贵重道术的办法,就是用文字来记载。文字所记载的只不过是人的语言。语言有它贵重的所在。语言贵重的所在,便是人的意志。人的意志是有所追逐的。意志所追逐的内容,是不可以用语言传达的。可是世俗上由于贵重语言,而流传文字。

世俗上虽然贵重它吧,还是不足贵重的,因为他们所贵重的,并不是他们所应当贵重的东西。

所以,看就看得见的,是万物的形象和色彩;听就听得见的,是万物的名称和声音。可叹啊!世俗之人以为形体和色彩、名称和声音足以得到客观世界的真实!那形体和色彩、名称和声音果真不足以得到客观世界的真实,那么"知道的不说出,说出的不知道"的道理,世俗上又怎么能够懂得呢?

桓公①读书于堂上。轮扁斫轮②于堂下,释椎凿而上,问桓公曰:"敢问公之所读者何书③邪?"

公曰:"圣人之言也。"

曰:"圣人在乎?"

公曰:"已死矣。"

曰:"然则君之所读者,古人之糟魄④已夫!"

桓公曰:"寡人读书,轮人安得议之乎? 有说,则可;无说,则死。"

轮扁曰:"臣也以臣之事观之:斫轮,徐,则甘而不固;疾,则苦而不入⑤;不徐、不疾,得之于手,而应之于心,口不能言,有数⑥存焉于其间。臣不能以喻⑦臣之子,臣之子亦不能受之于臣;是以行年七十,而老斫轮。古之人与其不可传也⑧,死矣。然则君之所读者,古人之糟魄已夫!"

【注释】① 桓公、齐桓公也,名小白。 ② 轮扁,斫轮人也,名扁。③ 书,本作"言"。 ④ 魄,本又作"粕"。粕,糟粕也。 ⑤ 甘,滑也;苦,涩也。徐,宽也;疾,紧也。宽,则甘滑易入而不坚;紧,则苦涩而难入。要得不宽不紧,自有分寸于其间。 ⑥ 数,谓大小、多少、长短、远近、轻重之事也。此指分寸而言。 ⑦ 喻,晓也。 ⑧ 也,犹者。

【译文】齐桓公在堂上读书。轮扁在堂下砍造车轮,他放下工具,走到堂上,问齐桓公说:"请问君王读的是什么书呢?"

齐桓公说:"圣人的言论。"

轮扁问:"那圣人还活着吗?"

齐桓公说:"已经死去了。"

轮扁说:"那么,君王所读的书,乃是古人的糟粕了!"

齐桓公说:"寡人在这里读书,你一个车轮工人怎么能够议论这个呢？说得对了,那还可以;说得不对,就治你死罪。"

轮扁说:"奴才就拿奴才的工作来看:在砍造车轮的时候,榫子做得松了,就会滑利地打进去,但不牢固;榫子做得紧了,就会感到滞涩,而打不进去。既不松,又不紧,把技巧得在手里,应在心里,嘴里说不出来,其中却有一定的分寸。我不能够把它明明白白地告诉给我的儿子,我的儿子也不能够明明白白地接受到我的教法;因此,奴才年纪已经七十岁了,只好老死在砍造车轮的手艺上。古人和他们不可传授的东西,都死去了。那么,君王所读的书,乃是古人的糟粕了!"

七、天　　运（八章）

天其运乎？地其处乎？日月其争於所乎？孰主张①是？孰纲维是？孰居②无事推③而行是？意者④其有机缄⑤而不得已邪？意者其运转而不能自止邪？

云者为雨乎？雨者为云乎？孰隆施⑥是？孰居无事淫乐而劝是⑦？

风起北方，一东一西，有⑧上彷徨。孰嘘吸是？孰居无事而披拂是⑨？

敢问何故？

巫⑩咸祒⑪曰："来！吾语汝：天有六极、五常⑫，帝王顺之，则治；逆之，则凶；九洛之事⑬，治成德备；监临下土，天下戴之。此谓上皇。"

【注释】① 主张，犹安排也。　② 孰居，犹谁其。　③ "推"，借为"惟"。　④ 意，以意亿度。　⑤ 机，关也。　⑥ 隆，指云；施，指雨。　⑦ 淫，借为"甚"。　⑧ 有，读为"又"。　⑨ 彷徨，回转之貌也。披拂，犹扇动也。　⑩ 巫咸，神巫也，为殷中宗相。　⑪ 祒，疑即"诏"字之异文。诏，告也。　⑫ 五常，谓五行。六极，六气也。六气，阴、阳、风、雨、晦、明也。　⑬ 九洛，九州也。洛，聚也。洛，与"落"，古字同。

【译文】天是运行着的吗？地是静止着的吗？日月是争着交换自己的位置的吗？是谁安排这个的呢？是谁维系着这个的呢？是谁闲暇无事地计划着做这个的呢？

莫非是它有机关和绳索的推动和牵引而不得不如此吗？莫非是它运转起来自己就不能够停止了吗？

是掣起云彩的布施雨呢？还是布施雨的掣起云彩呢？是谁掣起和布施它们的呢？是谁闲暇无事、兴致勃勃地协助这个的呢？

风从北方刮起，忽而向东，忽而向西，又升上高空去打转。是谁吹吸着它的呢？是谁闲暇无事地扇动这个呢？

请问这是怎么回事呢？

巫咸告诉说："来！我说给你听：天有六气和五节，帝王顺从着它，天下就太平；不顺从着它，天下就荒乱；九州的事物，政治稳定，德业完备，上天昭临着下方，天下就全都拥戴它。它就叫做上帝。"

商太宰荡①问仁于庄子。

庄子曰："虎狼，仁也。"

曰："何谓也？"

庄子曰："父子相亲，何为不仁？"

曰："请问至仁。"

庄子曰："至仁无亲。"

太宰曰："荡闻之：'无亲，则不爱；不爱，则不孝。'谓'至仁不孝'，可乎？"

庄子曰："不然。夫至仁，尚矣；孝，固不足以言之。

此非过孝之言也,不及孝之言也。夫南行者,至于郢②,北面而不见冥山③。是何也? 则去之远也。

"故曰:以敬孝,易;以爱孝,难。以爱孝,易;而忘亲,难④。忘亲,易;使亲忘我,难。使亲忘我,易;兼忘天下,难。兼忘天下,易;使天下兼忘我,难。

"夫德,遗⑤尧、舜而不为也;利泽施于万世,天下莫知也;岂直太息⑥而言仁孝乎哉? 夫孝悌、仁义、忠信、贞廉,此皆自勉以役其德者也,不足多也。

"故曰:至贵,国爵并⑦焉;至富,国财并焉;至显⑧,名誉并焉。是以道不渝⑨。"

【注释】① 宋承殷后,故商即宋国也。名盈,字荡。 ② 郢,楚邑也,在江陵北。 ③ 冥山,北海山名。 ④ 而忘亲难,本作"以忘亲难"。 ⑤ 遗,忘弃也。 ⑥ 太息,犹言大声也。 ⑦ 并,借为"姘"。姘,除也。 ⑧ 显,本作"愿"。愿,为"显"讹。 ⑨ 渝,变也。

【译文】宋国太宰荡请问庄子什么叫做仁道。

庄子说:"虎狼就合乎仁道。"

太宰说:"为什么这样说呢?"

庄子说:"父子相亲相爱,为什么不是仁道呢?"

太宰又问:"我请问最大的仁道。"

庄子说:"最大的仁道,没有亲昵。"

太宰说:"我听说过:'没有亲昵,就不慈爱;不慈爱,就不孝顺。'如果说'最高的仁道不孝顺',可以吗?"

庄子说:"不行。那最大的仁道,高尚得多;孝道,当然不能和它相提并论。这并不是过于孝顺的说法,而是达不到孝顺的说法。譬如向南走的人,到了楚都郢城,回头向北,望不见北极的冥山。这是什么原因呢？因为距离得太远的缘故。

"所以说：用恭敬孝顺父母，容易；用亲爱孝顺父母，困难。用亲爱孝顺父母，容易；而忘掉父母，困难。忘掉父母，容易；使父母忘掉自己，困难。使父母忘掉自己，容易；一并忘掉天下，困难。一并忘掉天下，容易；使天下一并忘掉自己，困难。

"所谓'德'，就是遗弃尧、舜的业绩而不去有所作为；恩泽流传万代，天下也没有人知道，哪能直然大嚷大叫地去谈仁道和孝道呢？所谓孝悌、仁义、忠信、贞廉，这都用来勉励自己而控制自己的德性的，是不足贵重的。

"所以说：最大的尊贵，把国家的爵位抛掉；最大的富有，把国家的财货抛掉；最大的显扬，把〔自己的〕名誉抛掉。所以，'道'是永恒不变的。"

北门成①问于黄帝曰："帝张《咸池》之乐②于洞庭之野③，吾始闻之，惧；复闻之，怠；卒闻之，惑；荡荡默默，乃不自得④。"

黄帝曰："汝殆其然哉！吾奏之以人，徵之以天，行之以礼义，建之以大清⑤；四时迭起，万物循生⑥，一盛一衰，文武伦经⑦；一清一浊，阴阳调和，流光⑧其声，蛰虫始作，吾惊之以雷霆⑨。其卒无尾，其始无首，一死一生，一偾⑩一起，所常无穷，而一不可待⑪。汝故惧也。

"吾又奏之以阴阳之和，烛之以日月之明，其声，能短能长，能柔能刚，变化齐一，不主故常；在谷满谷，在阬满阬；涂郤⑫守神，以物为量；其声挥绰⑬，其名高明。是故，鬼神守其幽,日月星辰行其纪;吾止之于有穷,流之于无止。子欲虑之,而不能知也;望之,而不能见也;逐之,而不能及也;傥然⑭立于四虚之道⑮,倚于槁梧而吟,目知穷乎所欲见,力屈乎所欲逐。吾既不及已夫!形充空虚,乃至委蛇。女委蛇,故怠。

"吾又奏之以无怠之声,调之以自然之命;故若混逐丛生⑯,林乐而无形,布挥而不曳,幽昏而无声;动于无方,居于窈冥,或谓之死,或谓之生,或谓之实,或谓之荣,行流散徙,不主常声。世疑之,稽于圣人。圣也者,达于情而遂于命者也。天机不张,而五官皆备。此之谓天乐,无言而心说。故有焱氏⑰为之颂曰:'听之不闻其声,视之不见其形,充满天地,苞裹六极⑱。'女欲听之,而无接焉,故惑也。

"乐也者,始于惧;惧,故祟⑲;吾又次之以怠,怠,故遁;卒之以惑,惑,故愚。愚,故道。道,可载而与之俱也。"

【注释】① 姓北门,名成,黄帝臣也。 ②《咸池》,乐名。张,施也。③ 洞庭之野,天地之间;非大湖之洞庭也。 ④ 荡荡,神不能定;默默,口不能言;不自得,失其常也。 ⑤ 大,音"泰"。 ⑥ 循,顺也;万物顺序而生。 ⑦ 伦经,犹言经纶。比和、分合,所谓经纶也。 ⑧ 光,读为"广"。⑨ 霆,电也。 ⑩ 偾,仆也。 ⑪ 一不可待者,皆不可待也。 ⑫ 涂,塞也。郄,孔也。谓塞其耳、目、口、鼻之孔窍也。 ⑬ 挥,动也。绰,宽也。⑭ 傥然,宏敞无偏之谓。 ⑮ 四虚,谓四方空;大道也。 ⑯ 混,同也。生,出也。混逐丛生,谓乐声混同而进、丛聚而出也。 ⑰ 焱,本作"焱"。焱氏,盖相传上古知音律之帝王也。 ⑱ 六极,六合也。 ⑲ 祟,借为

"痀",疲病也。

【译文】北门成问黄帝说:"帝王在广漠的原野演奏《咸池》这部乐章,我开始听了,感到惊惧;继续听下去,又感到疲倦;听到末尾,又感到迷糊,飘飘荡荡、沉沉默默的,就不自在起来。"

黄帝说:"你大概是应该这样的啊!〔关于这部乐章,〕我是用人道来演奏它,用天道来徵应它,用礼义来贯彻它,用太清(无为)来扶植它;〔这种声音〕如同四时的交相更替,如同万物的顺序生成,巡回着盛衰之理,交织着文武之道,清浊错综,阴阳调理,声音流散广泛,如同蛰虫的开始生动,我就用雷声来惊震它们。它的终了,没有结尾;它的初始,没有开端;忽然声音中断了,忽然声音继续了,忽然声音低沉了,忽然声音高亢了,它永远是无穷无尽的,而且都是不可留止的。所以你就感到恐惧。

"我接着又用阴阳的冲和演奏它,用日月的光辉照耀它;它的声音,能够短促,能够曼长,能够柔和,能够刚强,变化齐一,不守恒常;临到山谷,就布满山谷;临到洼坑,就布满洼坑;它闭塞了人的耳目,抱守着人的神明;随着器物的容积,来施展它的音量;它的声音振动悠扬,它的名号崇高明朗。因此,鬼神抱守着它们的幽隐,日月星辰履行着它们的轨道;我把它们制止在有穷有尽之中,把它们流放在无休止之内。你愿意思量它,可是不能够知道;愿意瞻望它,可是不能够看见;愿意追逐它,可是不能够赶上;你呆呆地站立在四面虚静的道路上,倚着倾斜的柱子歌唱起来,眼睛和智慧被自己所愿意看到的东西穷困住,被自己所愿意追逐的东西屈服住。我也已经追赶不上它了!你的形体之内充满了空虚,乃至于随着它的音节动作起来。你随着它动作起来,所以就感到疲倦。

"我接着又用奔流不懈的声音演奏它,用自然时命的节奏调和它;所以它是混同而进,丛聚而出,悠扬悦耳,而无形色;余音飘渺,而不拖拉;意境昏沉,而无声响;它振动在迷迷茫茫之内,静止在窈窈冥冥之中;忽而好像中断了,忽而好像继续了;忽而好像结果了,忽而好像开花了;它的流行散布,没有固定的音响。世俗上怀疑这种声调,就向圣人去稽考。圣人,是通达情理而追逐天命的人。天机没有张设,可是五官具备,这就叫做天乐。不用语言传达,可是令人感到心情喜悦。所以有个〔精通音律的〕焱氏赞颂这种天乐说:'听它,听不到它的声音;看它,看不到它的形象;可是它充满于天地之间,包裹于六合之内。'你愿意听它,可是接触不到它,所以你就感到迷糊。

"这种音乐,它开始于恐惧;恐惧,所以你感到疲病;我又接着用殆惰触动你,所以你要离去;最后我又用迷惑触动你,迷惑,所以你感到愚昧。愚昧,所以契合于'道'。'道',它是可以负载着你和它同游共处的。"

孔子西游于卫。颜渊问师金曰:"以夫子之行为奚如①?"

师金曰:"惜乎! 而夫子其穷哉!"

颜渊曰:"何也?"

师金曰:"夫刍狗②之未陈也,盛以箧衍③,巾以文绣,尸祝齐戒以将之④;及其已陈也,行者践其首脊,苏者取而爨之⑤而已;将复取而盛以箧衍,巾以文绣,游居寝卧其下,彼不得梦,必且数眯焉。今而夫子亦取先王已陈刍狗,聚弟子游居寝卧其下;故伐木于宋,削迹于卫⑥,穷于商、周⑦;是非其梦邪？困于陈、蔡之间,七日不火食,死生相与邻⑧,是非其眯邪?

"夫水行莫若用舟,而陆行莫若用车。以舟之可行于水也,而求推之于陆,则没世不行寻常⑨。古、今,非水、陆与？周、鲁,非舟车与？今蕲行周于鲁,是犹推舟于陆也,劳而无功,身必有殃。彼未知夫无方之传⑩,应物而不穷者也。

"且子独不见夫桔槔者乎？引之则俯,舍之则仰。彼人之所引,非引人也,故俯仰而不得罪于人。

"故,夫三皇、五帝之礼义、法度,不矜⑪于同,而矜于治。故,譬三皇、五帝之礼义、法度,其犹柤⑫、梨、橘、柚,其味相反,而皆可口。故礼义、法度者,应时而变者也。

"今取猿狙而衣以周公之服,彼必龁啮、挽裂,尽去而后慊⑬。观古今之异,犹猿狙之异乎周公也。

"故,西施病心,而矉其里;其里之丑人,见而美之;归,亦捧心而矉⑭其里。其里之富人见之,坚闭门而不出;贫人见之,挈妻子而去之走。彼知矉美,而不知矉之所以美。

"惜乎！而夫子其穷哉!"

【注释】①师,鲁太师,金,其名也。夫子,谓孔子。 ②刍狗,草也;谓结草为狗,以解除也。 ③衍,笥也。笥,饭及衣之器也。 ④尸祝,巫师也。将,送也。 ⑤苏,草也;取草者得以炊也。 ⑥削,铲也。 ⑦商,是殷地;周,是东周;孔子历聘,曾困于此。 ⑧当时,楚昭王聘夫子,夫子领徒众宿于陈、蔡之地。蔡人见徒众极多,谓之为贼,故兴兵围绕,经乎七日,粮食罄尽,无复炊爨,从者饿病,莫之能兴,忧悲困苦,邻乎死地。 ⑨ 终没一世,行不可数尺。 ⑩ 方,常也。传,转也。圣人之智,接济无方,千转万变,随机应物。 ⑪ 矜,美也。 ⑫ 柤,借为"樝"。即今之山楂。 ⑬ 慊,足也。 ⑭ 膑,借为"矉"。今谓之皱眉。

【译文】孔子要往西方卫国去游历。颜回就向鲁国太师金说:"您以为我们老师这次出游怎么样?"

太师金说:"可惜啊!你们老师要遭殃啊!"

颜回问:"什么道理呢?"

太师金说:"那享神用的草狗,在还没有摆供的时候,用精致的竹器盛着它,用彩绣的佩巾盖着它;接神的人斋戒之后,才把它供到神灵的前面;等到摆过供之后,只好让过往的人随便践踏它,打柴的人就把它拾去烧饭去了。如果有人再把它取来,用精致的竹器把它盛起来,用彩绣的佩巾把它盖起来,在它的下面遨游、停留和卧息;他不是在做梦,就必然是经常梦里受惊。现在,你的老师也是取过先王所摆过供的草狗,集聚了弟子,在它的下面遨游、停留和卧息;所以使得你们在宋国担过惊,在卫国受过制,在商、周两地遭遇穷困;这不就是在做梦吗? 你们又被围困在陈、蔡两国之间,七天得不到熟食,差不多活活饿死,这不是梦里受惊吗?

"在水上通行,没有比用船再好的;在陆地上通行,没有比用车再好的。如果把可以在水上通行的船,而放在陆地上推着走,那就一辈子也走不了几尺远。古今的差别,不就如同水上和陆地上一样吗? 周国、鲁国的差别,不就如同船和车一样吗? 现在企图把周国的礼俗施行在鲁国,那就和把船推到陆地上行驶一样。不但劳而无功,而且身体也要遭到灾殃。他不懂得不主故常的演进,乃是适应事物而变化无穷的道理。

况且,您难道没有见过用桔槔浇地的吗？牵引它,它就低下来;放松它,它就仰上去。它是被人所牵引,而不是它牵引人;所以它低下来或仰上去,并得罪不着人。

"所以,那三皇、五帝的礼义、法度,并不是好在古今相同上,而是好在平治天下上。所以,把三皇、五帝的礼义、法度作个比喻,就如同山楂、梨、橘子、柚子一样,它们的味道虽然各不相同,可是都可口。所以,礼义、法度这些东西,是要应时而变的。

"现在,抓过猴子来,给它穿上周公的朝服,它必然要用牙咬、用爪子撕,完全撤掉,然后才满意。看看古今的不同,也就如同猴子和周公的不同一样。

"所以,西施患心疼病,她在他们村子里经常是皱着眉头;他们村子里的一个丑姑娘,见到西施这样,认为美好;她回去之后,也捧着心口,在村子里皱着眉头。这村子里的富人见到她,就紧紧关起门不出来;穷人见到她,就领着妻子儿女离开。她只知道皱眉的美好,而不知道皱眉头为什么美好。

"可惜啊! 你们老师要遭殃啊!"

孔子行年五十有一,而不闻道,乃南之沛,见老聃①。

老聃曰:"子来乎? 吾闻: 子,北方之贤者也。子亦得道乎?"

孔子曰:"未得也。"

老子曰:"子恶乎求之哉?"

曰:"吾求之于度数②,五年而未得也。"

老子曰:"子又恶乎求之哉?"

曰:"吾求之于阴阳,十有二年而未得③。"

老子曰:"然。使道而可献,则人莫不献之于其君;使道而可进,则人莫不进之于其亲;使道而可告人,则人莫不告其兄弟;使道而可以与人,则人莫不与其子孙。然而不可者,无它也;中无主而不止,外无匹而不行④。由中出者,不受于外,圣人不出;由外入者,无主于中;圣人不隐。名,公器也,不可多取;仁义,先王之蘧庐⑤也,止可以一宿,不可以久处;觏而多责。

"古之至人,假道于仁,托宿于义,以游逍遥之虚⑥,食于苟简⑦之田,立于不贷⑧之圃。逍遥,无为也;苟简,易养也;不贷,无出也⑨。古者谓之采真⑩之游。

"以富为是者,不能让禄;以显为是者,不能让名;亲权者,不能与人柄。操之则栗,舍之则悲,而一无所鉴,以窥其所不休者,是天之戮民也。

"怨、恩、取、与、谏、教,生、杀,八者,正之器⑪也;唯循大变、无所湮⑫者,为能用之。故曰:正者,正也。其心不以为然者,天门⑬弗开矣。"

【注释】① 老子,陈国相人。相,今属苦县,与沛相近。 ② 度数,制度数术也。 ③ 求之度数、阴阳,当系道家讥刺儒术也。 ④ 匹,本作"正"。 ⑤ 蘧,借为"遽"。遽,传也。蘧庐,犹传舍也。 ⑥ 虚,本亦作"墟"。 ⑦ 苟,且也。简,略也。 ⑧ 贷,施与也。 ⑨ 不贷者,不损己以为物也。 ⑩ 采者,本色之谓也;采真,本性全真之谓也。 ⑪ 正之器,治正之器也。 ⑫ 湮,塞也,亦滞也。 ⑬ 天门,天机之门,谓心也。

【译文】孔子年纪已经五十一了,可是还没有听说过什么叫做"道",他就往南方沛邑,去拜访老聃。

老聃问孔子说:"您来了吗? 我听说: 您是北方的贤人。您也得到'道'了没有?"

孔子说:"还没有。"

老子问:"您是怎样追求它的呢?"

孔子说:"我在制度数术方面追求过它,五年的工夫,并没有得到。"

老子又问:"您是又怎样追求它的呢?"

孔子说:"我在天地阴阳方面追求过它,十二年的工夫,也没有得到。"

老子说:"是的。假如'道'之可以贡献给别人,那人们就没有不把它贡献给自己的君上的;假如'道'可以进奉给别人,那人们就没有不把它进奉给自己的父母的;假如'道'可以告诉给别人,那人们就没有不告诉给自己的兄弟的;假如'道'可以传授给别人,那人们就没有不传授给自己的子孙的。然而不可以这样的,没有别的原因: 内心没有主宰,'道'就不会留止;外界没有辅助,'道'就不会施行。由内心发出的,如果不被外界所接受,圣人就不予发出;由外界进入的,如果在内心没有成为主宰,圣人就不得隐藏。名誉,是公共的器物,不可以取得过多;仁义,是先王的旅舍,只可以在那里住一宿,不可以长久停留。〔名誉和仁义〕构成之后,就会遭到许多的谴责。

"古来的圣人,假借于仁来作为自己的道路,寄托于义来作为自己的归宿;藉着这个来遨游在逍遥自在的乡庄,糊口在粗食淡饭的田园,站立在无需施舍的地境。逍遥自在,就是无所作为;粗食淡饭,就是容易服养;无需施舍,就是没有输出。古人把这个叫做本色全真的遨游。

"以为富足就好的人,他不可能推让利禄;以为显达就好的人,他不可能推让名誉;掌握大权的人,他不可能把权柄交给别人。抓住这些东西,他就感到恐怖;丢掉这些东西,他就感到悲伤;而对于这些一无所知、还是窥探不止的人,这便是上天的罪人。

"怒恨、恩德,夺取、施与,谏诤、教诲,生养、杀戮,这八项,乃是政治的工具;只有遵循自然变化,而无所滞塞的人,才能够利用它们。所以说:政治就是端正人心。他的心如果以为不是这样的人,他的天门(心窍)就永远不会打开。"

孔子见老聃,而语仁义。

老聃曰:"夫播穅眯目,则天地四方易位矣;蚊虻噆肤①,则通昔②不寐矣。夫仁义,憯然乃愦吾心,乱莫大焉。

"吾子使天下无失其朴,吾子亦放风而动,总德而立③矣。又奚杰然④揭仁义⑤,若负建鼓⑥而求亡子者邪?

"夫鹄不日浴而白⑦,乌不日黔而黑⑧。黑白之朴,不足以为辩;名誉之观,不足以为广。泉涸,鱼相处于陆,相呴以湿,相濡以沫,不若相忘于江湖。"

【注释】① 噆,啮也。　② 昔,夜也。　③ 放,依也。依无为之风而动也。　④ 杰然,用力貌。　⑤ "杰然"下本无"揭仁义"三字。　⑥ 建鼓,一木立撑之鼓也。　⑦ 鹄,借为"鹤"。　⑧ 黔,黑也。

【译文】孔子见到老聃,就谈论起仁义来。

老聃说:"那被播扬起的穅皮眯了眼睛的人,他就感到天地四方都变了位置;那被蚊虫、虻虫咬了皮肤的人,他就通夜睡不着觉。所以,仁义,憯痛地积满了我的心,没有比这个再昏乱的了。

"您要天下都不失掉他们的本性,您也只有依从着风化来行动,持守着德性来立身啊。又何必吃力地举起仁义,好像背着大鼓敲打着来寻找自己逃亡的儿子一样呢?〔那不是越追越远吗?〕

"那白鹤并非因为它天天洗澡才是白的,那乌鸦并非因为它天天涂墨才是黑的。黑白的本质,不能用它来区别美恶;名誉的外貌,不能用它来增加光彩。江湖的源泉枯竭了,鱼类居处在陆地上,它们用湿气互相吹嘘,用口沫互相滋润,也不如它们在江湖之中互相忘却的好。"

　　孔子见老聃,归,三日不谈。

　　弟子问曰:"夫子见老聃,亦将何规哉?"

　　孔子曰①:"吾乃今于是乎见龙。龙,合而成体,散而成章②,乘乎云气,而养乎阴阳。予口张而不能嗋③。予又何规老聃哉?"

　　子贡曰:"然则人固有尸居而龙见,渊默而雷声,发动如天地者乎? 赐亦可得而观乎?"

　　遂以孔子声见老聃。

　　老聃方将倨堂而应④,微曰:"予年运而往⑤矣,子将何以戒我乎?"

　　子贡曰:"夫三皇⑥、五帝⑦之治天下不同,其系声名,一也;而先生独以为非圣人,如何哉?"

老聃曰:"小子! 少进! 子何以谓不同?"

对曰:"尧授舜,舜授禹;禹用力,而汤用兵⑧;文王顺纣而不敢逆,武王逆纣而不肯顺:故曰不同。"

老聃曰:"小子! 少进! 余语汝三皇、五帝之治天下:黄帝之治天下,使民心一;民有其亲死不哭,而民不非也。尧之治天下,使民心亲;民有为其亲杀其杀⑨,而民不非也。舜之治天下,使民心竞;民孕妇十月生子,子生五月而能言,不至乎孩而始谁⑩,则人始有夭矣。禹之治天下,使民心变;人有心而兵有顺⑪;杀盗非杀人⑫;自为种⑬,而天下耳⑭;是以天下大骇,儒、墨皆起,其作始有伦⑮,而今乎妇女⑯。何言哉? 余语汝:三皇、五帝之治天下,名曰治之,而乱莫甚焉。三皇之知,上悖日月之明,下睽山川之精,中堕四时之施⑰。其知憯⑱于蛎虿⑲之尾、鲜规之兽⑳。莫得安其性命之情者,而犹自以为圣人! 不可耻乎? 其无耻也!"

子贡蹴蹴然㉑立,不安。

【注释】① 当依《论衡》、《类聚》、《御览》等引,于"孔子曰"下补"吾于汝处于鲁之时,人有用意如飞鸿者,吾为弓弩而射之;如游鹿者,吾走狗而逐之;如井鱼者,吾为钩缴以投之"七句。　② 体,谓体统也;章,谓篇章也。　③ 噆,合也。　④ 偄,蠕也。　⑤ 运,行也。往,迈也。言行年已迈。　⑥ 三皇,本作"三王"。　⑦ 三皇者,伏羲、神农、黄帝也。五帝,少昊、颛顼、高辛、唐、虞也。　⑧ 禹治水而用力,汤伐桀而用武。　⑨ 杀,降也。杀其杀,谓杀其所当杀也。　⑩ 谁者,别人之意也。未孩,已择人,言其竞教速成也。　⑪ 顺,借为"训"。兵有训,谓军旅法符诸教令也。

⑫杀人者死,杀盗者无罪,故曰杀盗非杀人。　⑬自为种,即各行是事也,亦即各行其是也。　⑭耳,借为"佴",实借为"贰"、"二"。天下佴,谓天下离贰也。　⑮伦,理也。　⑯乎,当借为"如"。　⑰悖,逆也。瞑,乖离也。堕,废坏也。　⑱惛,毒也。　⑲蚕蟆,本作"蠆蚕"。　⑳鲜规,不守法度之谓也。鲜规之兽,不驯服之兽也。　㉑蹴蹴,惊悚貌也。

【译文】孔子拜见过老聃,回来,三天,没有和学生们谈过话。

学生们问孔子说:"老师见了老聃,究竟用什么规正他了呢?"

孔子说:"我从此见到了龙。龙,合拼起来,就自成体统;分散开来,就各成篇章;它驾驶着云气,而驰驱着阴阳。我〔见到他,〕嘴一张开,就合不上了。我又怎么能够规正老聃呢?"

子贡说:"那么,人原本就居处如同神像,显现如同飞龙,行动如同雷电,沉默如同渊水,一举一动如同天地吗?我也可以见见他不呢?"

子贡于是就藉着孔子的声名去拜见老聃。

老聃正蹲在屋前面迎接子贡,他小声小气地说:"我年纪已经衰迈了,您要用什么来教诲我呢?"

子贡说:"那三皇、五帝治理天下的道术虽然不同,可是他们所以维系自己的声名的,却是一样;而先生独独以为他们都不是圣人,究竟是什么道理呢?"

老聃说:"青年人!略微向前一些!您因为什么说他们不相同呢?"

子贡说:"帝尧把天下交给了大舜,大舜又把天下交给了大禹;大禹用力兴修水利,而殷汤用兵征伐夏桀;文王顺从殷纣,而不敢背叛;武王背叛殷纣,而不肯顺从。所以我说他们不同。"

老聃说:"青年人!略微向前一些!我告诉给你三皇、五帝

的治理天下：黄帝的治理天下，使民心淳一不杂；人民有的父母
死了不哭的，可是别人并不说他不对。帝尧的治理天下，使民心
相亲相爱；人民为了爱他们的父母，减去了一些繁琐的仪节，可
是别人并不说他不对。大舜的治理天下，使民心交相争竞；民间
的孕妇十个月生下的孩子，养到五个月就能够说话，还不会笑，
就开始认人；因而民间开始有的生下来就死掉。大禹的治理天
下，使民心随机应变；人人有心智，军队有纪律；杀了贼盗，不算
杀人；各行己是，而天下有了二心；所以，天下大乱，儒家、墨家的
学说都兴起来，他们在开始还是有理智的，可是到现在就形同妇
女了。这还有什么可说的呢？我告诉你：三皇、五帝的治理天
下，名义上是治理，而实际上再也没有那么昏乱的。三皇的智
慧，在天上，悖乱了日月的光辉；在地下，隔断了山川的精气；在
中间，败坏了四时的施化。他们的智慧，比蝎子的尾巴、没有规
范的野兽还要毒狠。那没有得到安于自己性命真实的人，还自
以为是圣人，不觉得可耻吗？他们太无耻了！"

　　子贡惊悚地站立着，心神感到不安。

　　孔子谓老聃曰："丘治《诗》、《书》、《礼》、《乐》、《易》、
《春秋》六经，自以为久矣，孰知其故①矣；以奸②者七十二
君，论先王之道，而明周、召之迹，一君无所钩用③。甚矣
夫！人之难说也！道之难明邪！"

　　老子曰："幸矣，子之不遇治世之君也！夫六经，先王
之迹也，岂其所以迹哉？今子之言，犹迹也。夫迹，履之
所出，而迹岂履哉？夫白鶂之相视，眸子不运，而化④；
蟲，雄鸣于上风，雌应于下风，而化⑤；类，自为雌雄，而

化。性不可易，命不可变，时不可止，道不可壅。苟得于道，无自而不可；失焉者，无自而可。"

孔子不出，三月，复见。曰："丘得之矣。乌鹊孺⑥，鱼傅沫⑦，细腰者化⑧，有弟而兄啼⑨。久矣夫！丘不与化为人！不与化为人，安能化人？"

老子曰："可！丘得之矣！"

【注释】①孰，同"熟"。 ②奸，借为"迁"。 ③钩，取也。 ④本文"而化"三见，第一、第二本作"而风化"，第三作"故风化"。今据马叙伦校删两"风"字，并改"故"为"而"。 ⑤蛊，当为"虫"字之误。虫，古通借"虺"字。虺，大蛇也。"指"字衍文。擘，借为"臂"。 ⑥孺，孚乳而化也。 ⑦傅沫者，以沫相育也。 ⑧此及上文鸱、蛊、类化生之说，皆不足征信。 ⑨言人之性，舍长而视幼，故啼也。

【译文】孔子对老子说："我研究《诗》、《书》、《礼》、《乐》、《易》、《春秋》这六经，自以为时间很久了，内容也很熟悉了；我已经进见过七十二个国君，和他们讲论先王之道，并且阐明周公、召公的政迹，一个国君也没有采用的。不得了！人真也太难说服了！'道'真也太难倡明了！"

老子说："您没有遇到能够治理天下的国君，太幸运了！那六经，只不过是先王的踪迹，难道他们是有所为而留下这些踪迹吗？现在，您所说的话，还是一种踪迹啊。这种踪迹，是走路生出来的，而踪迹哪能就是走路呢？那白鸱，雌雄互相凝视，眼珠不转动，因而化生；那大蛇，雄的在上风叫唤，雌的在下风应和，因而化生；那类兽，本身就具备着雌雄二性，因而化生。本性不可以移易，生命不可以变更，天时不可以制止，'道'不可以阻塞。如果得到'道'，就没有行不通的地方；如果失去了'道'，就没有行得通的地方。"

孔子闭门不出,三个月之后,又去见老子。孔子对老子说:"我得到'道'了。乌鸦和山鹊孵卵,鱼类用口沫对嘴相喂,细腰蜂孵化桑虫,哥哥有了弟弟就常哭。我不同造化相交友,日子太久了!不同造化相交友,怎么能够造化人类呢?"

老子说:"可以了,您得到'道'了!"

八、刻　　意（一章）

刻意①、尚行，离世、异俗，高论、怨诽，为亢②而已矣，此山谷之士、非世之人、枯槁、赴渊者③之所好也；语仁义、忠信、恭俭、推让，为修而已矣，此平世之士、教诲之人、游居学者之所好也；语大功，立大名，礼君臣，正上下，为治而已矣，此朝廷之士、尊主强国之人、致功并兼者之所好也；就薮泽、处闲旷、钓鱼闲处，为亡④而已矣，此江海之士、避世之人、闲暇者之所好也；吹呴⑤、呼吸，吐故、纳新⑥，熊经、鸟申⑦，为寿而已矣，此道引⑧之士、养形之人、彭祖寿考者之所好也。

若夫，不刻意而高，无仁义而修，无功名而治，无江海而闲，不道引而寿，无不忘也，无不有也，澹然无极，而众善从之；此天地之道、圣人之德也。

故曰：夫恬惔、寂寞、虚无、无为，此天地之平！而道德之质也。

故曰：圣人休焉。休，则平易矣⑨；平易，则恬惔⑩矣。平易、恬惔，则忧患不能入，邪气不能袭，其德全，而神不亏。

故曰：圣人之生也天行，其死也物化；静而与阴同德，动而与阳同波；不为福先，不为祸始；感而后应，迫而后动，不得已而后起；去知与故⑪，循天之理。故无天灾，无物累，无人非，无鬼责。其生若浮，其死若休。不思虑，不豫谋。光矣而不耀，信矣而不期。其寝不梦，其觉无忧；其神纯粹，其魄不罢⑫。虚无、恬惔，乃合天德。

故曰：悲乐者，德之邪；喜怒者，德⑬之过；好恶者，德之失。故心不忧乐，德之至也；一而不变，静之至也；无所于忤，虚之至也；不与物交，惔之至也；无所于逆，粹之至也。

故曰：形劳而不休，则弊；精用而不已，则劳。劳，则竭。水之性，不杂则清，莫动则平，郁而不流，亦不能清，天德之象也。

故曰：纯粹而不杂，静一而不变，惔而无为，动而以天行，此养神之道也。

夫有干、越之剑⑭者，柙⑮而藏之，不敢轻用也，宝之至也。精神四达并流，无所不极：上际于天，下蟠⑯于地，化育万物，不可为象。其名为同帝。纯粹之道，唯神是守，守而勿失，与神为一。一之精通，合于天伦。

野语有之，曰："众人重利，廉士重名，贤士尚志，圣人贵精。"故素也者，谓其无所与杂也；纯也者，谓其不亏其神也。能体纯素，谓之真人。

【注释】① 刻，削也，峻其意也。　② 穷高曰亢。　③ 枯槁，自甘寂寞；赴渊，沉沦不反。　④ 为亡，本作"无为"。　⑤ 吹，冷；呴，暖。

⑥ 吐故、纳新,吐故气、纳新气也。　⑦ 熊经,若熊之攀树而引气也。鸟之伸脚,亦恒于静立时行之。　⑧ 道引,导气令和,引体令柔。　⑨ "休焉休",本作"休休焉"。　⑩ 惔,通作"淡",皆借为"倓"。　⑪ 故,诈也。⑫ 罢,疲劳。　⑬ 德,本作"道"。　⑭ 于,吴也。吴、越出善剑也。⑮ 柙、匣,皆借为"柗"。　⑯ 蟠,通"盘",实皆借为"般"。

【译文】意志崇高,行为卓越,超脱世界,违反习俗,高谈阔论,指责时政,只不过是为了表示高傲罢了,这是隐居山林、非难当世、自甘枯寂、沉沦不返的人士所喜好的;讲论仁义、忠信、恭俭、推让之道,只不过是为了修治身心罢了,这是评议世俗、教诲群众、游学讲道的人士所喜好的;谈说大功,建立大名,重君臣之礼,正尊卑之位,只不过是为了治理天下罢了,这是出入朝廷、尊君强国、追求名勋、并吞异国的人士所喜好的;趋就山泽,居处清闲,钓鱼消遣,只不过是为了逃避现实罢了,这是遨游江湖、与世隔绝,无所事事的人士所喜好的;吹嘘、呼吸,吐出浊气,纳入新气,习演拳术,锻炼肢体,只不过是为了长生不老罢了,这是修仙练道、保摄身躯、希求高龄的人士所喜好的。

至于,不用崇高意志,而能够出名;不追求仁义,而能够修身;不追求功名,而能够治理天下;不留恋江湖,而能得清闲;不修仙练道,而能够长寿;没有忘却不掉的事物,没有享受不到的幸福;淡泊无穷,可是许多的美名都跟随着它;这便是天地之道、圣人之德。

所以说:那恬淡、寂寞、虚无、无为,乃是天地的平准,道德的本质。

所以说:圣人是休止不动的。休止不动,就心平气和;心平气和,就清静淡泊;心平气和,清静淡泊,忧患就不会进入内心,邪气就不会侵袭形体;他的德性得以保全,而精神不遭亏损。

所以说：圣人的生存，随天而行；圣人的死亡，因物而化；静止，便与阴气同德；行动，便与阳气同流；不作幸福的向导，不作祸患的开端；受到触动，然后才去应和；受到逼迫，然后才去行动；到不得已的关头，然后才知道振作；去掉智慧和巧诈，一切遵循自然之理。所以，他遭受不到上天的灾祸，遭受不到外物的系累，遭受不到人间的非难，遭受不到鬼神的责谴。他的生存如同浮游，他的死亡如同休息。不思虑事物，不豫作谋划。光辉吧，并不耀眼。诚信吧，并不固滞。他在睡眠中不做梦，他在觉醒中不发愁；他的神气纯洁精粹，他的心灵永不疲倦。虚无，恬淡，就能够同天德相合。

所以说：悲哀和欢乐，是德性的偏邪；喜悦和恼怒，是德性的罪恶；爱好和憎恨，是德性的过失。所以，内心不存忧愁和快乐，这是德性的极点；质性纯一不变，这是静定的极点；同外物无所违反，这是虚无的极点；不同外物相交接，这是恬淡的极点；同外物无所矛盾，这是纯粹的极点。

所以说：形体劳动不停，就会疲顿；精神使用不止，就会劳苦。劳苦，就会枯竭。水的本性，不掺杂，就清澈；不动荡，就平稳；淤塞而不流，就不能够清澈。这便是天德的象征。

所以说：纯粹而不杂，专静而不变，恬淡而无为，行动而依从天道，这便是保养心神的道术。

那有吴、越之剑的人，把它藏放在匣子里，不敢轻于动用，这是宝贵它最好的方法。精神流通畅达，没有它达不到的所在：在上方，它连接到青天；在下方，它蟠踞着大地；能够化生万物，而不可能模拟出它的形象。它的名字就叫做"同帝"（契同上帝）。纯粹朴素之"道"，惟有抱守着天地的神明：抱守不失，同神明化为一体。精通于一体，就是符合于天理。

世俗上有这样的话："俗人重视财利，廉士重视名誉，贤士高尚意志，圣人宝贵精神。"所以，朴素，就是说它没有和外物相掺杂；纯粹，就是说它不亏损自己的精神。能够体会纯粹和朴素的人，就叫做真人。

九、缮　　性(一章)

缮性于俗,学①以求复其初②;滑欲③于俗,思以求致④其明;谓之蔽蒙之民。

古之治道者,以恬养知。生而无以知为也,谓之以知养恬。知与恬交相养,而和理出其性。

夫德,和也;道,理也。德无不容,仁也;道无不理,义也。义明而物亲,忠也;中纯而行实,信也;体乎情而制文,礼也;顺乎容而饰节,乐也⑤。礼乐遍行,则天下乱矣。彼而蒙己德。德正,则不冒⑥;冒,则物必失其性也。

古之人,在混芒⑦之中,与一世而得澹漠⑧焉。当是时也,阴阳和静,鬼神不扰,四时得节,万物不伤,群生不夭;人虽有知,无所用之。此之谓至一。当是时也,莫之为,而常自然。

逮德下衰,及燧人、伏羲始为天下,是故顺而不一。德又下衰,及神农、黄帝始为天下,是故安而不顺。德又下衰,及唐、虞始为天下,兴治化之流,㳠淳⑨散朴,离道以善,险德以行,然后去性而从于心;心与心识知,而不足以定天下,然后附之以文,益之以博;文灭质,博溺心,然后民始惑乱,无以返其性情而复其初。

由此观之,世丧道矣,道丧世矣,世与道交相丧也。道⑩何由兴乎世,世亦何由兴乎道哉?道无以兴乎世,世无以兴乎道,虽圣人不在山林之中,其德隐矣。隐,故⑪不自隐。

古之所谓隐士者,非伏其身而弗见也,非闭其言而不出也,非藏其知而不发也,时命大谬也。当时命而大行乎天下,则返一无迹;不当时命而大穷乎天下,则深根宁极而待;此存身之道也。

古之存身⑫者,不以辩饰知,不以知穷天下,不以知穷德,危然⑬处其处,而反其性,己又何为哉?道固不小行,德固不小识;小识伤德,小行伤道。故曰:正己而已矣。乐全,谓之得志。

古之所谓得志者,非轩冕⑭之谓也,谓其无以益其乐而已矣。今之所谓得志者,轩冕之谓也。轩冕在身,非性命也。物之傥来⑮,寄也。寄之,其来不可圉⑯,其去不可止。故不为轩冕肆志,不为穷约⑰趋俗,其乐彼与此同。故无忧而已矣。今寄去,则不乐。由是观之,虽乐,未尝不荒也。

故曰:丧己于物、失性于俗者,谓之倒置之民。

【注释】①"学"上本多一"俗"字。今删。　②初,谓性命之本。③滑,治也。　④致,得也。　⑤"中纯而行实,信也;体乎情而制文,礼也;顺乎容而饰节,乐也",本作"中纯实而反乎情,乐也;信行容体而顺乎文,礼也"。今依文意订正。　⑥"彼而蒙己德,德正,则不冒",本作"彼正而蒙己德,德则不冒"。蒙、冒同义,皆蒙昧之意。而,通"能"。　⑦ 混混芒芒,未分时也。　⑧ 澹漠,犹淡泊也。　⑨ 澡,本亦作"浇"。　⑩ "道"下本有"之人"二字。今删。　⑪ 故,"固"同。　⑫ "存身",本作"行身"。⑬ 危然,独正之貌。　⑭ 轩,车也。冕,冠也。轩冕,谓荣华富贵也。⑮ 傥者,意外忽来者耳。　⑯ 圉,本又作"御"。　⑰ 穷约,犹贫贱也。

【译文】在世俗间修养性情,用学习来求取恢复本性;在世俗间克制私欲,用思想来求取获得光明;这叫做固蔽蒙昧的人。

古来修"道"的人,用恬愉培养智慧。生来就不追求智慧,这叫作用智慧培养恬愉。智慧和恬愉交互培养,因而淳和与条理就发生在本性之中。

"德",就是淳和;"道",就是条理。"德"无所不包,就是仁;"道"无所不顺,就叫做义。道义倡明,而万物亲附,就叫做忠;中心纯正,而行为实在,就叫作信;体会民情,而制定节文,就叫做礼;顺从仪容,而润饰节奏,就叫做乐。礼乐一通行,天下就昏乱起来了。外物是能够蒙蔽自己的德性的。德性端正,他就不会陷于蒙蔽。蒙蔽,万物必然要失掉它的本性。

古代的人,在混混芒芒之中,和整个世界都是淡漠无为的。当着这个时代,阴阳和谐寂静,鬼神不扰乱人民,四时不违失季节,万物不遭受伤害,万民不遭受夭亡;人民虽然具有智慧,也没有地方去使用。这就叫做"至一"(最大的淳一)。当着这个时代,天下都无所做为,而永久合于自然。

后来,德业就一天一地衰落下去,到燧人氏、伏羲氏开始治理天下,于是只顺从民心,而不淳一民心。德业再往下衰落,到神农氏、黄帝开始治理天下,于是只安定民心,而不顺从民心。德业再往下衰落,到唐尧、虞舜开始治理天下,他们兴出政治教化的末节,把淳和的习俗浇薄了,把朴素的本性散失了,用善良离失了"道",用行为危害了"德",然后人民失去了本性,而从心所欲;心与心之间,都追求知识,因而不能够安定天下;然后又附加上节文,增添上博学;节文,就会毁灭质朴;博学,就会陷溺人心;然后人民开始迷乱,因而不能够返还他们的性情、恢复他们的本元。

由此看来,世界丧失了"道","道"丧失了世界,世界和"道"交相丧失了。"道"从哪里去推动世界,世界也从哪里去推动"道"呢?"道"无从推动世界,世界无从推动"道",纵然圣人不退居山林之中,他的德业也就隐蔽起来了。隐蔽,原本不是他自己安于隐蔽的。

古代的所谓隐士,并非潜伏自己的身体而不出头露面,并非缄密自己的言论而不表明意见,并非藏匿自己的智慧而不发挥作用,是因为时运太不相应了。适合时运,而"道"大行于天下,就归返淳一,而不露形迹;不合时运,而"道"不行于天下,就立定脚跟,宁静心神,而等待时运,这便是保身之道。

古来保身的人,不用巧辩文饰智慧,不用智慧穷究天下,不用智慧穷究德业,端端正正地安排自己的居处,而恢复自己的本性,自己又有什么其他可作的呢?"道",当然不从小处去施行;"德",当然不从小处去认识。从小处去认识,就要伤害了"德";从小处去施行,就要伤害了"道"。所以说:只要端正自己就行了。喜爱全真,就叫做得志。

古来所谓得志的人,并非说的享受荣华富贵,是说他无从再加上其他快乐罢了。现在所谓得志的人,就是说的享受荣华富贵。荣华富贵加到身上,这并不是性命以内的东西。外物的意外得来,这是暂时寄存的东西。暂时寄存在这里,它的到来是不可以阻拦的,它的离去是不可以制止的。所以,不应当因为荣华富贵而存心放肆,不应当因为穷困卑贱而向往世俗;他喜爱那个和这个是相同的。所以,他只是一无忧虑而已。现在的人,暂时寄存的东西一离开,就不愉快。由此看来,他纵然外表愉快,而内心未尝不是荒乱的。

所以说:由于外物而丧失了自己、由于习俗而丧失了本性的人,就叫做本末倒置的人。

十、秋 水(七章)

秋水时至,百川灌河,泾流①之大,两涘渚崖②之间,不辩牛马。于是河伯③欣然自喜,以天下之美为尽在己;顺流而东行,至于北海④;东面而视,不见水端。于是河伯始旋其面目,望洋⑤向若⑥,而叹,曰:"野语有之曰'闻道百,以为莫己若'者,我之谓也!且夫,我尝闻少仲尼之闻、而轻伯夷之义者,始吾弗信;今我睹子之难穷也!吾非至于子之门,则殆矣!吾长见笑于大方⑦之家!"

北海若曰:"井鱼⑧不可以语于海者,拘于虚⑨也;夏虫不可以语于冰者,笃于时也;曲士⑩不可以语于道者,束于教也。今尔出于崖涘,观于大海,乃知尔丑。尔将可与语大理矣。

"天下之水,莫大于海:万川归之,不知何时止,而不盈;尾闾泄之⑪,不知何时已,而不虚。春秋不变,水旱不知。此其过江河之长,不可为量数。而吾未尝以此自多者,自以比形⑫于天地,而受气于阴阳:吾在天地之间,犹小石、小木之在大山也。方存乎见少,又奚以自多?

"计四海之在天地之间也,不似礨空⑬之在大泽乎?

计中国之在海内，不似稊米⑭之在大仓乎？号物之数谓之万，人处一焉。此其比万物也，不似毫末之在马体乎？人卒⑮九州，谷食之所生，舟车之所通⑯，五帝之所连⑰，三王之所争，仁人之所忧，任士之所劳⑱，尽此矣。伯夷辞之以为名，仲尼语之以为博，此其自多也，不似尔之自多于水乎？"

河伯曰："然则，吾大天地而小毫末，可乎？"

北海若曰："否。夫物，量无穷，时无止，分无常，终始无故⑲。是故，大知：观于远近，故小而不寡，大而不多，知量无穷；证曏今故⑳，故遥而不闷，掇而不跂㉑，知时无止；察乎盈虚，故得而不喜，失而不忧，知分之无常也；明乎坦涂，故知生而不悦，死而不祸，知终始之不可故也。

"计人之所知，不若其所不知；其生之时，不若未生之时；以其至小，求穷其至大之域，是故迷乱而不能自得也。由此观之，又何以知毫末之足以定至细之倪？又何以知天地之足以穷至大之域？"

河伯曰："世之议者皆曰：'至精无形，至大不可围。'其信情乎？"

北海若曰："夫自细视大者，不尽；自大视细者，不明；故异便㉒。夫精，小之微也；垺，大之殷也㉓。此势之有也。夫精粗者，期于有形者也。无形者，数之所不能分也；不可围者，数之所不能穷也。可以言论者，物之粗也；可以意致者，物之精也；言之所不能论，意之所不能致㉔者，不期精粗焉。

"是故大人之行：不出乎害人，不多仁恩，动不为利，不贱门隶，货财弗争，不多辞让，事焉不借人，不多食乎力，不贱贪污，行殊乎俗，不多辟异，为在从众，不贱佞谄，世之爵禄不足以为劝，戮耻不足以为辱；知是非之不可为分，细大之不可为倪。闻曰：'道人不闻，至德不得，大人无己。'约分之至也。"

河伯曰："若物之外，若物之内，恶至而倪贵贱，恶至而倪小大？"

北海若曰："以道观之，物无贵贱；以物观之，自贵而相贱；以俗观之，贵贱不在己。以差观之，因其所大而大之，则万物莫不大；因其所小而小之，则万物莫不小；知天地之为稊米也，知毫末之为丘山也，则差数睹矣。以功㉕观之，因其所有而有之，则万物莫不有；因其所无而无之，则万物莫不无；知东西之相反，而不可以相无，则功分定矣。以趣㉖观之，因其所然而然之，则万物莫不然㉗；因其所非而非之，则万物莫不非；知尧、舜之自然而相非，则趣操睹矣。

"昔者，尧、舜让，而帝；之、哙让，而绝㉘；汤、武争，而王；白公争，而灭㉙。由此观之，争让之礼，尧、桀之行，贵贱有时，未可以为常也。

"梁丽可以冲城，而不可以窒穴㉚，言殊器也；骐骥骅骝，一日千里㉛，捕鼠不如狸狌㉜，言殊技也；鸱夜撮蚤，察毫末㉝，昼出，瞋目㉞不见丘山，言殊性也。故曰：盖师是而无非，师治而无乱乎？是未明天地之理、万物之情者也。是犹师天而无地,师阴而无阳,其不可行,明矣。然且语而不舍,非愚则诬也!

"五帝㉟殊禅,三代殊继;差其时、逆其俗者,谓之篡夫;当其时、顺其俗者,谓之义徒。默默乎河伯!女恶知贵贱之门,小大之家?"

河伯曰:"然则,我何为乎? 何不为乎? 吾辞受、趣舍,吾终奈何?"

北海若曰:"以道观之,何贵何贱,是谓反衍;无拘而志,与道大蹇。何少何多,是谓谢施㊱;无一而行,与道参差。严乎若国之有君,其无私德;繇繇乎㊲若祭之有社,其无私福;泛泛乎㊳其若四方之无穷,其无所畛域。兼怀万物,其孰承翼㊴? 是谓无方。万物一齐,孰短孰长? 道无终始,物无生死,不恃其成,一虚一满,不位乎其形。年不可举,时不可止;消息盈虚,终则有始。是所以语大义㊵之方,论万物之理也。物之生也,若骤若驰;无动而不变,无时而不移。何为乎? 何不为乎? 夫固将自化。"

河伯曰:"然则,何贵于道邪?"

北海若曰:"知道者,必达于理;达于理者,必明于权;明于权者,不以物害己。至德者,火弗能热,水弗能溺,寒暑弗能害,禽兽弗能贼;非谓其薄之㊶也,言察乎安危,宁于祸福,谨于去就,莫之能害也。

"故曰:天在内,人在外;德在乎天,知天人之行。本乎天,位乎德㊷。蹢躅㊸而屈伸,反要而语极。"

曰:"何谓天? 何谓人?"

北海若曰:"牛马四足,是谓天;落马头㊹,穿牛鼻,是谓人。故曰:无以人灭天,无以故灭命,无以得殉名。谨守而勿失,是谓反其真。"

【注释】① 泾,通也。河,本义为黄河。 ② 涘,涯也。○成玄英:渚,洲也。 ③ 河伯,河神也。 ④ 北海,东海之北是也。 ⑤ 望洋者,目迷茫之貌。 ⑥ 若,本神龟,此言海神。 ⑦ 大方,大道也。 ⑧ 井鱼,本作"井鼃"。 ⑨ 虚,本亦作"墟"。言井鱼拘于所居,故不知海之大也。 ⑩ 曲士,乡曲之士也。 ⑪ 尾闾,水之从海中出者也,一名沃燋,在大海之中尾者。在百川之下,故称尾;闾者,聚也;水聚之处,故称闾也。 ⑫ 按:比,通"庇"。比形于天地,谓寄形于天地也。 ⑬ 礨,"磊"之别体。礨空,谓水边小石也。 ⑭ 稊米,小米也。 ⑮ 卒,读为"萃"。 ⑯ 自"人处一焉"至"舟车之所通"六句,本作"人处一焉,人卒九州,谷食之所生,舟车之所通,人处一焉,此其比万物也,不如毫末之在马体乎"七句。今据马叙伦删改。 ⑰ 连,谓牵连也。 ⑱ 任,能也。劳,服也。 ⑲ 故,通"固"。 ⑳ 曏,往也。今故,犹今古。 ㉑ 遥,长也。掇,短也。 ㉒ "故异便"三字,本在"垺,大之殷也"下。今据马叙伦校移。异便,犹异说也。 ㉓ 精,微,小也;垺、殷,大也。垺,外城,以喻空虚广大之意;精,细米,以喻细微奥妙之旨。 ㉔ "致"上本有"察"字。今据马叙伦校删。 ㉕ 功,事功。 ㉖ 趣,趣向。 ㉗ 然,犹是也。 ㉘ 之者,燕相子之也。哙,燕王名也。 ㉙ 白公,名胜,楚平王之孙,白县尹,僭称公,作乱而死。 ㉚ 梁丽,屋栋也。窒,塞也。 ㉛ 骐、骥、骅、骝,皆骏马也。 ㉜ 狸狌,野猫。 ㉝ "鸱"下本有"鸺"字。 ㉞ 瞋,张也。 ㉟ "五帝",本作"帝王"。 ㊱ 谢,代也;施,用也。 ㊲ 繇繇,通"由由"或"油油"。 ㊳ 泛泛然,无所不在。 ㊴ 翼,扶翼。 ㊵ 大义,即大理。 ㊶ 薄,迫也。非谓近迫而不害之也。 ㊷ 德,本作"得"。 ㊸ 蹢躅,进退不定之貌也。 ㊹ 落首,羁络马头。

【译文】秋水暴发的时节,所有的小河流都往黄河里灌,水势浩浩荡荡,在这边岸上望望对岸,或是在这个沙洲上望望那个沙洲,使人分辨不出远方的牛马。于是黄河神欣然自喜,以为天下的胜迹都汇集到自己方面来了。他就顺着水流向东方走去,到了北海。他向东方望去,望不到水的尽头。他于是回过头来,迷迷茫茫的,瞻望着北海神,叹息着说:"俗语所说的'听说的事理达到一百起,就以为别人都不如自己'的话,正是说的我啊!并且,我曾经听说过贬低孔子的声名,而轻蔑伯夷的义气的人,我当初不大相信这种传言,现在,我才看到您真是难以穷尽的啊!我要不是来到您的门前,那就糟糕了!我要永远见笑于大方之家!"

北海神说:"井里的小鱼不可以同它谈大海,因为它被它所处的环境限制住了;夏天的昆虫不可以同它谈冰冻,因为它被它所经历的时令固定住了;褊浅的人不可以同他谈大'道',因为他被他所受的教养束缚住了。现在,你走出了崖岸,来观望大海,这才感觉到自己的丑陋。我可以同你谈谈大的道理了。

"天下的水,没有比海再大的:所有的河流都要归往它,也不知道到什么时候才会停止,可是永远也灌不满;它向尾闾(海水聚处)里面注泄,也不知道什么时候才会休息,可是永远也泄不干。春季、夏季,也没有什么变动;天旱、天涝,也没有什么感觉。这是因为它超过了所有江河的流长,没有办法计算它容量的数字。可是我还不敢因此而自以为了不起的,是因为我不过是把形体寄托在天地之间,从阴阳造化之中受到气质;我在天地之间,就像一块小石头、一棵小树木在大山上一样。我正处在见识短小的地位,又怎能够自以为了不起呢?

"我计算计算四海的在天地之间,不就像一块石头放在大池泽里面一样吗？计算计算中国的在四海之内，不就像一颗米粒放在大粮仓里面一样吗？称呼物类的数目就叫做'万'，人只不过占其中的一个。拿人来比万物，不就像一根毫毛放在马身上一样？人群布满的九州，五谷生长的所在，车船通行的所在，五帝所牵连的事物，三王所争夺的事物，仁人所忧虑的事物，能人所病苦的事物，全都包括在这里面了。伯夷以辞让这些事物作为美名，孔子以谈论这些事物作为博学，他们这样自以为了不起，不就像你对于水自以为了不起一样吗？"

黄河神就问："那么，我以天地为大而以毫毛尖儿为小，可以不呢？"

北海神说："不可以。天地间的事物，数量没有穷尽，时间没有止息，分位没有永恒，始终没有固定。因此，大智之人，观察到远近问题，就感到小的并非一定少，大的并非一定多，因而懂得了数量没有穷尽的道理；证验到古今问题，就感到时间悠久也用不着郁闷，时间短促也用不着痛恨，因而懂得了时间没有止息的道理；明审到盈虚问题，就感到获得也用不着高兴，丧失也用不着忧伤，因而懂得了分位没有永恒的道理；明通到苦乐问题，就感到生存也用不着喜悦，死亡也不作为灾祸，因而懂得了始终没有固定的道理。

"计算计算人所知道的事物，不如自己所不知道的事物；他出生的时候，不如他没有出生的时候；用自己最微小的智慧，企求着穷尽最广大的境域，所以使得他迷迷糊糊，而不能够自称心意。由此看来，又怎么能够知道毫毛尖儿就足以认定为最微细的事端呢？又怎么能够知道天地就足以认定为最大的境界呢？"

黄河神又问："世俗上谈论的人都说：'最精微的事物没有

形象,最广大的事物不可以限定范围。'这是真实情况吗?"

北海神说:"从小的方面看大的事物,是无穷无尽的;从大的方面看小的事物,是不明不显的;所以就有了不同的论辩。所谓精微,就是小事物中最小的事物;所谓虚廓,就是大事物中最大的事物。这便是形势上的'有'。所谓精细和粗大,都体现在有形的物体上。没有形象的事物,在数目上是不能够把它们分开的;不可以限定范围的事物,在数目上是不能够把它们穷尽的。所以用语言谈论的,乃是事物粗大的方面;可以用思想领会的,乃是事物精细的方面;语言所不能够谈论、思想所不能够领会的事物,是体现不出它们的精细和粗大的情状的。

"因此,大人的行为:不从害人出发,对人不过多表示恩慈,举动不为追求利禄,不轻视卑贱,不争夺财物,不过多表示礼让,做事不借助旁人,不过多自食其力,不轻贱贪污,行动不同世俗,不过多标奇立异,行为随从大众,不轻贱巧辩和谄媚;世俗上的禄位不足以劝勉他,刑罚不足以污辱他;他知道是非是不可以区别、大小是不可以分辨的。听到人说:'道人没有声名,至德没有获得,大人没有自己。'这便是把自己的分位约束到了极点。"

黄河神又问:"这些事物的外貌,这些事物的内体,到什么程度才能够区分出贵贱来呢? 到什么情形才能够区分出大小来呢?"

北海神说:"从'道'这一方面看,事物并没有贵贱的区别;从事物这一方面看,它们是自己尊贵自己而互相卑贱;从习俗这一方面看,贵贱并不操持在自己这一方。从差别这一方面看,由他们所认为是大的看法而认为大,那万物就没有不是大的;由他们所认为是小的看法而认为小,那万物就没有不是小的;知道天地就是一颗米粒,知道毫毛尖儿就是一座山丘,差别的定数就看出来了。从事功这一方面看,由他们所认为是有的看法而认为有,那万物就没有不是有的;由他们所认为是无的看法而认为是无,那万物就没有不是无的;知道东方和西方的相反,而不可以互相矛盾,事功的分别就规定出来了。从趋向这一方面看,由他们所认为是的看法而认为是,那万物就没有不是是的;由他们所认为是非的看法而认为是非,那万物就没有不是非的;知道尧舜的自己认为自己是对的而自相非难,趋向的意志就看出来了。

"在古代,帝尧、大舜禅让天下,因而都作了皇帝;子之、燕王哙禅让天下,因而把国家断送;汤王、武王争夺天下,因而都作了君主;白公胜争夺天下,因而自取灭亡。由此看来,争夺和禅让的实践,帝尧和殷纣的行为,它的被人尊重和轻薄,是有时间性的,不可以认为是永恒不变的。

"梁柱,可以用它来攻城,而不可以用它来塞洞,这是由于器用的不同;骏马,一天能跑一千里路,用它捉老鼠就不如狸猫,这是由于技能不同;猫头鹰,在夜间能够捉跳蚤,能够看清毫毛尖儿,白天出来,睁大眼睛也看不见山丘,这是由于本性的不同。所以说:"大概遵循于是,就不会陷于非;遵循于平治,就不会陷于昏乱吧? 这就和遵循于天,而违失于地;遵循于阴,而违失于阳一样;显然是行不通的。然而他们还是那样地谈论不休,他们不是愚昧、便是诬妄啊!

"五帝的禅让天下不同,三代的继承君位不同;不合时代,违反世俗,就叫他篡夺之夫;符合时代,顺从世俗,就叫他道义之辈。住口吧,黄河神! 你怎么知道贵贱之门、大小之家的区别呢?"

黄河神又问:"那么,我要做什么呢? 不作什么呢? 我对于推让和接受、取用和抛舍,究竟应该怎样处理呢?"

北海神说:"从'道'这一方面看:无所谓贵,无所谓贱,这就叫做演化无穷;不要拘束你的意志,和'道'乖离不顺。无所谓多,无所谓少,这就叫做施化代谢;不要固执你的行动,和'道'参差不齐。严严肃肃的,如同国家的有君主,他并没有偏私的行动;恭恭敬敬的,如同祭事的有社神,他并没有偏私的威福;游游荡荡的,如同四方的没有穷尽,它并没有固定的界限。兼爱万物,哪能有所奉承和扶助呢? 这就叫做没有一定的方向。万物都是齐一的,怎么能够分出哪是短的哪是长的呢? '道'是无始无终的,万物是不生不灭的,'道'并不因为能生成万物而有所仗恃;变化盈虚,并不固守一定的形迹。年代是不可能穷尽的,时间是不可能止息的;消灭的又生长了,盈满的又虚空了,到达终结,就又是开始。就用这些来谈说大道的方术,论辩万物的条理。万物的生长,如同万马奔驰;没有一个动作不在变化,没有一个时辰不在迁移。什么是需要做的呢? 什么是不需要做的呢? 那万物原来就是自己化生的啊。"

黄河神又问:"那么,为什么要贵重'道'呢?"

北海神说:"认识'道'的,必定通达物理;通达物理的,必定明通权变;明通权变的,并不因为事物而伤害自己。至德之人,火不能够烧他,水不能够淹他,冷热不能够伤害他,禽兽不能够侵害他。这并不是说他迫近它们而不受灾害,而是说他明察于安危,宁定于祸福,谨慎于去就,因而就没有能够伤害他的。

"所以说:天道蕴藏于内,人道显露于外;'德'表现在天上,要认识天道和人道的运行。本原于天道,而安处于'德'。要随时进退,随时屈伸;要归反简易,而领悟本元。"

黄河神又问:"什么叫做天道,什么叫做地道呢?"

北海神说:"牛马四条腿,这就叫做天道;给马戴上笼头,给牛穿上鼻钳,这就叫做人道。所以说:'不要用人道来消灭天道,不要用人为来消灭命运,不要用取得来追逐名誉。把这三项谨慎地保守住,而不丧失,这就叫做返还自己的本真。'"

夔①怜②蚿③,蚿怜蛇,蛇怜风,风怜目,目怜心④。

夔谓蚿曰:"吾以一足趻踔而行⑤,予无如矣;今子之使万足,独奈何?"

蚿曰:"不然。子不见夫唾者乎?喷,则大者如珠,小者如雾,杂而下者,不可胜数也。今予动吾天机,而不知其所以然。"

蚿谓蛇曰:"吾以众足行,而不及子之无足,何也?"

蛇曰:"夫天机之所动,何可易邪?吾安用足哉?"

蛇谓风曰:"予动吾脊胁而行,则有似也;今子蓬蓬然⑥起于北海,蓬蓬然入于南海,而似无有。何也?"

风曰:"然。予蓬蓬然起于北海而入于南海也,然而指我,则胜我;鰌我,亦胜我。虽然,夫折大木、蜚⑦大屋者,唯我能也。故以众小不胜为大胜也。为大胜者,唯圣人能之!"

【注释】① 夔,是一足之兽,其形如鼓,足似人脚,而回踵向前也。② 怜,是爱尚之名。 ③ 蚿,百足虫也。 ④ 夔,一足;蚿,多足;蛇,无足;风,无形;目,形缀于此,明流于彼;心,则质幽,为神游外。 ⑤ 趻踔,跳踯也。 ⑥ 蓬蓬,风声也。 ⑦ "蜚"作"飞"。

【译文】一足兽爱慕百足虫,百足虫爱慕蛇,蛇爱慕风,风爱慕眼睛,眼睛爱慕心。

一足兽对百足虫说:"我用一只脚蹦跳着走路,我都没有能力带动它;现在您用这么多的脚,您自己觉得怎么样呢?"

百足虫说:"不是这样。您没有看见过吐唾沫的吗?喷出来,大的像珍珠,小的像雾气,错杂而下,数也数不清。现在我用我的天然机能,而不知道其中的所以然。"

百足虫对蛇说:"我用这么多的脚走路,可是赶不上您没有脚的走得快,这是什么原因呢?"

蛇说:"这是天然机能要这样动作,我怎么能够变更它呢?我哪里用得着脚呢?"

蛇对风说:"我动用着我的脊椎骨和肋骨来走路,还有点像走路的样子;现在,您呼呼地从北海吹起,呼呼地向南海吹去,就像什么都没有一样。这是怎么回事呢?"

风说:"是的。我呼呼地从北海吹起,就向南海吹去,可是人们用手指挥我,就能够胜过我;用脚践踏我,也能够胜过我。虽然如此,那折断大树、飞起大房屋来的,也只有我才能够。因此,用许多小不胜,就能积聚成为大胜。做到大胜的,只有圣人才能够啊!"

孔子游于匡,卫人围之数帀①,而弦歌不惙②。

子路入见,曰:"何夫子之娱也?"

孔子曰:"来!吾语汝!我讳穷,久矣,而不免,命也;求通,久矣,而不得,时也③。当尧、舜,而天下无穷人,非知得也;当桀、纣,而天下无通人,非知失也;时势适然。

夫水行不避蛟龙者,渔父之勇也;陆行不避兕虎者,猎夫之勇也;白刃交于前,视死若生者,烈士之勇也。知穷之有命,知通之有时,临大难而不惧者,圣人之勇也。由!处矣④!吾命有所制矣!"

无几何⑤,将甲者进辞,曰:"以为阳虎也,故围之;今非也,请辞。"而退。

【注释】①卫,本作"宋"。 ②慑,借为"辍"。 ③讳,忌也。穷,否塞也;通,泰达也。 ④处,安息也。 ⑤无几何,俄顷之时也。

【译文】孔子周游列国,到了匡邑,卫国发兵把他们包围了好几层,可是他还是弹唱个不停。

子路进到屋里去见孔子,就问:"老师怎么这么快活呢?"

孔子说:"来!我告诉你!吾忌讳困顿,已经很久了,可是并不能够避免,这就是命运;我企求显达,已经很久了,可是并不能获得,这就是时数。在尧、舜时代,天下没有困顿的人,并不是因为人们都取得了智慧;在桀、纣时代,天下没有安生的人,并不是因为人们都失去了智慧;这是时势使他们如此。那在水里走不回避蛟龙的,便是渔夫的勇敢;在陆地走不回避猛兽的,便是猎人的勇敢;刀剑摆在面前,视死如归的,便是烈士的勇敢;知道困顿有一定的命运,知道显达有一定的时数,面临大难,而毫不畏惧的,便是圣人的勇敢。仲由!你安心吧!我的命运是有控制着的啊!"

没有多久,有个身穿盔甲的将士走进来,向他们道歉,说:"我们认为是阳虎来了,所以把你们包围起来;现在我们知道不对了,请原谅。"就撤兵了。

公孙龙问于魏牟①曰："龙少学先王之道，长而明仁义之行；合同异、离坚白，然不然，可不可；困百家之知，穷众人之辩；吾自以为至达已。今吾闻庄子之言，汒焉异之。不知论之不及与？知之弗若与？今无所开吾喙。敢问其方。"

公子牟隐机太息，仰天而笑，曰："子独不闻夫埳井之鼃②乎？谓东海之鳖曰：'吾乐与，出，跳③乎井干④之上，入，休乎缺甃⑤之崖；赴水，则接腋、持颐；蹶泥⑥，则没足、灭跗⑦；还⑧虷、蟹与科斗⑨，莫吾能若也。且夫，擅一壑之水，而跨⑩埳井之乐，此亦至矣。夫子奚不时来入观乎？'东海之鳖左足未入，而右膝已絷⑪矣。于是逡巡而却，告之海曰：'夫千里之远，不足以举其大；千仞之高，不足以极其深。禹之时，十九年潦，而水弗为加益；汤之时，八年七旱，而崖不为加损。夫不为顷久⑫推移，不为多少进退者，此亦东海之大乐也。'于是埳井之鼃闻之，适适然惊，规规然自失⑬也。

"且夫，知不知是非之竟，而犹欲观于庄子之言，是犹使蚊负山、商蚷⑭驰河也，必不胜任矣。且夫，知不知论极妙之言，而自适一时之利者，是非埳井之鼃与？

"彼且方跐⑮黄泉，而登大皇⑯；无南无北，奭然四解，沦于不测；无西无东⑰，始于玄冥，反于大通。子乃规规然⑱而求之以察，索之以辩；是真用管窥天，用锥指地也，不亦小乎？子往矣！

"且，子独不闻夫寿陵余子之学行于邯郸与？未得国能,又失其故行矣,直匍匐而归⑲耳。今子不去,将忘子之故,失子之业。"

公孙龙口呿而不合⑳,舌举而不下。乃逸㉑而走。

【注释】①龙,赵人。牟,魏之公子。 ②埳井,坏井也。蛙,本又作"蛙"。 ③"跳"下本有"梁"字。 ④井干,井栏也。 ⑤甃,井壁也。 ⑥蹶泥,言踊跳于涂中。 ⑦灭,没也。跗,足跗也。 ⑧还,顾视也。 ⑨虷,井中赤虫也。科斗,虾蟆子也。 ⑩"跨",本作"跨跱",二字当衍一字。 ⑪絷,拘也。 ⑫顷久,犹早晚也。 ⑬适适,惊怖之容;规规,自失之貌。 ⑭商蚷,虫名,北燕谓之马蚿。 ⑮跐,今俗作"踩"。 ⑯大皇,天也。 ⑰"无西无东",本作"无东无西"。 ⑱规规,经营之貌。 ⑲寿陵,燕之邑。邯郸,赵之都。赵都之地,其俗能行,故燕国少年远来学步;既乖本性,未得赵国之能;舍己效人,更失寿陵之故。是以用手据地,匍匐而还也。 ⑳呿,开也。 ㉑逸,奔也。

【译文】公孙龙问魏公子牟说:"我在青年时代,学习过先王之道;在壮年时代,又明瞭仁义之行;并且能够融会'异同'之辩,分析'坚白'之理,能够把不如此说成如此,把不可以说成可以;困顿住了百家的智慧,穷难住了众人的论辩;我自以为是非常通达的了。现在,我听到庄子的言论,迷迷茫茫的,感到非常惊奇。不知道我的理论不及他呢? 还是我的智慧不及他呢? 现在我没有地方张嘴了。我请问这个道理在什么地方。"

公子牟趴着桌子长出了一口气,仰起头向着天笑了,他对公孙龙说:"你难道没有听说过那破井里的蛤蟆吗? 他对东海里的老鳖说:'我高兴了,出来,就在井栏上跳跶跳跶;进去,就在缺砖少瓦的井口边休息休息;跳到水里,水就齐着我的两腋和两腮;跳到泥里,泥就没到我的脚脖和脚面;我回头看看那虷虫、螃蟹和蝌蚪,他们都赶不上我。况且,我独霸着这一洼之水,享受这破井之乐,这也算是够美的了。先生为什么不经常进来参观参观呢?'东海的老鳖听了它的话,左脚还没有迈进井里,可是右腿就已经绊住了。老鳖于是退转回来,把大海的情势告诉给蛤蟆说:'一千里远,不足以比拟大海的宽度;一千丈深,不足以比拟大海的深度。在夏禹时代,十年闹了九次大水,可是海水并没有因此而有所增多;在殷汤时代,八年闹了七次大旱,可是海岸并没有因此而有所缩短。这不因为时间的长短而变更、不因为水量的多少而进退的所在,也就是住在东海的一种大快乐啊。'破井里的蛤蟆听到这话之后,不觉大吃一惊,羞愧得没有个站脚之处。

"况且,自己的智慧不懂得是非的所在,可是还愿意窥探庄子的学说,这就好像使蚊虫扛山、使百足虫渡河一样,它们必然是不能胜任的。况且,自己的智慧不懂得论辩精微奥妙的学说,可是想着趋向一时名利的人,这不就同破井里的蛤蟆一样吗?

"他(庄子)将要踏入黄泉,登上青天,不分南北,伟大无边,四通八达,已经迈进到无边无际的境界;不辨东西,起源于玄冥之中,返还于大通之境。可是却目光短浅地用明察来推求它,用争辩来探索它;这简直是用竹管去窥测天的广度,用锥子试探地的厚度,不也所见太小了吗? 您请回吧!

"况且,您难道没有听说过燕国寿陵少年到赵国邯郸去学习走路的故事吗? 他没有学到外国的技能,反而把自己原有的技能丢掉,只好爬着回来了。现在,您再不撒手,您将要忘掉您的本体,丢失您的本性。"

公孙龙张着大嘴,也合不上了;伸起舌头,也落不下了。他就赶紧着走开了。

庄子钓于濮水①,楚王②使大夫二人往先③焉。曰:"愿以境内累矣。"

庄子持竿不顾,曰:"吾闻:楚有神龟,死已三千岁矣;王以巾笥而藏之庙堂之上。此龟者,宁其死为留骨而贵乎? 宁其生而曳尾于涂中④乎?"

二大夫曰:"宁生而曳尾涂中。"

庄子曰:"往矣! 吾将曳尾于涂中。"

【注释】① ○成玄英:濮水,属今濮州濮阳县。 ② 楚王,威王也。③ 先,当读为"洗"。先,谓致言问候之也。 ④ 涂,泥涂。

【译文】庄子在濮水钓鱼,楚威王派了两位大夫来问候他,说:"我们国王愿意把国家大事烦劳你来执掌。"

庄子挑着钓鱼竿,连看他们都不看,说:"我听说:你们楚国保存着一个神龟,它已经死了三千年了;你们国王用佩巾包着它,用竹器盛着它,藏在庙堂之上。这个神龟,它是情愿死了作个遗骨而被珍贵呢? 还是情愿活在泥塘里拖着尾巴爬呢?"

两位大夫说:"它情愿活在泥塘里拖着尾巴爬。"

庄子说:"那你们回去吧! 我还是要在泥塘里拖着尾巴爬的。"

惠子相梁①,庄子往见之。

或谓惠子曰:"庄子来,欲代子相。"

于是,惠子恐,搜于国中,三日三夜。

庄子往见之。曰:"南方有鸟,其名为鹓鶵②。子知之乎? 夫鹓鶵,发于南海,而飞于北海;非梧桐不止,非练实③不食,非醴泉④不饮。于是,鸱⑤得腐鼠,鹓鶵过之;仰而视之,曰:'吓!'今子欲以子之梁国而'吓'我邪?"

【注释】① 惠子相梁惠王。　② 鹓鶵,乃鸾凤之属也。　③ 练实,竹实也。　④ 醴泉,泉甘如醴。　⑤ 鸱,鸢。

【译文】惠施作了梁惠王的宰相,庄子去见他。

有人对惠施说:"庄子来了,要接替您的相位。"

因此,惠施害怕了,在全国搜索了三天三夜。

庄子去见惠施,说:"南方有一种鸟,它的名字叫鹓鶵。您知道吗?这种鹓鶵,从南海出发,向北海飞去;非梧桐树不落,非竹实不吃,非醴泉水不喝。在这里,有一只鹞鹰,捉着一只死老鼠,鹓鶵正好从它上方飞过;鹞鹰仰起头来,望着鹓鶵说:'吓!'现在,您想用您的梁国'吓'我吗?"

庄子与惠子游于濠梁之上①。

庄子曰:"儵鱼②出游从容③,是鱼之乐也。"

惠子曰:"子非鱼,安知鱼之乐?"

庄子曰:"子非我,安知我不知鱼之乐?"

惠子曰:"我非子,固不知子矣;子,固非鱼也,子之不知鱼之乐,全矣。"

庄子曰:"请循④其本。子曰'汝安知鱼乐'云者,既已知吾知之,而问我;我知之濠上也。"

【注释】① 濠水,在淮南钟离郡;今见(现)有庄子之墓,亦有庄、惠遨游之所。　② 儵,本作"鯈"。儵,白鱼也。　③ 从容,放纵之貌也。④ 循,犹寻也。

【译文】庄子同惠施在濠水桥上闲游。

　　庄子说:"白鱼出来从从容容地游水,这是鱼的快乐啊。"

　　惠施说:"您不是鱼,怎么会知道鱼的快乐呢?"

　　庄子说:"您不是我,您怎么会知道我不知道鱼的快乐呢?"

　　惠施说:"我不是您,当然不会知道您了;您本来就不是鱼,那您不会知道鱼的快乐,理由是很充足的了。"

　　庄子说:"我们要追追根儿。您说的'您怎么会知道鱼的快乐'那句话,既然您已经知道我知道它们了,可是您还来问我;我是从濠水之上知道的。"

十一、至　　乐（七章）

　　天下有至乐无有哉？有可以活身者无有哉？今奚为？奚据？奚避？奚处？奚就？奚去？奚乐？奚恶？

　　夫天下之所尊者，富、贵、寿、善也；所乐者，身安、厚味、美服、好色、音声也；所下者，贫、贱、夭、恶也；所苦者，身不得安逸、口不得厚味、形不得美服、目不得好色、耳不得音声。若不得者，则大忧以惧，其为形也，亦愚哉！

　　夫富者，苦身、疾作，多积财，而不得尽用。其为形也，亦外矣！

　　夫贵者，夜以继日，思虑善否，其为形也，亦疏矣！

　　人之生也，与忧俱生；寿者惛惛，久忧不死，何之苦①也！其为形也，亦远矣！

　　烈士为天下，见善矣，未足以活身。吾未知善之诚善邪？诚不善邪？若以为善矣，不足活身；以为不善矣，足以活人。故曰：忠谏不听，蹲循②勿争。故夫子胥，争之，以残其形；不争，名亦不成。诚有善无有哉？

　　今俗之所为与其所乐，吾又未知乐之果乐邪？果不乐邪？吾观夫俗之乐举群趣者，誙誙然如将不得已，而皆曰乐者,吾未之乐也,亦未之不乐也。果有乐无有哉!

　　吾以无为诚乐矣,又俗之所大苦也。故曰:至乐,无乐;至誉,无誉。天下是非,果未可定也。虽然,无为可以定是非。至乐活身,唯无为幾存。

　　请尝试言之:天无为,以之清;地无为,以之宁;故两无为相和,万物皆化。芒乎芴乎,而"无"从出乎;芴乎芒乎,而"无"有象乎③。万物职职④,皆从无为殖。故曰:天地,无为也,而无不为也。人也,孰能得无为哉?

　　【注释】①之,犹其也。　②蹲循,犹顺从也。　③荒忽,即恍惚也。④职职,繁多貌。

　　【译文】天下有最大的快乐没有呢?有可以活身的方术没有呢?人们将要做什么呢?依靠什么呢?躲避什么呢?安于什么呢?趋向什么呢?去掉什么呢?喜欢什么呢?憎恶什么呢?

　　天下所尊重的,是富有、显贵、长寿、好名;所喜欢的,是身体安闲、厚实的滋味、华美的衣服、好看的颜色、好听的声音;所鄙视的,是贫穷、卑贱、短命、坏名;所苦恼的,是身体得不到安闲,嘴得不到厚实的滋味,形体得不到华美的衣服,眼睛得不到好看的颜色,耳朵得不到好听的声音。如果得不到这些东西,就非常忧愁和恐惧。这种人为自己形体所打算的,也够愚蠢的了!

　　那富有的人,劳苦自己的身体,加紧自己的操作,积蓄很多财物,可是不能够完全受用。这种人为自己形体所打算的,也够外道的了!

　　那显贵的人,黑天白日地考虑什么好、什么不好。这种人为自己形体所打算的,也够粗疏的了!

　　人一生下来,就是和忧苦一同生下来的;长寿的人总是昏昏迷迷地希望不死,这是多么苦恼啊!这种人为自己形体所打算的,也够遥远的了!

烈士为天下牺牲,足以表现出美好了,可是不能够使自己活着。我不知道这种美好是真美好呢?还是真不美好呢?如果以为是吧,可是不能够使自己活着;如果以为是不美好吧,可是能够使别人活着。所以说:忠心谏诤国君而不听,就要转回头来不力争。所以,伍子胥为了和吴王力争,而摧残了自己的形体;不力争,也就不能成名。真的有美好没有呢?

人世间一般所作的和所快乐的,我又不知道他们所快乐的究竟是快乐呢?还是不快乐呢?我看到世俗的乐于贪取、趋之若鹜的人,都拼命地像不得不如此,而且都说是快乐的,我对这个不表示快乐,也不表示不快乐。究竟是有快乐没有呢?

我以为无为是真快乐的,又是世俗所最痛苦的。所以说:最大的快乐是没有快乐,最高的名誉是没有名誉。天下的是非,毕竟是没法确定的。虽然如此,无为,是可以确定是非的。最大的快乐可以使自己活着,只有无为才接近生存。

我愿意尝试着谈一谈:天是无为的,因而是清明的;地是无为的,因而是宁定的;所以,这两种无为混同在一起,万物就都化生。恍恍惚惚,因而"无"就由此生出;惚惚恍恍,因而"无"就赋有形象。万物蓬蓬勃勃,都是由于无为而得到繁殖。所以说:天地是无为的,又是无所不为的。世俗之人,谁能够做到无为呢?

庄子妻死,惠子吊之。庄子方箕踞①鼓盆②而歌。

惠子曰:"与人居,长子,老身,死,不哭,亦足矣;子鼓盆而歌,不亦甚乎?"

庄子曰:"不然。是其始死也,我独何能无概③然?察其始,而本无生;非徒无生也,而本无形;非徒无形也,而本无气。杂乎芒芴之间,变而有气,气变而有形,形变而有生;今又变而之死;是相与为春、秋、冬、夏四时行也。人且偃然④寝于巨室⑤,而我噭噭然⑥随而哭之,自以为不通乎命,故止也。"

【注释】① 箕踞,垂两脚如簸箕形也。 ② 盆,谓瓦缶也。 ③ 概,感也。 ④ 偃然,安息貌。 ⑤ 巨室,以天地为室也。 ⑥ 噭,借为"警"。

【译文】庄子的妻子死了,惠施去吊唁他。庄子正在叉开两只脚蹲着,敲着瓦盆唱歌。

惠施就问庄子说:"和人家同居,为您生儿养女,身体衰老了,死了,您不哭,也就够了;您敲着瓦盆唱歌,不也过分了吗?"

庄子说:"不对。当她将要死的时候,我何尝没有悲痛之情呢?我考虑了她的元始,本来就没有生命;不但没有生命,而且本来就没有形体;不但没有形体,而且本来就没有精气。〔万物的质体,最初是〕掺杂于恍惚无形之中,逐渐衍变得有了精气,精气又逐渐衍变得有了形体,形体又逐渐衍变得有了生命;现在,它又衍变到了死亡;这便是随同着春、秋、冬、夏四时的节序而向前行进。人家将要安安然然地睡眠在这巨大的宫室(天地)之中,而我却随着她呼号喊叫地哭起来,自己以为这是不明通于性命之理,所以我就休止了。"

支离叔与滑介叔①观于冥伯之丘、昆仑之虚——黄帝之所休。

俄而,柳②生其左肘,其意蹶蹶然③恶之。

支离叔曰:"子恶之乎?"

滑介叔曰:"亡④。予何恶? 生者,假借也;假之而生生者,尘垢也。死生为昼夜。且吾与子观化,而化及我,我又何恶焉?"

【注释】① 支离、滑介,皆形体不健全之谓。 ② 柳者,"瘤"之借字。③ ○成玄英:蹶蹶,惊动貌。 ④ 亡,无也。

【译文】支离叔和滑介叔一同到冥伯之丘、昆仑之墟——黄帝休止的所在去游览。

忽然,滑介叔左肘上生了一个瘤子,他心一震惊,感到讨厌它。

支离叔问滑介叔说:"您讨厌它吗?"

滑介叔说:"没有。我有什么讨厌它的呢? 生命就是假借;假借地境而生出它要生出的事物,就像尘垢的聚结一样。死亡和生存,就如同昼夜的循环交替。况且,我和您正在一同观察自然的造化,而这种造化正好临到我的身上,我又有什么讨厌它的呢?"

庄子之楚,见空髑髅,髐然①有形;撽以马捶,因而问之,曰:"夫子贪生失理,而为此乎? 将子有亡国之事、斧钺之诛,而为此乎? 将子有不善之行,愧遗父母妻子之丑,而为此乎? 将子有冻馁之患,而为此乎? 将子之春秋②,故及此乎?"于是语卒,援髑髅,枕而卧。

夜半,髑髅见梦,曰:"子之谈者,似辩士。视子所言,皆生人之累也;死,则无此矣。子欲闻死之说乎?"

庄子曰:"然。"

髑髅曰:"死,无君于上,无臣于下,亦无四时之事,从然以天地为春秋;虽南面王乐,不能过也。"

庄子不信,曰:"吾使司命复生子之形,为子骨肉肌肤,反子父母、妻子、闾里、知识③。子欲之乎?"

髑髅深矉蹙頞④,曰:"吾安能弃南面王乐,而复为人间之劳乎?"

【注释】① 骹,白骨貌,有枯形也。　② 春秋,犹年纪也。　③ 知识,谓相知相识者。　④ 深矉蹙頞,忧愁之貌也。

【译文】庄子往楚国去,在路上看到一个空壳的头骨,干枯地还保持着原形;庄子用马鞭子敲打着它,就问:"您是由于贪生怕死,做错了事情,而成为这样的呢? 还是由于有亡国之事,遭到兵祸,而成为这样的呢? 还是由于您有不好的行为,给父母妻子丢了丑,觉得惭愧,而成为这样的呢? 还是由于您有冻饿之苦,而成为这样的呢? 还是由于您的年限的关系,而成为这样的呢?"说完之后,庄子就搬过这个头骨来,枕着它,躺在地上睡着了。

到了半夜,头骨向庄子来托梦,它对庄子说:"您所谈的话,好像是一个辩士。看您所说的,都是活人的罪累;死了,就没有这些罪累了。您愿意听听关于死亡的说法吗?"

庄子说:"当然。"

头骨说:"死亡之后,在上说,没有君王;在下说,没有臣仆;也没有四时的事务,恣情放任地把天地的寿命作为季节;即便是南面称王的快乐,也不能赶得上啊。"

庄子不相信，就又说："我使那掌管寿命的星神重新让您的形体复生，给您长上骨肉和皮肤，反还您的父母、妻子、乡邻、朋友，您愿意不呢？"

头骨把眉头皱得迫近了鼻梁子，说："我哪能放弃我这南面称王的快乐，而去受那人间的苦痛呢？"

颜渊东之齐，孔子有忧色。子贡下席而问曰："小子敢问：回东之齐，夫子有忧色，何邪？"

孔子曰："善哉，汝问！昔者，管子有言，丘甚善之。曰：'褚①小者，不可以怀大；绠②短者，不可以汲深。'夫若是者，以为命有所成，而形有所适也，夫不可损益。吾恐回与齐侯言黄帝、尧、舜之道，而重以燧人、神农之言；彼将内求于己而不得；不得，则惑人；惑，则死。

"且，汝独不闻邪？昔者，海鸟止于鲁郊，鲁侯御而觞之于庙③，奏《九韶》以为乐，具太牢以为膳④。鸟乃眩视忧悲，不敢食一脔，不敢饮一杯，三日而死；此以己养养鸟，非以鸟养养鸟也。夫以鸟养养鸟者，宜栖⑤之深林，游之坛陆⑥，浮之江湖，食之鳅鲦⑦，随行列而止，委蛇⑧而处。彼唯人言之恶闻，奚以夫诶诶⑨为乎？

"《咸池》、《九韶》之乐，张之洞庭之野⑩；鸟闻之，而飞；兽闻之，而走；鱼闻之，而下入；人卒⑪闻之，相与还⑫而观之。鱼处水而生，人处水而死。彼必相与异其好恶，故异也。故先圣不一其能，不同其事，名止于实，义⑬设于适。是之谓条达而福持⑭。"

【注释】① 褚,衣袋。 ② 绠,汲索也。 ③ 讶,俗作"迓"。觞,借为"飨"。通作"享"。 ④《九韶》,舜乐名。太牢,牛、羊、豕也。 ⑤ 栖,俗"棲"字。 ⑥ 坛,当借为"坦"。 ⑦ 鰍,白鱼子也。 ⑧ 逶迤,宽舒自适也。 ⑨ 诡诡,喧聒也。 ⑩ 洞庭之野,谓天地之间也。 ⑪ 卒,众也。 ⑫ 还,借为"缳",今多用"环"字。 ⑬ 义,谓行为。 ⑭ 条达,谓条理通达;福持,谓福德扶持。

【译文】颜回将要到齐国去,孔子脸上显出了忧愁的颜色。子贡离开座位,问孔子说:"晚生请问: 颜回将要到齐国去,老师脸上显出了忧愁的颜色,这是为什么呢?"

孔子说:"你问得好极了! 从前,管子有这样的话,我非常赞同。他说:'衣袋小的,不可以装大的东西;水桶绳短的,不可以到深井里提水。'像这样的说法,以为天命所成就的事业,形体所归往的所在,是不可以任意有所增损的。我恐怕颜回和齐侯谈起黄帝、尧、舜的道术,而且又加上燧人氏、神农氏的言论;他(齐侯)将要向自己的内心去追求,而一无所得;一无所得,就要怀疑别人;他一怀疑,就要置人于死地。

"况且,你难道没听说过吗? 从前,有一只海鸟落在鲁国的近郊,鲁侯把它迎到太庙里,为它摆宴、奏起《九韶》古乐,用太牢馔来款待它。海鸟眼晕地看着发愁,不敢吃一块肉,不敢喝一杯酒,待了三天,就死去了。这是用供养自己的方式来养鸟,而不是用供养鸟的方式养鸟。那用供养鸟的方式养鸟的,应该让它在深林寄宿,在旷野遨游,在江湖浮泳,用鱼类饲养,跟它的同类在一起,逍遥自在地居住着。它一向讨厌听人说话,哪能用吵吵嚷嚷的方式呢?

"把《咸池》、《九韶》这类乐章,张设在广漠的原野;鸟类听到它,就得飞去;兽类听到它,就得跑走;鱼类听到它,就得沉入水底;人们听到它,就都得围拢起来看热闹。鱼类住在水里,就能生存;人住在水里,就得死亡。这必然是由于爱憎的不同,因而表现不同。所以,先圣不统一万物的本能,不和同人民的事务,声名要放置在实际上,行动要建立在适宜上。这就叫做事理通达,福禄永保。"

列子行,食于道,从见①百岁髑髅,攓蓬②而指之,曰:"唯予与汝知而未尝死、未尝生也! 若果养③乎? 予果欢乎?"

【注释】① 从见,因而见也。　② 攓,拔也。　③ 养,读为"恙"。

【译文】列子出行,在路上用饭,因而看见了一个多年的头骨,他拔起一棵蓬蒿来指着它说:"只有我和你知道你并不曾死亡、不曾生存啊! 你果真是愁苦的吗? 我果真是欢乐的吗?"

种有幾,得水,则为繼①;得水土之际,则为龟蝗之衣;生于陵屯,则为陵舄②。陵舄得郁栖,则为乌足③。乌足之根为蛴螬④,其叶为胡蝶。胡蝶胥也,化而为虫⑤,生于灶下,其状若脱,其名为鸲掇⑥。鸲掇千日为鸟,其名为乾馀骨。乾馀骨之沫为斯弥⑦。斯弥为食醯颐辂,食醯颐辂生乎食醯黄𩆨,食醯黄𩆨生乎九猷⑧,瞀芮生乎腐蠸⑨。羊奚比乎不箰久竹,生青宁⑩。青宁生程⑪。程生马。马生人。人又反入于机⑫。万物皆出于机,皆入于机⑬。

【注释】① 繼,本作"𥳑",此古文"绝"字。续断,犹断丝也。　② 水衣,一曰鱼衣。　③ 屯,阜也。言物因水成,而陆;产生于陵屯,化作车前,改名陵舄也,一名泽舄,随燥湿变也。陵舄,车前草也。　④ 郁栖,粪壤

也。言陵舄在粪,化为乌足也。乌足,草名。　⑤胥,借为"蝑"。　⑥鸲
掇,虫名也,状如新脱皮毛,形容雅静也。　⑦沫,口中汁也。斯弥,虫也。
⑧颐辂、黄轵,皆虫名。颐辂、黄轵,盖皆醋中小虫。生乎,谓生为也。
乎、于,叠韵。《经传释词》:"于,犹为也。"　⑨瞀芮、腐蠸,亦虫名也。腐
蠸,萤火虫也。　⑩羊奚,草名,根似芜菁,与久竹比合而为物,皆生于非
类也。青宁,虫名。箰,《列子》作"筍"。　⑪"秦人谓豹曰程。予至延州,
人至今谓虎豹曰程,盖言虫也。"　⑫马叙伦:机,当为"幾",即"种有幾"
之"幾"也。　⑬按:此章阐明万物从无到有,由微之著,繁衍无穷,日趋
复杂之旨,言万物化生,循环往复者也。其天演之谓邪? 本文较《列子·
天瑞》篇所载简略,亦有出入,物名多不可解,亦不易更订,只就本文略加
整理,求其通顺而已。

【译文】万物的种子开始于极微小的质体,极微小的质体得
到水的滋养,就化生为"绝"(极细短的丝状物);"绝"得到水土之
交(浅水塘或沼泽地)的滋养,就化生为蛙蚌之衣(漂在水面的绵
状物);蛙蚌之衣蔓衍而生到高地之上,就化生为陵舄。陵舄得
到粪壤的滋养,就化生为乌足。乌足的根化生为蛴螬,它的叶子
化生为蝴蝶。蝴蝶在短期内化生为一种昆虫,生长在炉灶下面,
它的形状好像新脱了皮似的,名字叫做鸲掇。鸲掇在一千天之
后就化生为一种鸟,它的名字叫做乾馀骨。乾馀骨吐出来的口
沫化生为斯弥。斯弥化生为醋里的颐辂,醋里的颐辂化生为醋
里的黄轵,醋里的黄轵化生为九猷。瞀芮化生为腐蠸。羊奚接
近不生筍的老竹子,就会生出青宁。青宁生豹子。豹子生马。
马生人。人又返还到极微小的质体。万物都出生于极微小的质
体,又进入于极微小的质体。

十二、达　生(十四章)

　　达生之情者,不务生之所无以为;达命之情者,不务命①之所无奈何。

　　养形,必先之以物②;物有馀,而形不养者,有之矣。有生,必先无离形;形不离,而生亡者,有之矣。生之来,不能却;其去,不能止。悲夫! 世之人以为养形足以存生! 而养形果不足以存生,则世奚足为哉?

　　虽不足为,而不可不为者,其为不免矣。夫欲免为形者,莫如弃世。弃世,则无累;无累,则正平;正平,则与彼更生;更生,则幾矣③。

　　事奚足弃? 而生奚足遗,弃事,则形不劳;遗生,则精不亏。夫形全、精复,与天为一。天地者,万物之父母也。合,则成体;散,则成始。形精不亏,是谓能移④;精而又精,反以相天。

　　【注释】①“命”,本作“知”。　②物者,谓资货衣食,旦夕所须。③更生者,日新之谓也。付之日新,则生命尽矣。幾,尽也;尽道之玄妙。④能移,与化俱也。

　　【译文】明达生活实情的人,不追求生活中所不需要的事物;

明达命运实情的人,不追求命运中所不能解决的事物。

滋养形体,必须首先利用物质;物质充足,而形体并没有得到滋养的人,是有的。保有生命,必须首先不离开形体;形体没离开,而生命丧失掉的人,是有的。生命的到来,不能推却;生命的离去,不能阻止。可叹啊!世俗之人以为滋养形体就足以保存生命!可是滋养形体如果不足以保存生命,那世俗之人又当怎么办呢?

虽然无可作为,而不得不为的人,他的作为是不可避免的。如果愿意避免为形体去作为,就没有比离弃世界再好的。离弃了世界,就没有一切系累;没有系累,身心就得到平正;身心平正,就同外界演变众生;演变众生,就穷尽了"道"的妙蕴。

事物,怎么可以离弃呢?生命,怎么可以忘却呢?离弃了事物,形体就不受劳苦;忘却了生命,精神就不受亏损。形体得到保全,精神得到回复,就同天地成为一体。天地,就是万物的父母。天地相合,就生成万物的形体;天地分散,就生成万物的本始。形体和精神不受亏损,就叫作能够推移造化。精淳而又精淳,就可以返还本始,辅相天道。

子列子①问关尹②曰:"至人,潜行③不窒,蹈火不热,行乎万物之上而不栗。请问何以至于此?"

关尹曰:"是纯气之守也,非知巧、果敢之列。居!予语汝!凡有貌、象、声、色者,皆物也。物与物,何以相远?夫奚足以至乎先?是形色而已④。则物之造乎不形,而止乎无所化。夫得是而穷之者,物焉得而止焉?彼将处乎不淫之度⑤,而藏乎无端之纪,游乎万物之所终始;壹其性,养其气,合其德⑥,以通乎万物之所造。夫若是者,其天守全,其神无郤。物奚自入焉?

"夫醉者之坠车,虽疾不死;骨节与人同,而犯害与人异;其神全也。乘亦不知也,坠亦不知也;死生、惊惧不入乎其胸中,是故遻物而不慴⑦。彼得全于酒,而犹若是,而况得全于天乎? 圣人藏于天,故莫之能伤也。

"复雠⑧者,不折镆干⑨;虽有忮心⑩者,不怨飘瓦⑪。是以天下平均,故无攻战之乱、无杀戮之刑者,由此道也。

"不开人之天,而开天之天。开天者德生,开人者贼生。不厌其天,不忽于人,幾⑫乎以其真。"

【注释】① 子列子,古人称师曰子,亦有德之嘉名,具此二义,故曰子列子,即列御寇也。 ② 关尹,姓尹,名喜,字公度,为函谷关令,老子弟子。 ③ 潜,涉水也。 ④ "色"上本无"形"字。 ⑤ 度,借为"宅"。 ⑥ 合,借为"含",义亦相近。 ⑦ 遻,即"会晤"之"晤"本字,今隶作"遻"。慴,惧也。 ⑧ 雠,借为"仇"。复雠,谓复归合好,非谓报复仇怨也。 ⑨ 镆邪、干将,相传吴之雌雄二剑。镆邪,亦作"莫邪"、"镆铘"。 ⑩ 忮,害也。 ⑪ 飘,落也。飘瓦,谓飞落之瓦。 ⑫ "幾"上本有"民"字。今参马叙伦校,以意删"民"字。

【译文】列子问关尹喜说:"至人,在水里行走,不受阻碍;在火里行走,不被烧灼;在万物之上行走,不害怕。请问为什么能做到这样呢?"

关尹喜说:"这是由于能够抱守纯真之气的缘故,并不属于智慧、技巧、果决、勇敢的范围。坐下! 我告诉给你! 〔在天地之间,〕凡是具有容貌、形体、声音、颜色的,都是物类。物类和物类,为什么相互疏远了呢? 它们怎么就有的占了先呢? 只不过都是一些形体和颜色罢了。物类就是开始于没有形体,而终止于无所变化。那得到万物之理而且能够穷究它的人,谁能够阻止他的行动呢?他将要居处在无偏无邪的宅舍,而潜藏在无边无际的地境,遨游在万物终始的基点,淳一自己的本性,保养自己的气质,韬藏自己的德业,来达到万物所要归往的境界(自然)。像这样的人,他的本真是保全的,他的精神是无间的。外物从什么地方能够进入到他的内心呢?

"那醉汉从车上掉下来,虽然要受伤,但是不致于摔死;他的骨节和别人相同,可是遭到的危险却同别人不一样;这是由于他精神纯全的关系。坐在车上,他也不知道;掉下车来,他也不知道;生死和惊惧的念头都不存在他的胸中,所以他遇到事故而不知道害怕。那由于喝酒而得以保全的,尚是这样,又何况是由于自然而得以保全的人呢?圣人把形体寄藏在自然之中,所以没有什么能够伤害他的。

"复归合好的人,并不去折断斗殴的刀剑;虽然心存凶狠的人,并不怨恨飘落的瓦片。所以,天下平均,因而没有战争的祸乱,没有杀戮的刑罚,就是由于这个道理。

"不要开动人的本然,要开动天的本然。开动天的本然的,德业就会发生;开动人的本然的,祸害就会发生。不厌弃本然,不疏忽人道,就可能保有自己的本真。"

仲尼适楚,出于林中,见痀偻者① 承蜩②,犹掇③之也。

仲尼曰:"子巧乎! 有道邪?"

曰:"我有道也。五六月,累丸二而不坠④,则失者锱铢⑤；累三而不坠，则失者十一；累五而不坠，犹掇之也。吾处身也，若厥株拘；吾执臂也，若槁木之枝。虽天地之大，万物之多，而唯蜩翼之知。吾不反不侧⑥，不以万物易蜩之翼。何为而不得？”

孔子顾谓弟子曰：“'其志不分，乃疑于神⑦。'其痀偻丈人之谓乎！”

【注释】① 痀偻，老人曲腰之貌。 ② 承蜩，承蝉，持竿而黏蝉也。 ③ 掇，拾也。 ④ 累丸，谓累丸于竿头也。 ⑤ 铢，十分黍之重也。锱，六铢也。二十四铢、四锱，皆为一两。锱铢，言其微秒也。 ⑥ 反、侧，犹变动也。 ⑦ 疑，本作"凝"。

【译文】孔子往楚国去，路过树林，见到一位佝偻着腰的老人正在黏蜘蟟，就像手捡的一般。孔子问他说："您够巧的呀！您有没有道术呢？"

佝偻着腰的老人说："我有道术。在五六月间，我在竿子头上累弹丸，累到两个落不下来，黏不住的就很少；累到三个落不下来，黏不住的就不过十分之一；累到五个落不下来，那就如同手捡的一般了。我稳住身体，就像木橛、木根似的；我把住胳膊，就像枯树枝似的。纵然天地这么大，万物这么多，可是我只知道蜘蟟翅膀在我眼前。我一动不动的，并不因为万物而摇动了我对蜘蟟翅膀的注视。怎么会捉不住呢？"

孔子回头对学生们说："'用心不分散，可以比神仙。'这话说的就是佝偻腰老人这类行动啊！"

颜渊问仲尼曰："吾尝济乎觞深①之渊，津人操舟若神。吾问焉，曰：'操舟可学邪？'曰：'可。善游者，数能②;若乃夫没人③,则未尝见舟,而便操之也。'吾问焉,而不吾告。敢谓何谓也?"

仲尼曰:"'善游者,数能',忘水也。'若乃夫没人之未尝见舟,而便操之也',彼视渊,若陵;视舟之覆,犹其车却也;覆却万方陈乎前,而不得入其舍④;恶往而不暇?以瓦注⑤者,巧;以钩注者,惮;以黄金注者,殙⑥;其巧一也;而有所矜⑦,则重外也。凡外重者,内拙。"

【注释】① 觞深,谓水长而深也。 ② 数,读为"速"。 ③ 没人,谓能鹜没于水底。 ④ 舍,犹心中也。 ⑤ 注,击也。 ⑥ 殙,借为"惛",实与"惛"同字,不省人事之谓也。 ⑦ 矜,借为"怜"。

【译文】颜渊问孔子说:"我曾经渡过一次又宽又深的河,那摆渡的人操纵着船,就如同神仙一般。我问他说:'操纵船这种技术,可不可以学习呢?'他说:'可以。善于浮水的人,很快就可以学会;至于那潜水的人,纵然他没有见过船,他拿过来就能够操纵。'我问他这是什么道理,但他不告诉我。请问他这话是什么意思呢?"

孔子说:"所谓'善于浮水的人,很快就可以学会',是因为他忘掉了那是水。所谓'至于那潜水的人,纵然他没有见过船,他拿过来就能够操纵',是因为他看见水,就如同陆地一般;看着船翻,就如同车向后退一般;翻、退之类的事摆在他面前,但并不能进入他的内心;他有什么不安闲自如的呢?〔譬如,〕用瓦片投远的人,就显得轻巧;用带钩投远的人,就显得胆怯;用黄金投远的人,就显得昏迷;他的技巧原是一样的,可是由于对所投出去的东西有所爱惜,他就注重到外物上去了。凡是注重到外物的人,他的内心就显得笨拙。"

田开之见周威公。威公曰:"吾闻祝肾①学生②。吾子与祝肾游,亦何闻焉。"

田开之曰:"开之操拔篲③以侍门庭,亦何闻于夫子。"

威公曰:"田子无让④。寡人愿闻之。"

开之曰:"闻之夫子曰:'善养生者,若牧羊然,视其后者而鞭之。'"

威公曰:"何谓也?"

田开之曰:"鲁有单豹者,岩居而谷⑤饮,不与民共利,行年七十,而犹有婴儿之色;不幸遇饿虎,饿虎杀而食之。有张毅者,高门县薄⑥,无不走也;行年四十,而有内热之病,以死。豹养其内,而虎食其外;毅养其外,而病攻其内。此二子者,皆不鞭其后者也。"

【注释】①肾,字又作"緊",本或作"肾"。祝肾,怀道者也。　②学生,学养生之道也。　③篲,即"彗"之或体。拔,借为"茇"。拔篲,扫帚也。　④让,犹谦也。　⑤谷,本作"水"。　⑥薄,帘也。

【译文】田开之进见周威公。周威公问田开之说:"我听说祝肾学习养生之道。你在他门下学习,也听说过他的方术没有?"

田开之说:"我只是拿着扫帚,看守门户,在老师面前又能听到什么呢?"

周威公说:"田先生不要客气,我希望听一听他的方术。"

田开之说:"我听老师说过:'善于养生的人,如同放羊一样,要注意后尾而鞭策它们。'"

周威公问:"这是什么意思呢?"

田开之说:"鲁国有个叫单豹的人,他隐居在岩谷之中,不和俗人争名夺利,活到七十岁,脸色还如同婴儿一般;不幸他遇到一只饿虎,饿虎把他捉住吃掉了。还有一个叫张毅的人,他每逢经过高门大户或挂着帘子的人家,总是快步走过去;他活到四十岁,得了内热病,就死去了。单豹修养他的内体,可是老虎吃掉他的外体;张毅修养他的内体,可是疾病攻击他的外体。这两个人,都不是鞭策自己后尾的人啊。"

仲尼曰:无入而藏,无出而阳①,柴立其中央②;此三者得,其名必极。夫畏涂③者,十杀一人,则父子兄弟相戒也,必盛卒徒,而后敢出焉;不亦知乎? 人之所取④畏者,衽席⑤之上,饮食之间,而不知为之戒者,过也。

【注释】① 阳,显也。 ② 柴立其中央,若槁木之无心,而中适是立也。 ③ 畏涂,阻险道,可畏惧也。 ④ 取,即"最"字。 ⑤ 衽,卧席也。

【译文】孔子说:〔人在世间,〕不要隐姓埋名,而过于潜藏;不要出头露面,而过于显扬;要像枯柴似的,站立在中央的地位;这三项都能做到,他的声名必然会高出众人之上。那凶险的路途,如果十次通过,有一个人遇难,父子兄弟们就要互相戒备,必定聚集得人多了,然后才敢通过;这不也算很明智的吗? 人们最该畏惧的地方,还是在床席之上、饮食之间,可是人们在这些地方都不知道戒备,这是错误的。

祝宗人①玄端以临牢筴②,说彘③曰:"汝奚恶死? 吾将三月豢④汝,十日戒,三日齐,藉白茅,加汝肩尻乎雕俎之上。则汝为之乎?"为彘谋曰:"不如食以糠糟,而错⑤

之牢筴之中。"自为谋,则:"苟生有轩冕之尊,死得于腞楯之上,聚偻之中⑥,则为之。"为彘谋,则去之;自为谋,则取之。所异彘者,何也?

【注释】① 祝宗,主祭祀祈祷者。 ② 牢,豕室也。筴,木栏也。③ 彘,本亦作"豕"。 ④ 豢,养也。 ⑤ 错,置也。 ⑥ 腞,读为"辁",谓载柩车也。楯,读为"辒",亦谓载柩车也。聚偻,谓柩车饰也。

【译文】宗庙中主持祭祀祈祷的人,穿上礼服,走到猪圈旁边,对猪说:"你为什么讨厌死呢? 我要养活你三个月,我十大一戒,三天一斋,给你垫上白茅草,把你的肩膀、屁股放在雕饰华丽的肉案上。你愿意这样做吗?"在为猪计划的时候,他就这样说:"不如用糟糠喂它,把它放到牢圈里。"为自己计划的时候,就这样说:"如果是活着,就要有车马衣冠的荣耀;死了之后,就要有彩饰华美的灵车。"

为猪计划,就去掉供奉;为自己计划,就要求排场。他为自己计划和为猪计划不同的原因,究竟是什么呢?

桓公田①于泽,管仲御,见鬼焉。公抚管仲之手,曰:"仲父何见?"

对曰:"臣无所见。"

公反,诶诒②为病,数日不出。

齐士有皇子告敖③者,曰:"公则自伤,鬼恶能伤公? 夫忿滀之气④,散而不反,则为不足;上而不下,则使人善怒;下而不上,则使人善忘;不上不下,中身当心,则为病。"

桓公曰:"然则有鬼乎?"

曰:"有。沈有履⑤;灶有髻⑥;户内之烦壤,雷霆处之⑦；东北方之下者，倍阿、鲑蠪跃之⑧；西北方之下者，则洮阳处之⑨。水有罔象⑩，丘有峷⑪，山有夔⑫，野有方皇⑬，泽有委蛇。”

公曰："请问委蛇之状何如？"

皇子曰："委蛇⑭，其大如毂，其长如辕，紫衣而朱冠，其为物也恶；闻雷车之声，则捧其首而立。见之者，殆乎霸。"

公辴然⑮而笑曰："此寡人之所见也。"于是正衣冠，与之坐，不终日，而不知病之去也。

【注释】①田，畋猎。　②诒诒，失魂魄也。　③皇，姓；告敖，字；齐之贤士也。　④忿，满也。滀，结也。　⑤依文意，前五者皆谓宫墙之神。沈，疑借为"寝"。谓寝息之所也。　⑥髻，灶神；著赤衣，状如美女。　⑦烦壤，即"烦嬢"。　⑧倍阿，神名也；鲑蠪，状如小儿。长一尺二寸，黑衣，赤帻，大冠，带剑，持戟。倍阿、鲑蠪，实寓有东北之意。　⑨洮阳，豹头，马尾。⑩罔象，状如小儿，赤黑色，赤爪，大耳，长臂。　⑪峷，本作"宰"。峷，状如狗，有角，文身五采。丘陵崔嵬，故以之名山鬼也。　⑫夔，状如鼓，一足。山势高峻，故名山鬼曰夔。　⑬方皇，状如蛇，两头，五采文。郊野广廓，故名郊野之鬼曰方皇。　⑭委蛇，当取水势透迤之意。水泽透迤，故名薮泽之鬼曰委蛇也。　⑮辴，笑貌。读若"屧"。

【译文】齐桓公在水泽旁边打猎，管仲驾着车，见到了鬼。桓公摸着管仲的手，问他说："仲父，您看见了什么没有？"

管仲对桓公说："我没有看见什么。"

桓公回去之后，病得失魂落魄的，好多天不出门。

齐国的儒士中有个叫皇子告敖的，对桓公说："君王是自己伤害自己，鬼怎么能够伤害君王呢？人的忿积之气，只是放散，而不循环,就会精神亏损;只向上行,而不向下行,就会使人发怒;只向下行,而不向上行,就使人健忘;不向上行,也不向下行,停滞在胸中,当住心的活动,就成为疾病。"

桓公问:"那么,有没有鬼呢?"

皇子告敖说:"有。宫寝的鬼叫作履;灶室的鬼叫作髻;门户中扰攘的地方,雷霆鬼在那里居住;垣墙东北角下面的地方,有倍阿蛙鳖鬼在那里活动;西北角下面的地方,有泆阳鬼在那里居住。水中有罔象,丘陵有峷,山岳有夔,郊野有方皇,水泽有委蛇。"

桓公又问:"请问委蛇的形状是什么样的呢?"

皇子告敖说:"委蛇,它的体积如同车毂轳,它的长度如同车辕子,穿着紫衣裳,戴着红帽子,这种东西生得丑陋;它听到雷声或车声,就捧着头站起来。见到它的人,就要称霸于天下。"

桓公喜笑颜开地说:"这正是我所见到的啊。"他于是整整衣帽,和皇子告敖坐在一起。不到半天的工夫,不知不觉地疾病已经消除了。

纪渻子①为王②养斗鸡。

十日,而问:"鸡已乎?"曰:"未也。方虚㤭③而恃气。"

十日,又问。曰:"未也。犹应響景。"

十日,又问。曰:"未也。犹疾视而盛气也。"

十日,又问。曰:"幾④矣。鸡虽有鸣者,已无变矣;望之若木鸡矣,其德全矣。异鸡无敢应者,反走矣。"

【注释】① 纪渻子,人姓名也。渻,一本作"消"。　② 王,齐王也。

③ 恔,骄矜。　④ 幾,近也。

【译文】纪渻子为齐王训养斗鸡。

十天之后,齐王就问纪渻子:"鸡已经训养成了没有?"纪渻子说:"没有。它正处在空虚、骄矜而任性的状态。"

过了十天,齐王又问。纪渻子说:"没有。它还是听见声音、见到影子,就惊乍地啼叫起来。"

过了十天,齐王又问。纪渻子说:"没有。它还是视力锐敏,而气势旺盛。"

过了十天,齐王又问。纪渻子说:"差不多了。别处的鸡虽然有啼叫的,它也毫无动静了;从远处望去,它好像一只木头鸡了,它的性德已是纯全的了。别的鸡没敢和它应战的了,一见就会吓跑的。"

孔子观于吕梁。县水三十仞,流沫四十里,鼋、鼍①、鱼、鳖之所不能游也。见一丈夫游之。以为有苦而欲死也,使弟子并流②而拯之。数百步而出,被发行歌,而游于塘下③。

孔子从而问焉,曰:"吾以子为鬼,察子,则人也。请问:蹈水有道乎?"

曰:"亡。吾无道。吾始乎故,长乎性,成乎命。与齐俱入,与汨俱出④,从水之道,而无私焉。此吾所以蹈之也。"

孔子曰:"何谓'始乎故,长乎性,成乎命'?"

曰:"吾生于陵,而安于陵,故也;长于水,而安于水,性也;不知吾所以然而然,命也。"

【注释】① 鼋者,似鳖而形大;鼍者,鱼类而有脚。 ② 并,音"傍"。并流,谓随流并进也。 ③ 塘,岸也。 ④ 齐,回水如磨齐(脐)也。汨,涌波也。

【译文】孔子在吕梁游览。黄河的水流好像悬挂着的一般,有三十丈高,水沫流出四十里远,即是鱼鳖之类也不能够在这里游泳。看到一个男子在这里游泳,孔子以为他是因痛苦而寻死的,就派学生傍着水流去搭救他。走了儿白步,那个男子从水里出来了,披散着头发,边走边唱,在河堤下蹓跶。

孔子走过去问他说:"我以为您是鬼呢,仔细一看,您是个人!我请问:在水里行动,有什么道术吗?"

那个男子说:"没有,我没有什么道术。我是开始于故有,长养于习性,成功于天命。我随着漩涡进入水底,随着涌波浮山水面,顺从于水的理性,并不自作主张。这便是我之所以能够在水里行动的原因。"

孔子又问:"什么叫作'开始于故有,长养于习性,成功于天命'呢?"

那个男子说:"我生在高地,就安于高地,这便是故有;长在水地,便安于水地,这便是习性;我不知道为什么如此而如此,这便是天命。"

梓庆①削木为镶。镶成,见者惊犹鬼神。

鲁侯见而问焉,曰:"子何术以为焉?"

对曰:"臣,工人,何术之有?虽然,有一焉。臣将为镶,未尝敢以耗气也,必齐以静心。齐三日,而不敢怀庆赏、爵禄;齐五日,而不敢怀非誉、巧拙;齐七日,辄然②忘吾有四枝形体也。当是时也,无公朝;其巧专,而外骨消。然后入山林,观天性;形躯至矣,然后成见镰,然后加手焉;不然,则已;则以天合天。器之所以疑神者,其是与?"

【注释】① 梓庆,鲁木匠也。梓,官名;庆,其名也。 ② 辄然,不动貌。

【译文】梓庆用木材雕刻成一架镰(悬挂钟鼓的立木)。这架镰作成之后,见到的人都感到惊奇,好像有鬼神帮助似的。

鲁侯见到梓庆,就问他:"您是凭什么方术作成的呢?"

梓庆对鲁侯说:"奴才是一个工人,哪有什么方术呢?虽然如此,奴才却有一点。奴才将要作这架镰的时候,并不敢消耗奴才的气质,必定要用斋戒来静定奴才的心神。斋戒一天,奴才就不敢想着喜幸和奖赏、官爵和利禄那些事情了;斋戒五天,奴才就不敢想着恶名和美名、工巧和笨拙这些事物了;斋戒七天,奴才就拘拘紧紧地忘掉自己有四肢和形体了。当着这个时候,奴才心里排除了公朝的存在;奴才的技巧一专精,因而外物的干扰也就消失了。然后,奴才才进入山林,观察木材的天性;木材的形体选到了,然后在这段木材上定出镰形的轮廓,然后才开始着手制作;如果不是这样,奴才就不去动手;这就是利用天然来符合天然。奴才作出来的器物之所以人们怀疑有鬼神的帮助,大概就是这种原因吧?"

东野稷以御见庄公①,进退,中绳;左右旋,中规;庄公以为造父②弗过也。使之钩百③,而少及④。

颜阖⑤遇之,入见,曰:"稷之马将败。"公密而不应。

少焉,果败而返。

公曰:"子何以知之?"

曰:"其马力竭矣,而犹求焉,故曰败。"

【注释】① 东野,姓;稷,名也。庄公,鲁庄公也。 ② "造父"二字,本作"文"。 ③ 钩百,曲行也。 ④ "而少及",本作"而反"。 ⑤ 颜阖,鲁贤人也。

【译文】东野稷以驾车的技术得以在庄公门下表演。前进、后退的轨迹,就如同墨线打的一般;左转、右转的轨迹,就如同圆规画的一般;庄公以为就是造父也不能够超过他。庄公教他表演曲屈行进,却很少成功。

颜阖遇见东野稷的表演,便进去朝见庄公,说:"东野稷的马将出事故了。"庄公保持静默,而不答腔。

不一会儿,东野稷果然出了事故回来了。

庄公就问颜阖说:"您凭什么知道他要出事故呢?"

颜阖说:"他把马的力气都使尽了,可是还要求它,所以说要出事故。"

工倕旋,而盖规矩①,指与物化,而不以心稽②,故其灵台一而不桎③。

忘足,屦之适也;忘要④,带之适也;知忘是非,心之适也;不内变,不外从,事会之适也。始乎适,而未尝不适者,忘适之适也。

【注释】① 工倕,尧工,巧人也。 ② 指与物之相得,若化之自然,不待心之稽考而始合也。 ③ 灵台,神舍。桎,阂也。 ④ 按:要,古"腰"本字。

【译文】工倕用手指头一转,就能盖过圆规和曲尺,他的手指头随着器物变化,而不需用心去考究,所以他的心神淳一,而不受束缚。

忘掉了脚,是由于鞋子的舒适;忘掉了腰,是由于腰带的舒适;智慧忘掉了是非,是由于心神的舒适;不因为内心而有所变动,不随着外物而有所迁移,是由于接触事物的舒适。一开始就舒适,而且没有不舒适的地方,便是忘掉舒适的舒适。

有孙休者①,踵门而诧②子扁庆子③曰:"休居乡,不见谓不修;临难,不见谓不勇;然而田原不过岁,事君不遇世;宾④于乡里,逐于州部,则胡罪乎? 天哉! 休恶遇此?命也?"

扁子曰:"子独不闻夫至人之自行邪? 忘其肝胆,遗其耳目,芒然⑤,彷徨乎尘垢之外,逍遥乎无事之业,是谓'为而不恃,长而不宰'。今汝饰知以惊愚,修身以明汙,昭昭乎若揭日月而行也。汝得全而形躯,具而九窍,无中道夭于聋、盲、跛、蹇,而比于人数,亦幸矣! 又何暇乎天之怨哉? 子往矣!"

孙子出。扁子入,坐,有间,仰天而叹。弟子问曰:"先生何为叹乎?"

扁子曰:"向者,休来,吾告之以至人之德,吾恐其惊而遂至于惑也。"

弟子曰:"不然。孙子之所言是邪,先生之所言非邪,非固不能惑是;孙子之所言非邪,先生之所言是邪,彼固惑而来矣,又奚罪焉?"

扁子曰:"不然。昔者,有鸟止于鲁郊,鲁君说之,为具太牢以飨之,奏《九韶》以乐之;鸟乃始忧悲、眩视,不敢饮食。此之谓以己养养鸟也。若夫以鸟养养鸟者,宜栖之以深林,游之以平陆,浮之以江湖,食之以鳝鲰,委蛇而处⑥,而已矣。今休,款启寡闻⑦之民也。吾告之以至人之德,譬之载鼷以车马、乐鴳以钟鼓也。彼又恶能无惊乎哉?"

【注释】① 孙休,鲁人也。 ② 踵,至也。诧,告也。 ③ 子扁庆子,扁,姓;庆子,字也。上"子",为尊称。 ④ 宾,宾弃。 ⑤ 芒然,无心之貌也。 ⑥ "宜栖之以深林"以下五句,本作"宜栖之深林,浮之江湖,食以委蛇,则平陆"。 ⑦ 款,空也。款启、寡闻,少见、少闻也。

【译文】有个名字叫孙休的人,来到扁庆子的家门,便告诉扁庆子说:"我住在乡村,并没有被人说我不修身;临到危难,并没有被人说我不勇敢;然而,种地,遇不到丰年;事奉国君,遇不到盛世;在乡村,乡村的人们不理我;在州县,州县的人们赶我走。我究竟有什么罪过呢? 天啊! 我为什么总是遇到这些不如意的事情呢? 这是命该如此吗?"

扁庆子说:"您难道没有听说过圣人的所作所为吗? 圣人忘掉自己的肝胆,忘掉自己的耳目,淡然无心的,徘徊于尘世之外,逍遥于无为之始,这就叫作'施助万物,而不自恃有恩;领导万物,而不宰制万物'。现在,你夸耀自己的明智,来怜悯别人的愚昧;修治自己的身心,来彰显别人的污浊;明明煌煌的,好像是高举着日月走路。你得以保全身躯,具备九窍,没有在半路上死于聋、瞎、瘸、拐,而能够站在人群之中,也算够幸运的了! 你又有什么闲心来怨天呢? 您请回吧!"

　　孙休走了。扁庆子进屋,坐下,待了一会儿,便仰起头向天叹气。他的学生就问:"老师为什么唉声叹气呢?"

　　扁庆子说:"方才,孙休来了,我告诉给了他圣人的德业,我恐怕他感到惊奇,因而会使他感到迷惑。"

　　学生说:"不是这样。如果孙先生所说的是对的,老师说的是不对的,不对的当然不能迷惑对的;如果孙先生所说的是不对的,老师所说的是对的,那他本来就是被迷惑着才来的,又该怪罪谁呢?"

　　扁庆子说:"不是这样。从前,有一只鸟落在鲁国的郊外,鲁侯喜爱它,为它准备了丰盛的筵席来宴享它,演奏起大舜的乐章来娱乐它。这只鸟开始忧愁、眩晕,不敢吃喝。这就叫作以奉养自己的方式来奉养鸟。至于那用奉养鸟的方式来奉养鸟的,应该让它在深林里寄宿,在旷野中遨游,在江湖中漂浮,用鱼类来喂养,让它逍遥自在地居住着,也就可以了。现在,孙休是一个少见少闻的人。我把圣人的德业告诉了他,就譬如用马车来装载鼷鼠,用钟鼓来娱乐鸒雀一样。他又怎么能够不感到惊奇呢?"

十三、山　　木（九章）

庄子行于山中，见大木，枝叶盛茂；伐木者止其旁，而不取也。问其故。曰："无所可用。"庄子曰："此木以不材得终其天年！"

庄子①出于山，舍于故人之家。故人喜，命竖子②杀雁③而享④之。竖子请曰："其一能鸣，其一不能鸣，请奚杀？"主人曰："杀不能鸣者。"

明日，弟子问于庄子曰："昨日，山中之木，以不材得终其天年；今，主人之雁，以不材死。先生将何处？"

庄子笑曰："周将处夫材与不材之间。材与不材之间，似之而非也，故未免乎累。若夫乘道德而浮游，则不然。多誉无訾，一龙一蛇⑤；与时俱化，而无肯专为；一下一上⑥，以和为量。浮游于万物之祖，物物，而不物于物。则胡可得而累邪？此神农、黄帝之法则也。若夫万物之情、人伦之传⑦，则不然。合则离，成则毁，廉则剉⑧，尊则议⑨，有为则亏，贤则谋⑩，不肖则欺。胡可得而必哉？悲夫！弟子志之！其唯道德之乡乎！"

【注释】①按：庄子，本作"夫子"，当涉下文有"弟子"之文，因以致误，今以意改正。　②竖子,童仆也。　③雁,鹅也。　④享,本作"烹"。
⑤龙,出也;蛇,处也。　⑥"一下一上",本作"一上一下"。　⑦伦,理
也。传,移也。　⑧廉,利也。刿,缺伤也。　⑨议,俄也;谓法制不倾邪
也。　⑩按:谋,当读为"晦"。

【译文】庄子走过一片山林,见到一棵大树,枝叶非常茂盛;
伐木工人站在旁边,并不砍伐它。庄子问是什么原因。伐木工
人说:"它没有可用的地方。"庄子说:"这树就因为不成材而得以
终其天年啊!"

庄子走出山林,寄宿在旧友的家里。旧友很高兴,就叫仆人
宰鹅来款待客人。仆人问:"这鹅有一只会叫,一只不会叫,请问
杀哪一只呢?"主人说:"杀那只不会叫的。"

第二天,庄子的学生问庄子说:"昨天,山中那棵大树,因为
不成材,得以终其天年;今天,主人的鹅,因为不成材,就被杀掉。
请问老师会站在哪一方面呢?"

庄子说:"我将要站在成材与不成材之间。成材和不成材之
间,是似是而非的,也不可能免除罪累。至于那乘驾着道德而浮
游于世外的人,就不是这样的了。既没有人夸奖他,也没有人诽
谤他;有时像龙(动)一般,有时像蛇(静)一般;他随同着时间推
移,而不肯自作主张;有时居在上位,有时处在下位,把淳和作为
自己的尺度。他浮游于万物之始,把万物作为万物,而不被万物
将自己作为万物。有什么能够使他受到罪累呢? 这便是神农、黄
帝应世的法则。至于万物的实情,人事的变迁,就不是这样了。
有聚合就会有分离,有成功就会有毁坏,有锐利就会有挫损,有崇
高就会有倾邪,有有为就会有亏缺,有贤明就会有晦昧,有不贤明
就会有欺诈。哪能把一切事物看作是必然的呢? 可叹啊! 青年
们,要记着!〔要想免除罪累,〕只有浮游在道德之乡啊!"

市南宜僚①见鲁侯。鲁侯有忧色。市南子曰："君有忧色,何也?"

鲁侯曰："吾学先王之道,修先君之业,吾敬鬼、尊贤,亲而行之,无须臾居②,然不免于患。吾是以忧。"

市南子曰："君之除患之术,浅矣。夫丰狐③、文豹,栖于山林,伏于岩穴,静也;夜行,昼居,戒也;虽饥渴隐约,犹且胥疏④于江湖之上,而求食焉,定也;然且不免于罔罗机辟之患。是何罪之有哉? 其皮为之灾也。今,鲁国独非君之皮邪? 吾愿君刳形、去皮,洒心、去欲,而游于无人之野。南越有邑焉,名为'建德之国',其民愚而朴,少私而寡欲,知作而不知藏,与而不求其报;不知义之所适,不知礼之所将⑤,猖狂妄行,乃蹈乎大方⑥;其生可乐,其死可葬。吾愿君去国捐俗,与道相辅而行。"

君曰："彼其道远而险,又有江山,我无舟车,奈何?"

市南子曰："君无形倨,无留居,以为君车。"

君曰："彼其道幽远而无人,吾谁与为邻? 吾无粮,我无食,安得而至焉?"

市南子曰："少君之费,寡君之欲,虽无粮而乃⑦足。君其涉江而浮海,望之而不见其崖,愈往而不知其所穷。送君者皆自崖而反。君自此远矣。故有人者,累;见有于人者,忧⑧。故尧,非有人,非见有于人也。吾愿去君之累,除君之忧,而独与道游于大莫之国⑨。方⑩舟而流于河,有虚船来,触舟,虽有惼心之人,不怒。有一人在其上,则呼张之、歙之⑪。一呼而不闻,再呼而不闻,于是三呼邪,则必以恶声随之。向也不怒,而今也怒;向也虚,而今也实。人能虚己以游世,其孰能害之?"

【注释】① 市南宜僚,熊宜僚也,居市南,因为号也。 ② "无须臾居",本作"无须臾离居"。 ③ 丰,大也。 ④ 胥疏,谓缓行也。 ⑤ 将,行也。 ⑥ 猖狂,无心也。妄行,混迹也。方,道也。 ⑦ 乃,读为"能"。 ⑧ 有人者,有之以己私也;见有于人者,为人所役用也。 ⑨ 大莫,犹广漠。 ⑩ 按:方,读为"放"。 ⑪ 张之,歆之,本作"张歆之"。张,开也。歆,欲也。注:"持舟楫者谓近岸为歆,远岸为张也。"

【译文】熊宜僚进见鲁侯。鲁侯脸上带有忧愁之色。熊宜僚就问:"君王脸上带有忧愁的颜色,究竟为什么呢?"

鲁侯说:"我学习先王的道理,继承先君的事业,我敬奉鬼神,尊重贤人,亲体力行,没有片刻的安闲,然而不免遭到灾患。我所以担忧。"

熊宜僚说:"君王驱除灾患的方术,未免浅陋了!那大狐狸和金钱豹,居住在山林,潜伏在岩洞,这是它的稳静;夜间出来,白天不动,这是它的戒备;虽然有饥渴的忧困,还是漫步江湖之上,而寻求食物,这是它的镇定;然而还是不免遭到网罗机关的灾祸。它们究竟有什么罪过呢? 这是它们的外皮所招来的灾祸。现在,鲁国难道不就是君王的外皮吗? 我希望君王削损形体,去掉外皮,洗净内心,祛除私欲,而遨游在无人的原野。在南越有一个国家,叫作'建德之国',那里的人民,愚昧无知,淳朴不华,没有私心,没有欲望;只知道工作,而不知道积藏;施助别人,而不要求报答;不知道怎样是趋向道义,不知道怎样是施行礼节;随心任意地去作,却都是踏着大道行走。他们的生活是可以得到快乐的,死亡是会得到葬埋的。我希望君王丢掉国家,离开世俗,和'道'并肩前进。"

鲁侯说："这条道路，又遥远，又危险，又有江河的阻隔，我没有车船，那怎么行呢？"

熊宜僚说："君王不要显得骄矜，不要留滞不前，就以这个作为君王的车马。"

鲁侯说："这条道路，又隐蔽，又遥远，又没有人，我同谁作伴呢？我没有食粮，饿了没有饭食，怎么能够走得到呢？"

熊宜僚说："减少君王的费用，减少君王的欲望，纵然没有食粮，也能够感到充足。君王如果渡过长江，而浮游在大海之上，望不见它的崖岸，越走越不知道它的尽头。欢送君王的人都要从大海崖岸回去。君王从此就走得很远很远了。所以，私有别人的人，就会有罪过；被别人所私有的人，就会有忧愁。所以，帝尧不私有别人，也不被别人所私有。我希望君王去掉自己的罪累，除掉自己的忧愁，而独自和'道'一同遨游在广漠之国。把船放开，渡过大河，如果有一只没有人驾驶的船漂来，撞上这只船，纵然性情急躁的人，他也不会恼怒；如果那只船上有一个人，就呼唤着叫他离岸或靠岸，可是喊他一次不应，再喊他不应，于是喊了他第三声。这个人必然要用不好的言语对付他。从前不恼怒，而现在却恼怒，这是因为从前是一只没人驾驶的船，而现在却是一只有人驾驶的船了。人如果能够自己虚心遨游世界，又有谁去伤害他呢？"

北宫奢①为卫灵公赋敛②以为钟。为坛乎郭门之外。三月，而成上下之县③。

王子庆忌见而问焉④，曰："子何术之设？"

奢曰："一之间，无敢设也。奢闻之：'既雕既琢，复归于朴。侗乎其无识,傥乎其怠疑⑤,萃乎芒乎⑥,其送往而迎来;来者勿禁,往者勿止。'从其强梁,随其曲傅⑦,因其自穷,故朝夕赋敛,而毫毛不挫。而况有大涂者乎⑧?"

【注释】①北宫奢,卫大夫,居北宫,因以为号;奢,其名也。 ②赋敛,谓收聚也。 ③钟有架,所以县钟也。架有两层,故曰上下悬。此言编钟也。 ④王子,王族也;庆忌,周大夫也。 ⑤怠疑,无所趣也。 ⑥芒,芒昧。萃,当借为"粹"。 ⑦随其曲傅,谓曲附己者,随之也。 ⑧涂,道也。

【译文】北宫奢为卫灵公征集民间的金属来制作一套编钟。在城郭门外面筑起土坛,作为铸造的房舍。三个月,他把区分音律的上下两层钟架都做好了。

王子庆忌见他〔做得这样快〕,就问他说:"您是用什么方术计划的呢?"

北宫奢说:"在纯一淡泊之中,我是不敢有所计划的。我听到古人说过:'既经把器物雕琢出来,还得要返还它的本元。庸庸碌碌的,好像一无所知,迷迷茫茫的,好像不敢前进;诚诚恳恳的,芒芒昧昧的,只是遣送离去的,而迎接前来的,前来的不拦阻他们,离去的不制止他们。'刚强不服的也由着他们,委曲顺从的也随着他们,自觉自愿的也依着他们,所以日夜地征集,并丝毫没有损伤他们。〔我制作编钟是这样〕,何况是大有道术的人呢?"

孔子围于陈、蔡之间,七日不火食。

太公任①往吊之,曰:"子幾死乎?"

曰:"然。"

"子恶死乎?"

曰:"然。"

任曰:"予尝言不死之道。东海有鸟焉,其名为意怠。其为鸟也,翂翂翐翐②,而似无能;引援而飞,迫胁而栖;进不敢为前,退不敢为后,食不敢先尝,必取其绪③;是故其行列不斥,而外人卒不得害;是以免于患。'直木先伐,甘井先竭。'子其意者饰知以惊愚,修身以明污,昭昭乎如揭日月而行,故不免也。

"昔,吾闻之大成之人曰:'自伐者无功。功成者堕④,名成者亏。孰能去功与名,而还与众人?道流,而不明居;得行,而不名处⑤。纯纯常常,乃比于狂。削迹捐势,不为功名。'是故无责于人,人亦无责焉。至人不闻。子何喜焉?"

孔子曰:"善哉!辞其交游,去其弟子,逃于大泽,衣裘褐,食杼栗;入兽不乱群,入鸟不乱行。鸟兽不恶,而况人乎?"

【注释】① 太公,大夫称;任,其名。 ② 翂翂翐翐,舒迟貌;一云,飞不高貌。 ③ 绪,次绪也。 ④ 堕,败也。 ⑤ 明,借为"名";得,借为"德"。

【译文】孔子〔周游列国〕,被困在陈、蔡两国之间,七天没有吃到熟食。

太公任去慰问孔子,说:"您几乎被困死了吧!"

孔子说:"是的。"

太公任又问:"您讨厌死吗?"

孔子说:"是的。"

太公任说:"我试着说一说不死的道理吧。东海有一种鸟,它的名字叫意怠。这种鸟,飞得很舒缓,好像软弱无力;它们摞着膀子飞行,挤在一起过夜;前进不敢抢先,后退不敢落后,吃东西不敢先尝,必定要保持秩序;所以,它们在行列中都不互相排斥,而且外人终究伤害不着它们;所以能够免除灾祸。'挺直的木材,首先被人砍伐;甘美的井水,首先被人打干。'您或许是文饰自己的明智,来显扬别人的愚昧;修治自己的身心,来表露别人的污浊;明明煌煌的,好像是高举着日月而走路;所以就不能免除灾祸啊。

"从前,我听到大德纯全的人说过这样的话:'自夸的人不会成功。成了功的人就要衰颓,成了名的人就要亏损。谁能够抛弃功名,而把它归还给众人呢?'道'行出去,而不自名有'道';'德'行出去,而不自名有'德'。纯真、永恒,而自比于无知。削除形迹,丢掉势力,而不企求功名。'所以,自己不去责备别人,别人也就不来责备自己。至(圣)人是不求闻名于当世的。您为什么要喜欢这个呢?"

孔子说:"您说得太好了! 辞退了朋友,离开了学生,逃亡到深山大泽,穿着布衣,吃着野果;进入兽群,不扰乱它们的队伍;进入鸟群,不扰乱它们的行列。鸟兽都不讨厌他,何况是人群呢?"

孔子问子桑雽①曰:"吾再逐于鲁,伐木于宋,削迹于卫,穷于商、周,围于陈、蔡之间,吾犯此数患,亲交益疏,徒友益散,何与?"

子桑雽曰:"子独不闻假人之亡与? 林回②弃千金之璧,负赤子而趋。或曰:'为其布③与,赤子之布寡矣;为其累与,赤子之累多矣。弃千金之璧,负赤子而趋,何也?'林回曰:'彼以利合,此以天属④也。'夫以利合者,迫穷、祸、患、害,相弃也;以天属者,迫穷、祸、患、害,相收⑤也。夫相收与相弃,亦远矣。且'君子之交,淡如水;小人之交,甘如醴。君子淡以亲,小人甘以绝。'彼无故以合者,则无故以离。"

孔子曰:"敬闻命矣。"徐行翔佯⑥而归,绝学、捐书,弟子无挹于前,其爱益加进。

异日,桑雽又曰:"舜之将死,遒命禹⑦曰:'汝戒之哉! 形莫若缘⑧,情莫若率;缘则不离,率则不劳;不离,不劳,则不求文以待形;不求文以待形,固⑨不待物。'"

【注释】① 子桑雽,桑,姓;雽,其名;隐人也。 ② "殷人",本作"假人"。 ③ 布,谓财帛也。 ④ 属,连也。 ⑤ 按:收,当读为"纠"。 ⑥ 翔佯,即徬徨也。 ⑦ "遒命禹",本作"真泠禹"。遒令禹者,乃命禹也。 ⑧ 缘,顺也。 ⑨ 固,通"故"。

【译文】孔子问子桑雽说:"我在鲁国被两次驱逐,在宋国担过惊,在卫国隐匿过行迹,在商、周两地受过穷困,在陈、蔡两国之间被包围过,我受过这几次灾难,亲友越来越疏远了,门徒朋友越来越离散了。这是什么原因呢?"

子桑雽说:"您难道没有听说过殷国人民逃亡的故事吗? 有一个叫林回的,他抛弃了价值千金的璧玉,却背着自己的婴儿逃走了。有人问他:'你是为了他值钱呢? 婴儿比璧玉价值少得多;你是为了怕劳累呢? 可婴儿比璧玉劳累多了。你抛弃了价值千金的璧玉,而背着婴儿逃跑,这是为什么呢?'林回说:'那璧玉是由于财利所撮合,这婴儿是由于天性所牵连啊。'那由于财利所撮合的,遇到了贫穷、灾祸、忧患、伤害的逼迫,就互相遗弃了;由于天性所牵连的,遇到了贫穷、灾祸、忧患、伤害的逼迫,就互相结合。这种互相遗弃和互相结合,两者的差别也太远了。况且,'君子之间的交情,淡薄得如同清水一般;小人之间的交情,甜蜜得如同醇酒一般。君子淡薄而亲切,小人甜蜜而疏远。'那无故而撮合起来的,必定要无故离散。"

孔子说:"我恭恭敬敬地接受您的教诲。"孔子漫步徜徉地回去了。他停止了学习,抛开了书籍,不但他面前的学生人数没有减少,他们对他的敬爱却反而大大加强了。

第二天,子桑雽又对孔子说:"大舜将要死的时候,他嘱咐大禹说:'你要谨慎啊!〔对于一切事物,〕外貌没有比随顺再好的,内心没有比遵循再好的;随顺,就不会离失本性;遵循,就不会劳累形体;不离失本性,不劳累形体,就不希求着用文采来对待形体;不希求用文采对待形体,所以就不需要依靠外物。'"

庄子衣大布,而补之,正緳系履①,而过魏王②。

王曰:"何先生之惫邪?"

庄子曰:"贫也,非惫也。士有道德,不能行,惫也;衣敝,履穿,贫也,非惫也。此所谓非遭时也!王独不见夫腾猿乎?其得柟、梓、豫章③也,揽蔓④其枝,而王长⑤其间;虽羿、蓬蒙⑥不能眄睨⑦也。及其得柘、棘、枳、枸⑧之间也,危行,侧视,振动悼栗。此筋骨非有加急而不柔也,处势不便,未足以逞其能也。今处昏上、乱相之间,而欲无卷,奚可得邪?此比干之见惩⑨也夫!"

【注释】① 大布,麤(粗)布也。縲,当为"絜"之变体。縲,带也。○李颐:履穿,故系。 ② 魏王,惠王也。 ③ 柟、梓、豫章,皆端正直好木也。④ 揽蔓,谓攀枝蔓延也。 ⑤ 王长,谓猿居其上,而自为君长也。⑥ 羿,古之善射者。蓬蒙,羿之弟子。 ⑦ 眄睨,斜视也。 ⑧ 柘、棘、枳、枸,并有刺之恶木也。 ⑨ "见惩",本作"见剖心征"。"见征"或"见惩",即被惩也。

【译文】庄子穿着粗布衣,还补着补丁,拖着破鞋,系着麻绳带子,去进见魏王。

魏王问庄子说:"先生为什么这么困顿呢?"

庄子说:"我是贫穷,并不是困顿啊!儒士身怀道德,而不能够施行于天下,这是困顿啊;衣服破了,鞋子对穿了,这是贫穷,不是困顿。这就叫作生不逢时啊!君王难道没有见过蹦蹦跳跳的猴子吗?它们遇到高大挺直的树林,在树枝上窜来窜去,在这里简直可以称王;即便是善射的羿和蓬蒙,也不敢藐视它们。等到它们到了矮小带刺的树丛中,便战战兢兢地行走,侧着头四下张望,树枝一振动,都吃惊害怕。这并不是它们的筋骨增加了硬度而不柔活,而是因为所处的形势不方便,不能够施展它们的本能。现在,我处在昏君乱臣的中间,而想着不受困顿,怎么能够做得到呢?这便是王子比干的所以受到惩处的原因啊!"

孔子穷于陈、蔡之间,七日不火食。左据槁木,右击槁枝,而歌焱氏①之风;有其具,而无其数;有其声,而无其宫角②;木声与人声犁然③,有当于人之心。

颜回端拱还目④而窥之。仲尼恐其广己而造大也,爱己而造⑤哀也,曰:"回!无受天损,易;无受人益,难。无始而非卒也,人与天一也。夫今之歌者,其谁乎?"

回曰:"敢问'无受天损,易'。"

仲尼曰:"饥渴、寒暑、穷桎不行⑥,天地之行也,运物之泄⑦也;言与之偕逝之谓也。为人臣者,不敢去之。执臣之道,犹若是,而况乎所以待天乎?"

"何谓'无受人益,难'?"

仲尼曰:"始用四达⑧,爵禄并至,而不穷,物之所利,乃非己也。吾命有在外者也。君子不为盗,贤人不为窃,吾若取之,何哉?故曰:鸟莫知于鹢鸸,目之所不宜处,不给视;虽落其食,弃之而走⑨。其畏人也,而袭诸人间,社稷存焉尔⑩。"

"何谓'无始而非卒'?"

仲尼曰:"化其万物,而不知其禅⑪之者。焉知其所终?焉知其所始?正面待之而已耳。"

"何谓'人与天一'邪?"

仲尼曰:"有人,天也;有天,亦天也。人之不能有天,性也。圣人晏然⑫,体逝而终矣。"

【注释】① 焱氏,古之无为帝王也。 ② 无其数,无节奏也。无宫角,不主音律。 ③ 犁,当读为"辂"。犁然,犹划然也。 ④ 还,音"旋"。还目,回目而视。 ⑤ 造,至也。 ⑥ 桎,塞也。 ⑦ 泄,发也。 ⑧ 始用,始进也。初进之时,即四达而无不利。 ⑨ 鹢鸸,燕也。实,食也。 ⑩ 袭,入也。社稷,犹言故家、故居耳。 ⑪ 禅,代也。 ⑫ 晏然,安也。

【译文】孔子〔周游列国,〕被困在陈、蔡两国之间,七天没有吃到熟食。他左手扶着枯树干,右手敲着枯木枝,歌唱起焱氏的乐章;有乐章的工具,但是没有乐章的节奏;有乐章的声调,但是没有乐章的音律;木声和人声划然离分,听来令人感到梗梗于怀。

颜回恭恭敬敬地垂着手,转过眼来看孔子。孔子恐怕他由自宽而转为自大,由自爱而转为自悲,便对他说:"颜回啊!不受天的消损(不厌贫贱),容易;不受人的增益(不贪富贵),困难。一切事物没有不是牜始而同时又是终结的。人和天是一体的。那么现在歌唱的人,究竟是谁呢?"

颜回问:"请问'不受天的消损,容易'的道理。"

孔子说:"人的饥渴、冷热、困塞不通,都是天地的运行,都是万物的发动;就是说,人要随着它共同前进。为臣仆的人,不敢离开君主。执守臣道的,尚且如此,何况是仰靠于天的呢?"

颜回又问:"请问什么叫作'不受人的增益,困难'呢?"

孔子说:"一开始被录用,便官运亨通,爵位、俸禄,一齐到来,而不受穷困,这便是外物的增益,并不是自己所固有的。我们的命运是有属于外物的。君子不做贼,贤人不偷盗。我们如果取用别人的东西,那怎么能行呢?所以说:鸟类没有比燕子再聪明的:它眼睛所不应当停留的地方,它就不看;嘴里丢掉了衔着的食物,它放弃了就走。它是怕人的,可是却依附在人的家里居住,这是由于老家在这里的关系。"

颜回又问:"什么叫作'没有不是开始而同时又是终结'呢?"

孔子说:"化生了这些万物,可是并不知道谁是传授者。怎么能够知道它们终结的所在呢?怎么能够知道它们开始的所在呢?只是抱守正道而等待着自然的推衍而已。"

颜回又问:"什么叫作'人和天是一体'呢?"

孔子说:"世间有人,便是天;世间有天,也是天。人不能够私有天,便是本性。圣人体态安然,形体一逝去,就是终结。"

庄周游于雕陵①之堥②,睹一异鹊,自南方来者,翼广七尺,目大运寸,感周之颡③,而集于栗林。

庄周曰:"此何鸟哉? 翼殷不逝,目大不睹④!"蹇裳躩步⑤,执弹而留之⑥。

睹一蝉,方得美荫,而忘其身;螳螂执翳⑦而搏之,见得而忘其形;异鹊从而利之,见利而忘其真⑧。

庄周怵然曰:"物固相累,二类相召也!"捐弹而反走。虞人逐而谇之。

庄周反,三日⑨不庭⑩。蔺且从⑪而问之:"夫子何为顷间甚不庭乎?"

庄周曰:"吾守形而忘身。观于浊水,而迷于清渊。且吾闻诸夫子曰:'入其俗,从其俗。'今吾游于雕陵,而忘吾身,异鹊感吾颡;游于栗林而忘真,栗林虞人以吾为戮⑫。吾是以不庭也!"

【注释】① 雕陵,陵名。 ② 堥,本作"樊"。"堥",古"野"字。 ③ 感,触也。颡,额也。 ④ 殷,大也。逝,往也。翅大不能远飞,目大不能远视。 ⑤ 躩,疾行也。 ⑥ 留,宿留,伺其便也。 ⑦ 执翳,伏于障蔽之后也。 ⑧ 真,身也。 ⑨ 三日,本作"三月"。 ⑩ 庭,当读为"逞"。不逞,不快也。 ⑪ 蔺且,庄子弟子。 ⑫ 戮,辱。

【译文】庄周在雕陵的郊野闲游,看见一只奇异的山鹊,它是从南方飞来的,翅膀宽度七尺,眼睛直径一寸,撞了庄周的前额一下,就落到栗子树林里去了。

庄周说:"这是一只什么鸟呢?翅膀大,可是飞不动;眼睛大,可是看不清!"他提起衣裳,紧走了几步,拿起弹弓,伺候着它。

庄周看见一个蜩蟧,正找得一个美妙的树荫,而忘掉了自己的身躯;又有一只螳螂,潜伏在树叶的后面,要捉这个蜩蟧,它见到食物,而忘掉了自己的形体;这只奇异的山鹊以为有利可图,见到有利,而忘掉了自己的本体。

庄周警惕地说:"咳呀!原本万物是互相连累的,两类是互相招引的啊!"他丢掉弹弓,便向回走。看守栗园的人〔以为他要偷栗子〕,追过来盘问他。

庄周回到家,不愉快了三天。他的学生蔺且就问他:"老师为什么这几天很不愉快呢?"

庄周说:"我抱守着自己的形体,而忘掉了自己的身躯。在混水里看得清楚,在清水里却感到迷糊。并且,我听到老师说过:'进入这种习俗,就随从这种习俗。'现在,我到雕陵闲游,忘掉了自己的身躯,奇异的山鹊撞了我的前额;我在栗子树林里闲游,忘掉了自己的本体,看守栗子树林的人以为我〔要偷栗子〕可耻。所以我不愉快啊!"

阳子①之宋,宿于逆旅②。逆旅人有妾二人,其一人美,其一人恶;恶者贵而美者贱。

阳子问其故。逆旅小子对曰:"其美者自美,吾不知其美也;其恶者自恶,吾不知其恶也。"

阳子曰:"弟子记之!行贤,而去自贤之行,安往而不爱哉?"

【注释】① 阳子,杨朱也。　② 逆旅,店也。

【译文】杨朱往宋国去,住在旅店里。旅店主人有两个小老婆,一个美丽,一个丑陋。丑陋的受人们尊重,而美丽的被人们看贱。

杨朱询问其中的缘故。旅店的僮官回答说:"那个美丽的自以为美丽,我却感觉不到她美丽;那个丑陋的自以为丑陋,我就感觉不到她的丑陋。"

杨朱说:"青年们要记着! 行为贤明,而去掉自以为贤明的行为,到什么地方不受到人的喜爱呢?"

十四、田　子　方（十一章）

田子方侍坐于魏文侯,数称谿工①。

文侯曰:"谿工,子之师邪?"

子方曰:"非也,无择之里人也;称道数当,故无择称之。"

文侯曰:"然则,子无师邪?"

子方曰:"有。"

曰:"子之师,谁邪?"

子方曰:"东郭顺子②。"

文侯曰:"然则,夫子何故未尝称之?"

子方曰:"其为人也真,人貌而天虚:缘而葆真,清而容物③。物无道,正容以悟之,使人之意也消。无泽何足以称之?"

子方出,文侯傥然④,终日不言。召前立臣而语之曰:"远⑤矣,全德之君子! 始吾以圣知之言、仁义之行为至矣;吾闻子方之师,吾形解而不欲动,口钳而不欲言;吾所学者,直土梗⑥耳! 夫魏,真为吾累耳。"

【注释】① 田子方,魏文侯师也,名无择。谿工,贤人也。　② 东郭顺子,居在东郭,因以为氏,名顺子。 ③ 缘,顺也。人貌而天虚,谓外具人貌而内怀天道也。天,故"清";虚,故"容物"。 ④ 傥然,自失之貌。⑤ 远,深远难知。 ⑥ 土梗,犹言土芥、土苴也。

【译文】田子方陪着魏文侯闲坐着,他多次称赞谿工的为人。

文侯问田子方说:"谿工是您的老师吗?"

田子方说:"不是,他是我的同乡;他的言论经常是得当的,所以我称赞他。"

文侯又问:"那么,您没有老师吗?"

田子方说:"有。"

文侯又问:"您的老师是谁呢?"

田子方说:"我的老师是东郭顺子。"

文侯又问:"那么,您为什么没有称赞他呢?"

田子方说:"他的为人,本性真纯,外具人貌,而内怀天道:他顺从自然,而保全本真;清静无为,而包容万物。外人不顺情理,他就态度严肃地晓谕他们,使他们的邪念消除。我怎么有资格称赞他呢?"

田子方走后,文侯很不自在,一天也没说话。他召来侍从他的近臣,告诉他们说:"德行纯全的君子,真是深远无穷啊!从前,我以为圣明之言、仁义之行已经达到顶点了;现在,我听了田子方的老师的修养,我的形体就像肢解了的一样,不愿意动弹;嘴就像钳住了的一样,不愿意说话;我从前所学的,只不过是粪土草刺而已。这个魏国,真成了我的罪累了!"

温伯雪子①适齐,舍于鲁。鲁人②有请见之者。

温伯雪子曰:"不可。吾闻中国③之君子,明乎礼义,而陋于知人心。吾不欲见也。"

至于齐,反,舍于鲁。是人也,又请见。

温伯雪子曰:"往也,蕲见我;今也,又蕲见我;是必有心振我也。"出而见客。入而叹。

明日,见客。又入而叹。其仆曰:"每见之客也,必入而叹,何邪?"

曰:"吾固告子矣:中国之民,明于礼义,而陋于知人心。昔之见我者,进退,一成规,一成矩;从容,一若龙,一若虎。其谏我也,似子;其道④我也,似父。是以叹也。"

仲尼见之,而不言,而出⑤。

子路曰:"吾子欲见温伯雪子;久矣;见之而不言,何邪?"

仲尼曰:"若夫人者,目击而道存⑥矣,亦不可以容声⑦矣。"

【注释】① 姓温,名伯,字雪子,楚之怀道人也。 ② 鲁人,孔子门人。 ③ 中国,鲁国也。 ④ 道,音"导"。 ⑤ "而出"二字本无。 ⑥ 击,借为"繫"。繫,连接也。 ⑦ 容,借为"庸"。

【译文】温伯雪子往齐国去,在鲁国境内寄宿。鲁国人(孔子的学生)有请求会见他的。

温伯雪子说:"不行。我听说鲁国的君子,都明于礼义,而拙于通晓人心。我不愿见他。"

温伯雪子到了齐国,回来,又寄宿在鲁国境内。这个人又请求会见。

温伯雪子说:"上次,他请求见我;现在,他又请求见我;他必然对我有所帮助。"他就出来接见这位客人。回到屋里,就叹息起来。

第二天,温伯雪子又接见了这位客人。回到屋里,又叹息起来。

温伯雪子的学生就问:"您每天接见过客人,回到屋里,必定要感叹,这是为什么呢?"

温伯雪子说:"我本来就告诉过您了:鲁国的人民,明于礼义,而拙于通晓人心。前几天,见到我的那位客人,前进后退,忽而合乎圆规,忽而合乎方矩;举止动作,忽而像神龙,忽而像猛虎。在劝诫我的时候,好像是我的儿子;以指导我的时候,好像是我的父亲。我是因为这个而叹息啊。"

孔子会见了温伯雪子,并没有交谈,就出去了。

子路问孔子说:"老师早就想见见温伯雪子,见了面不交谈,这是为什么呢?"

孔子说:"像这样的人,眼睛一接触,就看透了他的道术,也就用不着出声了。"

颜渊问于仲尼曰:"夫子步,亦步;夫子趋,亦趋;夫子驰,亦驰;夫子奔逸绝尘①,而回瞠若乎后②矣。"

仲尼③曰:"回! 何谓邪?"

曰:"'夫子步,亦步'也,夫子言,亦言也;'夫子趋,亦趋'也,夫子辩,亦辩也;'夫子驰,亦驰'也,夫子言道,回亦言道也;及'奔逸绝尘,而回瞠若乎后'者,夫子不言而信,不比而周,无器而民蹈乎前④,而不知所以然而已矣。"

仲尼曰:"恶! 可不察与? 夫哀莫大于心死,而人死亦次之。日出东方，而入于西极⑤，万物莫不比方⑥。有目有趾者，待是而后成功。是出则存，是入则亡。万物亦然，有待也而死，有待也而生。吾一受其形，而不化以待尽；效物而动，日夜无隙，而不知其所以终；薰然⑦其成形，知命不能规乎其前。丘以是日徂⑧，吾终身与汝，交一臂而失之。可不哀与？汝殆著乎吾所以著⑨也。彼已尽矣，而汝求之以为有，是求马于唐肆⑩也。吾服⑪汝也甚忘，汝服吾也亦甚忘。虽然，汝奚患焉？虽忘乎故吾，吾有不忘者存。"

【注释】① 奔逸绝尘，急走也。　② 瞠若乎后，言不可及也。　③ "仲尼"，本作"夫子"。　④ 无器，犹不器也。民，当借为"敄"或"忞"。蹈，践也。民蹈，谓闵勉进取也。　⑤ 西极，犹西方也。　⑥ 比方，即比傍。　⑦ 薰然，自动之貌。　⑧ 徂，往也。　⑨ 著，见也。　⑩ 肆，市也。唐，借为"溏"，空也。　⑪ 服者，思存之谓也。

【译文】颜回问孔子说："老师迈步，我也迈步；老师前进，我也前进；老师快跑，我也快跑；老师远走高飞，那我就直瞪着眼睛落在后面了。"

孔子说："颜回！你说的是什么意思呢？"

颜回说："'老师迈步，我也迈步'，是说老师谈论，我也跟着谈论；'老师前进，我也前进'，是说老师争辩，我也跟着争辩；'老师快跑，我也快跑'，是说老师讲说，我也跟着讲说；至于'老师远走高飞，那我就直瞪着眼睛落在后面'，是说老师不用说话，就能够取信于人；不用同别人接近，就能够同别人亲密；无所不通，仍然勉力前进，却不知道其中的原因罢了。"

孔子说："咳！这可是你不明察了？人的悲痛，没有比心的死亡再大的;而形体的死亡,却在其次。太阳出自东方,落入西方,万物没有不顺从着它的。凡是有眼睛、有脚趾头的(人),都得依靠着它,然后才能成功。它出来,一切都能存在;它进去,一切都要灭亡。万物也是如此,都依靠着它而死亡,依靠着它而生存。我们禀受了形体,就无可变动地去等待着衰退;随着万物一同行动,日夜没有空闲,不知道哪里才算终结;自动地成为形体,知道自己的命运不能随心规划在前面。我所以天天进取。我终身同你在一起,可是在互相扯着一只胳膊的工夫便会失散的。这不令人感到可悲吗? 你大概是见到我所以见到的那些事理了。那些事理都是已经过去了,可是你还要追求它们,以为它们还是存在的,这就如同在空旷的集市上寻求马匹一般。我对你的思念很容易忘掉,你对我的思念也容易忘掉。虽然如此,你有什么可忧虑的呢? 纵然忘掉了过去的我,可是我还有不会被人忘掉的东西存在着啊。”

孔子见老聃。老聃新沐①,方将被发而干,慹然②似非人。孔子便而待之。

少焉,见。曰:“丘也眩与? 其信然与? 向者,先生形体掘③若槁木,似遗物离人,而立于独也。”

老聃曰:“吾游于物之初。”

孔子曰:“何谓邪?”

曰:“心困焉而不能知,口辟焉④而不能言。尝为汝议乎其将⑤:至阴肃肃,至阳赫赫,肃肃出乎天,赫赫发乎地⑥,两者交通成和,而物生焉。或为之纪⑦,而莫见其形;消息满虚,一晦一明;日改月化⑧,日有所为,而莫见其功。死有所乎归,生有所乎萌;始终相反乎无端,而莫知其所穷。非是也且? 孰为之宗?"

孔子曰:"请问游是。"

老聃曰:"夫得是,至美、至乐也。得至美,而游乎至乐,谓之至人。"

孔子曰:"愿闻其方。"

曰:"草食之兽,不疾⑨易薮;水生之虫,不疾易水;行小变而不失其大常也。喜、怒、哀、乐不入于胸次⑩。夫天下也者,万物之所一也。得其所一而同焉,则四支、百骸将为尘垢,而死生、终始将为昼夜,而莫之能滑⑪;而况祸福、得失之所介乎? 弃隶者若弃泥涂,知身贵于隶也。贵在于我,而不失于变。且万化而未始有极也。夫孰足以患心? 已为道者解乎此。"

孔子曰:"夫子德配天地,而犹假至言以修心,古之君子,孰能脱焉?"

老聃曰:"不然。夫水之于汋⑫也,无为,而才自然矣;至人之于德也,不修,而物不能离焉。若天之自高,地之自厚,日月之自明,夫何修焉?"

孔子出,以告颜回,曰:"丘之于道也,其犹醯鸡⑬与! 微⑭夫子之发吾覆也,吾不知天地之大全也!"

【注释】① 沐,濯发也。 ② 慭然,不动貌。 ③ 掘,徐音"屈"。屈,竭也。 ④ 辟,卷不开也。 ⑤ 将,借为"奘"。 ⑥ 肃肃、赫赫,动静之谓也。 ⑦ 纪,借为"基"。 ⑧ "日改月化"四字无属,似为注文之误入正文者;否则此句下应有脱文。 ⑨ 疾,患也。 ⑩ 次,中也。 ⑪ 滑,乱也。 ⑫水之于汋,谓水之于浸润万物也。 ⑬醯鸡者,瓮中之蠛蠓。
⑭微,无。

【译文】孔子去会见老聃。老聃新洗了头发,正披散着头发
晾干呢,一动不动地好像不是个人。孔子安安静静地等待着他。

一会儿,二人相见。孔子问老聃说:"是我眼花了呢? 还是
这些是真情实况呢? 方才,我看到先生的形体干干巴巴的好像
枯树一般,如同隔绝了万物和人群,而站立在孤独无依的地方。"

老聃说:"我遨游于万物的元始境界。"

孔子问:"这是什么意思呢?"

老聃说:"〔我对于万物的元始境界,〕心困困顿顿地也不能
够理解,嘴卷卷曲曲地也不能够说出。我尝试着为你谈谈它的
梗概吧:〔天地之间,〕最大的阴气是静止的,最大的阳气是动荡
的;静止的要升腾天上,动荡的要降到地下,两者互相交通,就成
为和合,万物因而化生。有一种东西作为它们的基本,但是不能
够见到它们的形象;这边消损,那边就生长;这边盈满,那边就空
虚;有时晦暗,有时明亮;天天更改,月月变化,它们天天有所作
为,可是也看不出它们的功绩。万物都死有所归,生有所始;自
始至终,相互反复在无端无绪的境界之中,而无从知道它们的尽
头。不是这样的吗? 谁能够作万物的主宰呢?"

孔子说:"我请问遨游在这个境界的情状。"

老聃说:"如果得到这个境界,那是最完美、最快乐不过的。
得到这个完美的境界并且遨游在这个最快乐的境界的人,就叫
作至人。"

孔子说:"我愿意听听其中的道理。"

老聃说:"吃草的兽类,不怕更换草泽;生长在水中的虫类,

不怕更换水塘；施行了小的变动，并没有失去它们大的永恒。喜悦、恼怒、悲哀、快乐这些心情，都进不到它们的胸中。这个天下，便是齐一万物的所在。万物得到它们齐一的所在，而互相和同，四肢、百骸便成为尘垢，而死生、始终便成为昼夜，并且没有任何事物能够紊乱这些现象；何况祸福、得失所关联的事物呢？抛弃奴隶如同抛弃泥土，因为他知道自己的身体比奴隶尊贵。尊贵操持在我这一方，并不由于事物变化而失掉自己的尊贵。况且，万物的千变万化，是没有穷尽的。究竟是什么能够伤害我的身心呢？只有修'道'的人明了这个道理。"

孔子说："先生的道德可以匹配天地，而且还要借着格言来修治身心，古来的君子，有谁能够脱超过呢？"

老聃说："不是的。那水泽，对于浸润万物来说，它是无所作为的，因而它的本质是合乎自然的；那至人，对于道德来说，他是不加修饰的，因为万物都不能够离开他。像那上天的自然高，大地的自然厚，日月的自然明，它们有什么修饰的呢？"

孔子出去，把老聃的话告诉了颜回，说："我对于'道'的认识，简直就像醋缸里的蠛蠓一样啊！如果不是这位先生给我打开缸盖，我是不可能知道天地的全貌的！"

庄子见鲁哀公①。哀公曰："鲁多儒士，少为先生方②者。"

庄子曰："鲁少儒。"

哀公曰："举鲁国而儒服，何谓少乎？"

庄子曰："周闻之：儒者，冠圜冠者，知天时；履句③屦者，知地势④；绶佩玦者，事至而断⑤。君子有其道者，未必为其服也；为其服者，未必知其道也。公固以为不然，何不号于国中曰，'无此道而为此服者，其罪死'？"

哀公号之，五日，而鲁国无敢儒服者。独有一丈夫，儒服而立乎公门。公即召而问以国事，千转万变而不穷。

庄子曰："以鲁国而儒者，一人⑥耳。可谓多乎？"

【注释】① 庄子与魏惠王、齐威王同时，在哀公后百二十年。如此言"见鲁哀公"者，盖寓言耳。　② 方，术也。　③ 句，方也。　④ 天圆、地方。服以象德，故戴圆冠以象天，履方屦以法地。　⑤ 绶，本作"缓"。玦，示以当决断。　⑥ 一人，谓孔子。

【译文】庄子晋见鲁哀公。鲁哀公对庄子说："我们鲁国有很多儒者，很少有学习先生道术的。"

庄子说："鲁国没有几个儒者。"

哀公说："我们所有的鲁国的人都穿着儒服，怎么说没有几个呢？"

庄子说："我听说过：儒者，戴圆顶帽的，懂得天时；穿方头鞋的，懂得地势；腰带上佩玉玦的，遇事决断。君子有那种道术，未必就穿那种服装；穿着那种服装的，未必就知道那种道术。君王如果以为不是这样，何不发布一道命令说，'凡是没有这种道术，而穿着这种服装的人，就处他死罪'呢？"

哀公发布了这项命令，五天之后，鲁国就没有敢穿儒服的人了。只有一位男子，穿着儒服而站立在哀公门前面。哀公即刻召他入朝，询问国家大事，千头万绪，应答如流。

庄子说："在鲁国能成为儒者的，不过一人罢了，能够说很多吗？"

百里奚①爵禄不入于心,故饭牛而牛肥,使秦穆公忘其贱,与之政也。

有虞氏死生不入于心,故足以动人②。

【注释】① 百里奚:秦之贤人也。 ② 舜遭后母之难,频被踬顿,而不以死生经心,至孝有闻,于是尧妻以二女,委以万乘。

【译文】百里奚不把爵禄放在心里,所以他喂牛喂得很肥,因而使秦穆公忘掉他的卑贱,把国家政事委托给了他。

大舜不把死生放在心里,所以他能够感动人心。

宋元君①将画图,众史②皆至,受揖而立③,舐笔、和墨,在外者半。

有一史后至者,儃儃然④,不趋,受揖不立,因之舍。公使人视之。则解衣,般礴⑤,臝⑥。

君曰:“可矣,是真画者也!”

【注释】① 元君,名佐,平公之子。 ② 史,掌书者。 ③ 受揖而立,受命揖而立也。 ④ 儃儃,舒闲之貌。儃儃,犹坦坦。 ⑤ 般礴,谓箕坐也。 ⑥ 臝,倮露赤身。

【译文】宋元君打算画一张图画,许多文书都来了,受到召命的都站立等候着,又舐笔,又研墨,而在室外的有一半。

有一位文书来得最晚,他舒舒闲闲,不慌不忙,受到召命,并不站立等候,就进入内室。宋元君派人去观察他的行动。他正在解开衣服,两脚张开,像箕一样坐着,赤身露体,〔将要动笔。〕

宋元君说:“好了,这才是真正画图的啊!”

文王观于臧①,见一丈人②钓,而其钓莫钓;非持其钓有钓者也,常钓也。

文王欲举而受之政,而恐大臣、父兄之弗安也;欲终而释之,而不忍百姓之无天③也。于是旦而属④之大夫曰:"昔者⑤,寡人梦见良人⑥,黑色而颊⑦,乘驳马⑧,而偏朱蹄⑨。号⑩曰:'寓⑪而政于臧丈人,庶几乎民有瘳乎!'"

诸大夫蹴然⑫曰:"先君王也!"

文王曰:"然则,卜之。"

诸大夫曰:"先君之命,王其无它⑬,又何卜焉?"

遂迎臧丈人,而授之政。典法无更,偏令⑭无出。

三年,文王观于国,则列士坏植散群⑮,长官者不成德⑯,斔斛⑰不敢入于四竟。——列士坏植散群,则尚同也;长官者不成德,则同务也;斔斛不敢入于四竟,则诸侯无二心也。

文王于是焉以为大⑱师,北面而问曰:"政可以及天下乎?"臧丈人昧然而不应,泛然而辞。朝令而夜遁。终身无闻。

颜渊问于仲尼曰:"文王其犹未邪?又何以梦为乎?"

仲尼曰:"默!汝无言!夫文王尽之也,而又何论刺焉?彼直以循斯须⑲也。"

【注释】① 臧者,近渭水地名也。　② 丈人,本作"丈夫"。　③ 不忍苍生失于覆荫,故言无天也。　④ 属,语。　⑤ 昔者,昨夜。　⑥ 良人,犹言长者。　⑦ 颊,有须髯。　⑧ 驳,马色不纯。　⑨ 偏朱蹄,一蹄偏赤也。　⑩ 号,令。　⑪ 寓,寄。　⑫ 蹴然,惊惧也。　⑬ 无它,谓无它虑也。 ⑭ 偏,借为"辩"。辩,治也。 ⑮ 植,行列也。散群,言不养徒众也。 ⑯ 不成德,不显其德。长官者不成德,谓不评定百官德业之优劣也。 ⑰ 六斛四斗曰鎃。鎃,音"庚"。庚,六斗四升也。 ⑱ 大,音"太"。 ⑲ 斯须,犹须臾也。循,顺也。

【译文】文王到臧水巡察,看见一位老人在钓鱼,可是他的钓鱼并不是为了钓鱼:不是以钓鱼作为钓鱼,而是假装钓鱼。

文王想着起用他,而把政权授予他,可是恐怕大臣和父兄们不安心;想作罢而放弃他,可是不忍心百姓们失掉庇荫。于是,早晨起来,他告诉群臣们说:"昨天夜里,我梦见了一位长者,黑黑的面孔,长长的须髯,骑着杂色马,一只蹄子是红色的。他告诉我说:'把你的政权托付给臧水老人,人民或许是有救的啊!'"

群臣们很惊惧地说:"这是我们的先君啊!"

文王说:"那么,就占卜一下吧。"

诸臣们说:"先君的命令,君王不要怀疑,还占卜什么呢?"

于是,把臧水老人迎接来,就把政权授予他。法制并没有变更,政令并没有发布。

三年之后,文王巡察全国,就看到儒士们解散了私树的朋党,官员们用不着评定德业,别国的升斗不敢进入四境。——儒士们解散了私树的朋党,就是人民一心一德;官员们用不着评定德业,就是大家干的事相同;别国的升斗不敢进入四境,就是诸侯没有二心。

文王于是拜他为太师,面朝北方,向他请教说:"我们的政令可以推广到天下吗?"臧水老人含含糊糊地没有回答,浮浮泛泛地就推辞过去了。早晨还发布政令,夜晚就不辞而别了。从此再也没有人听说过他的消息。

颜渊问孔子说:"文王难道还不能取信于人吗? 他又为什么假托做梦〔来使别人相信〕呢?"

孔子说:"不要作声! 你不能那么说! 那文王〔已经做得〕尽善尽美了,而又怎么能议论他、责备他呢? 他只不过是顺随人们的一时而已。"

列御寇为伯昏无人射,引之盈贯①,措杯水其肘上,发之;适矢,复沓;方矢,复寓②。当是时,犹象人③也。

伯昏无人曰:"是射之射,非不射之射也。尝与汝登高山,履危石,临百仞之渊,若④能射乎?"

于是,无人遂登高山,履危石,临百仞之渊,背逡巡⑤,足二分垂在外。揖御寇而进之。御寇伏地,汗流至踵。

伯昏无人曰:"夫至人者,上窥青天,下潜黄泉,挥斥八极⑥,神气不变。今汝怵然有恂目之志,尔于中也,殆矣夫!"

【注释】① 盈贯,谓满镝也。 ② 矢方去,而矢又在弦上;沓于弦上者才去,而方来之矢又寓于弦上矣。此言一箭接一箭,如此其神速也。③ 象人,土木之人也。 ④ 若,汝也。 ⑤ 逡巡,犹却行也。 ⑥ 挥斥,犹纵放也。八极,八方。

【译文】列御寇为伯昏无人表演射箭,他把弓拉得顶了箭头,把一杯水放在左臂上,发射;第一支箭刚发出去,第二支就又搭上了弓;第二支箭刚发出去,第三支箭就又放上了弦。在这时候,他像个木偶一般。

伯昏无人对列御寇说:"你这是射箭的射法,而不是不射箭的射法啊。我试着同你登上高山,在危险的石头上行走,下面临着一百丈高的深渊,你还能够发射吗?"

于是,伯昏无人就同列御寇登上高山,在危险的石头上行走,下面临着一百丈深的渊池;他背着脸向后退着走,脚有十分之二垂在外面。他招呼列御寇到这边来一同前进。列御寇趴在地上,汗水流到了脚后跟。

伯昏无人说:"那至人,上方窥探着青天,下方测量着黄泉,四面八方,任意遨游,神情气色永远不变。现在,你惊骇得有眼神摇晃的心情,你对于命中目标,就无能为力了!"

肩吾问于孙叔敖①曰:"子三为令君,而不荣华;三去之,而无忧色。吾始也疑子,今观子之鼻间栩栩然②。子之用心独奈何?"

孙叔敖曰:"吾何以过人哉? 吾以其来,不可却也;其去,不可止也。吾以为得失之非我也,而无忧色而已矣。我何以过人哉? 且不知其在彼乎? 其在我乎? 其在彼邪,亡乎我;在我邪,亡乎彼。方将踌躇,方将四顾,何暇至乎人贵人贱哉?"

仲尼闻之,曰:"古之真人,知者不得说,美人不得滥,盗人不得劫,伏羲、黄帝不得友。死生亦大矣,而无变乎己,况爵禄乎? 若然者,其神经乎大山而无介③,入乎渊泉而不濡,处卑细而不惫,充满天地。既以与人,己愈有。"

【注释】① 肩吾,隐者也。孙叔敖,楚之贤人也。 ② 栩栩,欢畅之貌。 ③ 介,碍也。

【译文】肩吾问孙叔敖说:"您三次做令尹,并不感到荣耀;三次被罢官,并没有愁容。从前,我怀疑你;现在,我看您神态自若。您的想法究竟是怎样的呢?"

孙叔敖说:"我有什么过人的地方呢? 我以为外物的到来,不可以推却;它的离去,不可以制止。我以为得失并不属于我,因而没有愁容罢了。我有什么过人的地方呢? 并且,我也不知道是在它那一方面呢? 还是在我这一方面呢? 如果是在它那一方面,便是我丢掉了它;如果是在我这一方面,便是它丢掉了我。我正在踌躇不进,我正在环视四方,哪里有工夫想到人间贵贱的存在呢?"

孔子听到孙叔敖这话,说:"古来的真人,明智的人不能够喜悦他,美貌的人不能够淫滥他,强盗不能够劫取他,帝王不能够交结他。死生也是一件大事了,可是他无动于衷,何况是官爵和俸禄呢? 像这样的人,他的精神,经过大山,也阻挡不住他;进入渊泉,也浸润不着他;处在卑微的地方,也困顿不着他;他总是充满天地之间。尽量给人,自己就越富有。"

楚王与凡①君坐。少焉,楚王左右曰"凡亡"者,三。

凡君曰:"凡之亡也,不足以丧吾存。夫凡之亡,不足以丧吾存,则楚王存,不足以存存②。由是观之,则凡未始亡,而楚未始存也③。"

【注释】① 凡,国名,在汲郡共县。 ② 夫遗之者不以亡为亡,则存亦不足以为存矣;旷然无矜,乃常存也。 ③ 存在更在于心之所措耳,天下竟无存亡。

【译文】楚王和凡王同坐。不大的工夫,楚王的侍从说"凡国灭亡"的话,说了三次。

凡王说:"凡国的灭亡,并不能丧失了我的存在。那凡国的灭亡,并不能丧失了我的存在,那么楚国的存在,也不能保存这种存在。由此看来,凡国并不曾灭亡,而楚国并不曾存在。"

十五、知　北　游(十二章)

知①北游于玄水之上,登隐弅之丘②,而适遭无为谓③焉。

知谓无为谓曰:"予欲有问乎若:何思、何虑则知道?何处、何服则安道?何从、何道则得道?"

三问,而无为谓不答也。——非不答也,不知答也。

知不得问,反于白水④之南,登狐阕⑤之上,而睹狂屈⑥焉。知以之⑦言也问乎狂屈。

狂屈曰:"唉⑧,予知之,将语若。"中欲言,而忘其所欲言。

知不得问,反乎帝宫,见黄帝而问焉。

黄帝曰:"无思、无虑始知道,无处、无服始安道,无从、无道始得道。"

知问黄帝曰:"我与若知之,彼与彼不知也,其孰是邪?"

黄帝曰:"彼无为谓真是也,狂屈似之,我与汝终不近也。夫'知者不言,言者不知',故'圣人行不言之教。'

"道不可致,德不可至;仁可为也,义可亏⑨也,礼相伪也。故曰:'失道而后德,失德而后仁,失仁而后义;失义而后礼;礼者,道之华,而乱之首也。'故曰:'为道者日损,损之又损,以至于无为;无为而无不为'也。

"今已为物也,欲复归根,不亦难乎? 其易也,其惟大人乎! 生也死之徒⑩,死也生之始。孰知其纪? 人之生,气之聚也。聚则为生,散则为死。若死生为徒,吾又何患? 故万物一也,是其所美者为神奇,其所恶者为臭腐;臭腐复化为神奇,神奇复化为臭腐。故曰:通天下,一气耳。圣人故贵一。"

知谓黄帝曰:"吾问无为谓,无为谓不应我;非不我应,不知应我也。吾问狂屈,狂屈中欲告我,而不我告;非不我告,中欲告而忘之也。今予问乎若,若知之;奚故不近?"

黄帝曰:"彼其真是也,以其不知也;此其似之也,以其忘之也;予与若,终不近也,以其知之也。"

狂屈闻之,以黄帝为知言⑪。

【注释】① 知,音"智"。 ② 玄水,水名。隐弅,隐出、弁起,丘貌。③ 无为谓,寓有无为与无言之意。 ④ 白水,水名。 ⑤ 狐阒,丘名。⑥ 屈,当借为"詘"。狂屈,痴骇无知之意。 ⑦ 之,此也。 ⑧ 唉,应声。⑨ 亏,疑借为"议"。 ⑩ 徒,党也。 ⑪ 知言,有识之言也。

【译文】明智到北方玄水之上去游览,登上了隐弅的丘陵,而恰好遇到了无为谓。

明智对无为谓说:"我想请问你:怎样去思索,怎样去考虑,就能够认识'道'呢? 怎样去处置,怎样去执守,就能够安于'道'

呢？怎样去随从,怎样去行动,就能够得到'道'呢?"

提出了三个问题,而无为谓都不作回答。——他不是不回答,他是不知道怎样回答。

明智不能再往下问,他就回到白水以南,登上了狐阕之丘,而见到了狂屈。明智就用这话来请问狂屈。

狂屈说:"唉,我知道,我要告诉你。"他心里想说,可是他忘记了自己想要说的话。

明智不能再往下问,他就回到帝宫,去晋见黄帝,又问黄帝。

黄帝说:"无所思索,无所考虑,就能够认识'道';无所处置,无处执守,就能够安于'道';无所随从,无所行动,就能够得到'道'。"

明智又问黄帝:"我和你都知道,他和他(无为谓和狂屈)都不知道,究竟是谁对呢?"

黄帝说:"那无为谓是真对的,狂屈有点儿像,我和你终究是不接近的。那'知道的不说出,说出的不知道',所以'圣人施行不言之教'。

"'道'不可以随便招致,'德'不可以随便到来;仁是可以施行的,义是可以谈说的,礼是相互弄虚作假的。所以说:'离失了道,然后才出现了德;离失了德,然后才出现了仁;离失了仁,然后才出现了义;离失了义,然后才出现了礼。礼,乃是道的虚华,也是祸乱的开端'。所以说,'追求道,才智就要一天比一天地减损。减损了又减损,以至于减损到无所作为的地步;无所作为,而没有一桩不是有所作为的'。

"现在,〔我们〕已经成为物类了,要想返还到本元,不也很难吗? 如果说容易吧,那只有大人才能做到啊! 生存,是死亡的同路;死亡,是生存的开端。谁知道它们的头绪呢?人的生存,是由于精气的结聚。精气结聚起来,就是生存;精气离散了,就是死亡。如果死亡和生存是同路,我又有什么忧患的呢?所以,万物是同一的。可是,人们把自己所喜爱的就认为是神奇的,把自己厌恶的就认为是腐臭的;腐臭的又衍变为神奇的,神奇的又衍变为腐臭的。所以说:走遍天下,只是一种精气。圣人所以崇贵同一。"

明智又对黄帝说:"我问无为谓,无为谓不回答我;不是他不回答我,而是他不知如何回答我。我问狂屈,狂屈心里想着告诉我,可是他并没有告诉我;不是他不告诉我,而是他心里想着告诉我,却又忘掉了。现在,我问你,你知道,为什么说不接近呢?"

黄帝说:"那个(无为谓)是真对,就是因为他不知道;这个(狂屈)有点儿像,就是因为他忘掉了;我和你终究不接近道,就是因为我们知道啊。"

狂屈听说了,他认为黄帝是有见识的话。

天地有大美而不言,四时有明法而不议,万物有成理而不说。圣人者,原天地之美,而达万物之理。是故,至人无为,大圣不作,观于天地之谓也。

今彼神明至精,与彼百化物已死生、方圆,莫知其根也。扁然而万物①,自古以固存。

六合为巨,未离其内;秋毫为小,待之成体。天下莫不沈浮,终身不故②;阴阳四时运行,各得其序。惛然若亡而存,油然不形而神③;万物蓄而不知。此之谓本根。可以观于天矣。

【注释】① 按:扁,当借为"翩",扁然,犹缤然。扁然而万物,犹言纷若之万物也。 ② 故,借为"居"。○按:故,通"固"。定也。 ③ 惛,借为"昏";油,借为"函"。

【译文】天地有广大的美德,可是它们并不言语;四时有明显的法则,可是它们并不议论;万物有固定的条理,可是它们并不说话。圣人,就是本原于天地的美德,而通达于万物的道理。所以,至人没有什么作为,大圣不妄自制作,这就是说他们明察于天地的意思。

现在我们面前的那些神明,是精微奥妙的,它和那千变万化的物类的死亡、方圆等现象,都是不可能知道它的本原的。纷纭杂陈的万物,自古以来就是存在的。

天地四方很大,可是不能超出神明的范围;秋天的毫毛很小,可是也得依靠神明才能形成。天下的一切,没有不是浮沉上下的,始终也没有个休止。阴阳、四时的运转变化都遵守着一定的秩序。昏昏昧昧的,好像一无所有,而实际是存在的;幽幽冥冥的,不表出任何形象,而都是神妙不测的;万物都被它所蓄养,可是自己并不知道。这就叫作本根。〔明白这个道理,〕就可以观察天道了。

齧缺问道乎被衣①。

被衣曰:"若正汝形,一汝视,天和将至;摄②汝知,一汝度,神将来舍。德将为汝容③,道将为汝居。汝瞳焉④如新生之犊,而无求其故。……"

言未卒,齧缺睡寝。

被衣大说,行歌而去之。曰:"形若槁骸,心若死灰,真其实知,不以故自持;媒媒⑤晦晦,无心,而不可与谋。彼何人哉?"

【注释】① 齧缺,王倪弟子。被衣,王倪之师也。 ② 摄,收摄。③ 容,本作"美"。 ④ 瞳,未有知貌。 ⑤ 媒媒,晦貌。

【译文】齧缺向被衣请问修"道"的方术。

被衣说:"你要端庄你的形貌,纯一你的视力,天和就会到来;持守你的明智,正常你的态度,神明就会留止。'德'将要被你所包容,'道'将要被你所占有。你无识无知的,像个新生的牛犊,而不追求事物的原因。……"

被衣的话还没有说完,齧缺就睡过去了。

被衣非常高兴,他一路唱着歌走了。他唱的是:"形体如同干枯的尸骸,心神如同死灭的灰烬,纯真自己的实际知识,自己并不因循守旧;昏昏昧昧的,没有心思,而不可以共同有所谋划。他究竟是一种怎样的人呢?"

舜问乎丞①曰:"道可得而有乎?"

曰:"汝身非汝有也,汝何得有夫道?"

舜曰:"吾身非吾有也,孰有之哉?"

曰:"是天地之委形②也。生非汝有,是天地之委和也;性命非汝有,是天地之委顺也;子孙非汝有,是天地之委蜕也。故行不知所往,处不知所持,食不知所味。天地之强阳气也③。又胡可得而有邪?"

【注释】① 丞,舜师也。 ② 天地之委形,谓天地所委属之形也。③ 强阳,即今"荡漾"。

【译文】大舜问丞辅之官说:"'道'可以把它作为自己所

有吗?"

丞辅之官说:"你的身体都不归你自己所有,你怎么能够把'道'作为自己所有呢?"

大舜问:"我的身体不归我所有,归谁所有呢?"

丞辅之官说:"这是天地所寄托给你的形体。生存,不归你自己所有,这是天地寄托给你的精气;性命,不归你自己所有,这是天地所寄托给你的顺序;子孙,不归你自己所有,这是天地寄托给你的外壳。所以,〔人这一生〕行动,不知道走向何方;居处,不知道保持什么;吃食,不知道品味什么。这都是天地间的荡漾之气。你又怎么能够把它作为自己所有呢?"

孔子问于老聃曰:"今日晏闲,敢问至道。"

老聃曰:"汝齐戒:疏瀹而心,澡雪而精神,掊击而知①。夫道,窅然②,难言哉!将为汝言其崖略③:

"夫昭昭生于冥冥,有伦生于无形④;精神生于道,形本生于精⑤,而万物以形相生。故九窍者胎生,八窍者卵生⑥。其来无迹,其往无方,无门无崖⑦,四达之皇皇⑧也。邀于此⑨者,四肢强,思虑恂达⑩,耳目聪明;其用心不劳,其应物无方。天不得,不京⑪;地不得,不广;日月不得,不明;万物不得,不昌。——此其道与!

"且夫,博之不必知,辩之不必慧,圣人以断之矣。若夫,益之而不加益,损之而不加损者,圣人之所保也。渊渊乎若海,巍巍乎⑫其若山⑬;终则复始也,万物皆将资⑭焉而不匮⑮。——此其道与!

"中国有人焉⑯,非阴非阳,处于天地之间,直且为人,将反于宗。自本视之,生者,暗醷物⑰也;虽有寿夭,相去几何? 须臾之说也,奚足以为尧、桀之是非?

"果蓏⑱有理,人伦虽难,所以相齿⑲。圣人遭之而不违,过之而不守。调而应之,德也;偶而应之,道也。帝之所兴,王之所起也。

"人生天地之间,若白驹之过郤⑳,忽然而已。注然,勃然,莫不出焉;油然,漻然,莫不入焉㉑。已化而生,又化而死。生物哀之,人类悲之。解其天弢,堕其天袭㉒;纷乎,宛乎㉓,魂魄将往,乃身从之。乃大归乎!

"不形之形,形之不形㉔,是人之所同知也,非将至之所务也。此众人之所同论也。彼至则不论,论则不至。明见无值㉕,辩不若默。道不可闻,闻不若塞。此之谓大得㉖。"

【注释】① 疏瀹,通导。澡雪,犹精洁也。掊击,打破也。而,汝也。② 窅然,深杳之义。 ③ 崖,边崖;略,大略。 ④ 伦,理也。 ⑤ 有形、质、气之类,根本生于精微。 ⑥ 人、兽九窍而胎生,禽、鱼八窍而卵生。 ⑦ "其往无方,无门无崖",本作"其往无崖,无门无房"。 ⑧ 皇皇,往来不穷之意。 ⑨ 邀于此者,犹言顺于此者。 ⑩ 恂,通也。 ⑪ 京,本作"高"。 ⑫ 渊渊,渊深万丈。巍巍,高大貌也。 ⑬ "巍巍乎其"下,本无"若山"二字。"终则有始也"下,本有"运量万物而不匮,则君子之道,彼其外与"三句。 ⑭ 资,取也。 ⑮ 匮,乏。 ⑯ 中国有人焉,谓圣人也。⑰ 暗醷,聚气貌。 ⑱ 在树曰果,桃、李之属;在地曰蓏,瓜、瓠之徒。⑲ 人伦,人类也。相齿,谓以年龄相比次;言其差无几也。 ⑳ 白驹,骏马也。 ㉑ ○注、勃,是出生之容;油、漻,是入死之状。 ㉒ 弢,弓衣也。

袲,束囊也。 ㉓ 纷乎宛乎,变化烟煴。 ㉔ 之,适也。 ㉕ 值,会遇也。
㉖ 大得,即大德。

【译文】孔子问老聃说:"今天安闲,我请问'大道'的内容。"

老聃说:"你要斋戒:开通你的心胸,洗涤你的精神,打破你的明智。这个'道',玄远幽深,很难谈说啊!我暂且给你说个大略吧:

"〔在天地之间,〕明朗出生在幽冥之中,有形出生在无形之中,精神出生在'道'之中,形体的本元出生在精微(元素)之中,而万物是依靠形体互相生成的。所以,有九窍的物类是胎生的,有八窍的物类是卵生的。万物的到来,没有形迹;万物的逝去,没有方向;它们没有门径,没有边缘,四通八达,无所不在。顺随着这个("道")的,他的四肢强健,思虑通达,耳聪目明;他的用心不感疲劳,他的接物不受限制。天得不到它,就不能高远;地得不到它,就不能广廓;日月得不到它,就不能远行;万物得不到它,就不能昌盛。——这就是'道'啊!

"况且,学问渊博的,并不一定明智;饰辞宏辩的,并不一定聪慧;圣人早已就有定论了。至于,增益它,它并不有所增益;减损它,它并不有所减损;这便是圣人所要保持的。它渊深得如同大海,峻峭得如同高山;它从终结又回复到元始,万物都取给于它,可是它永不穷尽。——这就是'道'啊!

"中国有这样的人(圣人),他既不阴柔,又不阳刚,居处在天地之间,只是暂时假托人形,不久就要反还宗祖。从本元方面来看它,所谓生存,就是精气聚结成的物体;虽然它们有的长寿或短命,相差究竟有多少呢?那种生存短暂的说法,怎么能够断定唐尧和夏桀的是非呢?

"植物中的果类和瓜类,都有它的道理;人类虽然难以品定,也可以互相比次。圣人只是迎合他们,而不违反他们;只是接触他们,而不监守他们。协调着顺应万物,就是'德';比对着顺应万物,就是'道'。古来的五帝三王,就是这样兴隆起来的。

"人生在天地之间,就如同骏马跑过墙缝一般,转瞬之间就过去了。万物如同蓬蓬勃勃的草木,没有不生出的;万物如同滔滔不绝、浩浩荡荡的流水,没有不死去的。它们既变为生存,又变为死亡。生物都哀怜它们,人类都悲痛它们。解脱天给的外衣,丢掉天给的束缚,纷纭飘渺的,灵魂将要消散,体魄也要随同逝去。这就是最大的归宿啊!

"由无形到有形,由有形到无形,这是人所共知的,而不是将要达到'大道'所要追求的。这是众人所共同谈论的。那达到'大道'的,就不谈论这个;谈论这个的,就不能够达到'大道'。明见'大道'而达不到'大道'。争辩不如静默,'道'是不可能听到的。听到不如塞住耳朵不听。这才叫作大德。"

东郭子①问于庄子曰:"所谓道,恶乎在?"

庄子曰:"无所不在。"

东郭子曰:"期而后可②。"

庄子曰:"在蝼蚁。"

曰:"何其下邪?"

曰:"在稊稗③。"

曰:"何其愈下邪?"

曰:"在瓦甓④。"

曰:"何其愈甚邪?"

曰："在屎溺。"

东郭子不应。

庄子曰："夫子之问也，固不及质。正⑤获⑥之问于监市，履狶也，每下愈况⑦。汝惟莫必，无乎逃物。至道若是，大言亦然。周、遍、咸三者异名同实，其指一也。

"尝相与游乎无何有之宫，同合而论无所终穷乎。尝相与无为乎：澹而静乎，漠而清乎，调而间乎？寥已⑧吾志：无往焉，而不知其所至；去来，而不知其所止⑨；吾已往来焉，而不知其所终；彷徨乎冯闳⑩，大知入焉，而不知其所穷。

"物物者与物无际⑪。而物有际者，所谓物际者也。不际之际，际之不际者也，谓盈虚、隆杀⑫。彼为盈虚，非盈虚；彼为隆杀，非隆杀；彼为本末，非本末；彼为积散，非积散也。"

【注释】① 东郭子，居东郭也。　② 期，会也。　③ 稊，草之似谷者。④ 甓，砖也。　⑤ 正，犹言"正是"、"正如"也。　⑥ 获，此谓掌管禽兽交易之人。　⑦ 监市，市魁也。狶，大豕也。践，履也。每下愈况，犹言虽下而愈明也。　⑧ 寥已，寥然空虚。　⑨ "去来，而不知其所止"，本作"去而来，不知其所止"。　⑩ 冯闳者，虚廓之谓也。　⑪ 际，崖岸也。物物者，主宰乎物者，指道也。　⑫ "隆杀"，本作"衰杀"。

【译文】东郭子问庄子说："所谓'道'，究竟在什么地方呢？"

庄子说："没有地方不存在。"

东郭子说："你教我领会了才行。"

庄子说："在蝼蛄、蚂蚁上。"

东郭子又问："怎么这么卑下呢？"

庄子说:"在稊草、稗草上。"

东郭子又问:"怎么越卑下了呢?"

庄子说:"在砖、瓦上。"

东郭子又问:"怎么愈来愈过分了呢?"

庄子说:"在屎尿上。"

东郭子没有作声。

庄子说:"先生的问题,原本就没有顾及到问题的实质。〔我们观察事物,〕正像那禽兽经纪人询问屠夫,用脚踏一踏猪的下体,就知道它的肥瘦一样,观察的地方虽然卑下,却能够说明问题。你只有不把事物看成是必然(绝对)的,'道'是不会逃出事物之外的。'大道'如此,大的言论也是如此。譬如,'周'、'遍'、'咸'这三个字,名谓虽然不同,实质却是相同的,它们的涵义是一致的。

"我们尝试着一同遨游在一无所有的宫廷,混同一体地谈论无所终穷的道理吧。我们尝试着一同领会无为的境界吧:它是恬淡而宁静的,是寂寞而清虚的,是协调而安闲的。空虚无有,就是我的心志;没有去的处所,而不知道究竟到达什么地方;去去来来,而不知道究竟停止在什么地方;我已经去去来来了,而不知道究竟终结在什么地方;遨游在广漠虚廓的境界,大智之人进到里面,也不知道究竟穷止在什么地方。

"造物者和万物并没有什么界限。如果说万物之间有界限,那就是所谓万物界限。没有界限的界限,就是界限的没有界限,这就叫作盈虚、盛衰。它("道")是盈虚,而同时又不是盈虚;它是盛衰,而同时又不是盛衰;它是本末,而同时又不是本末;它是积散,而同时又不是积散。"

　　婀荷甘与神农同学于老龙吉①。

　　神农隐几阖户昼瞑②。婀荷甘日中夸户③而入。曰："老龙死矣！"

　　神农④拥杖而起，曝然⑤放杖而笑。曰："天知予僻陋慢诞⑥，故弃予而死。已矣！夫子无所发予之狂言⑦而死矣夫！"

　　弇堈弔⑧闻之。曰："夫体道者，天下之君子所系⑨焉。今于道，秋毫之端，万分未得处一焉，而犹知藏其狂言而死，又况夫体道者乎？视之无形，听之无声，于人之论者，谓之冥。冥，所以谕道，而非道也⑩。"

　　【注释】① 神农者，非三皇之神农，则后之人物耳。　② 瞑，音"眠"。③ 夸，开也。夸，借为"闛"或"开"　④ "神农"下本有"隐几"二字。⑤ 曝然，放杖声也。　⑥ "慢诞"，本作"慢俹"。　⑦ 狂言，犹至言也；非世人所解，故名至言为狂也。　⑧ 弇堈，体道人；弔，其名。　⑨ 系，谓物所归投也。　⑩ 谕，本作"论"。系涉上文"论"而误。

　　【译文】婀荷甘和神农一同跟着老龙吉学习。

　　神农趴在桌子上，关上门，白天睡觉。中午，婀荷甘推门进来，对神农说："老龙死了！"

　　神农扶起拐杖站了起来，又啪地一声放下拐杖，笑了起来。他说："上天知道我僻陋、狂妄，所以放弃了我而死去。算了吧！先生并没有用他的狂言开导我，就死去了啊！"

　　弇堈听说这件事情，就说："那领悟'道'的，是天下君子所归附的人。现在，一般人对于'道'，就如同秋天的毫毛尖儿，在万分中还没有得到一分，还知道收藏起他的狂言而死去，又何况那领悟了'道'的人呢？看它，没有形象；听它，没有声音；人们在谈论它的时候,就把它叫作玄冥。玄冥,是用它来比喻'道',而不是'道'的本身啊。"

于是,泰清问乎无穷①曰:"子知道乎?"

无穷曰:"吾不知。"

又问乎无为。

无为曰:"吾知道。"

曰:"子之知道,亦有数乎?"

曰:"有。"

曰:"其数若何?"

无为曰:"吾知道之可以贵,可以贱,可以约,可以散。此吾所以知道之数也。"

泰清以之②言也问乎无始,曰:"若是,则无穷之弗知,与无为之知,孰是而孰非乎?"

无始曰:"不知,深矣;知之,浅矣。弗知,内矣;知之,外矣。"

于是,泰清卬③而叹曰:"弗知,乃知乎? 知,乃不知乎? 孰知不知之知?"

无始曰:"道不可闻,闻而非也;道不可见,见而非也;道不可言,言而非也。孰知④形形之不形乎?"

"道不可问⑤?"

无始曰:"有问道而应之者,不知道也;虽问道者,亦未知道。道无问,问无应。无问,问之,是问穷也;无应,应之,是无内也。以无内待问穷,若是者,外不观乎宇宙,内不知乎太初⑥。是以不过乎崑崙,不游乎太虚。"

【注释】① 泰,大也。 ② 之,是也,此也。 ③ 卬,本作"中"。
④ "知"上本无"孰"字。 ⑤ "道不可问",本作"道不可名"。 ⑥ 天地四
方曰宇,往古来今曰宙。太初,道本也。

【译文】当时,太清问无穷说:"您知道'道'吗?"

无穷说:"我不知道。"

太清又去问无为。

无为说:"我知道。"

太清又问:"您知道'道',也有方术吗?"

无为说:"有方术。"

太清又问:"那方术是什么呢?"

无为说:"我知道'道'可以使人尊贵,可以使人卑贱,可以使
物类聚结,可以使物类分散。这便是我所以知道'道'的方术。"

太清又拿这话去问无始,说:"像这样,无穷的不知道'道',
和无为的知道'道',是谁对、谁不对呢?"

无始说:"不知道的,是高深的;知道的,是肤浅的。不知道
的,是含而不露的;知道的,是虚有其表的。"

于是,太清仰头叹息地说:"不知道,就是知道吗? 知道,就
是不知道吗? 谁能够知道不知道的知道呢?"

无始说:"'道'是不可以听到的,可以听到的并不是'道';
'道'是不可以看到的,可以看到的并不是'道';'道'是不可以说
出的,可以说出的并不是'道'。谁能够知道形容出的形象并不
是形象的道理呢?"

太清说:"'道'不可以询问吗?"

无始说:"有人询问'道'就回答的人,并不知道'道';即便询

问'道'的人,也没有听说过'道'。'道'没有什么可询问的,询问也没有什么可回答的。没有可询问的,而去询问,便是询问的贫乏;没有可回答的,而去回答,便是没有内心。以没有内心而对待询问贫乏,像这样的人,在外界,并不曾观察过宇宙;在内心,并不领悟到太初(元始境界)。所以,他不能够超越昆仑,不能够遨游太虚。"

光耀问乎无有曰:"夫子有乎? 其无有乎?"

无有弗应也①。

光耀不得问,而孰②视其状貌,窅然③,空然,终日视之而不见,听之而不闻,搏之而不得也。

光耀曰:"至矣! 其孰能至此乎? 予能有无矣,而未能无无也。及为无有矣,何从至此哉?"

【注释】① "无有弗应也"五字本无。 ② 孰,同"熟"。孰,谓精审。③ 窅,借为"窈"。

【译文】光耀问无有说:"先生是'有'呢? 还是'无有'呢?"

无有没有回答。

光耀不能再往下问,就仔细观察他的形貌,杳杳茫茫的,空空洞洞的,整天地看他看不见,听他听不见,摸他摸不着。

光耀说:"他可以说是至高无上的了! 谁能够做到这样呢? 我是能够做到'有无',而是不能够做到'无无'。等做到'无有'的境界,究竟从什么地方而能够做到这'无无'的境界呢?"

大马①之捶钩②者,年八十矣,而不失豪芒。

大马曰:"子巧与? 有道与?"

曰:"臣有守③也。臣之年二十,而好捶钩;于物无视也,非钩无察也。是用之者假不用者也,以长得其用。而况乎无不用者乎? 物孰不资焉?"

【注释】① 大马,官名,楚之大司马也。 ② 捶,打锻也。 ③ 有守,有所守持。

【译文】大司马的打制钩戟的工人,年纪已经八十岁,但他所打制的钩戟,总是分毫不差。

大司马问他说:"你是凭技巧呢? 还是有道术呢?"

制钩工人说:"奴才有一定的把握。奴才二十岁的时候,就喜欢打制钩戟,我对于别的事物看都不看,不是钩戟,我就不看它。这就是我所用的事物,要借助于我所不用的事物,因而我就永远得到它的用处。何况是没有不用它的那种现象(道)呢? 万物哪个不借助于它呢?"

冉求问于仲尼曰:"未有天地,可知邪?"

仲尼曰:"可。古犹今也。"

冉求失问,而退。

明日,复见。曰:"昔者,吾问:'未有天地,可知邪?'夫子曰:'可。古犹今也。'昔日,吾昭然;今日,吾昧然。敢问何也?"

仲尼曰:"昔之昭然也,神者先受之;今日之昧然也,且又为不神者求邪? 无古,无今;无始,无终。未有子孙,而有子孙,可乎?"

冉求未对。

仲尼曰："已矣，末①应矣。不以生生死，不以死死生。死生有待邪？皆有所一体。有'先天地生'者物邪？物物者②非物。物出，不得先物也。犹其有物也，犹其有物也无已。圣人之爱人也终无已者，亦乃取于是者也。"

【注释】①"末"，本作"未"。　②物物者，道也。

【译文】冉求问孔子说："没有天地的境界，可以知道吗？"

孔子说："可以。古代如同现代一样。"

冉求不知道怎么往下问，就回去了。

第二天，冉求又去见孔子。他问孔子说："昨天，我问：'没有天地的境界，可以知道吗？'老师说：'可以。古代如同现代一样。'昨天，我明白；今天，我却糊涂了。请问这是怎么回事呢？"

孔子说："昨天的明白，是由于你神明的本质首先接受了它；今天的糊涂，大概是被你不神明的本质所要求了吧？〔宇宙之间，〕没有古代，就没有现代；没有元始，就没有终结。〔譬如说，〕没有子孙，却有了子孙，那可以吗？"

冉求没有回答。

孔子说："算了吧，不用你回答了。〔宇宙之间，〕并不是由于生存而生出死亡，并不是由于死亡而死掉生存。死亡和生存是有所依赖的吗？死亡和生存都好像是一体的。有'生在天地之先'的物体吗？生出物类的并不是物类。物类的出生，不可能先有物类的存在。〔宇宙之间，〕本来就是有物体存在的，本来就是有物体存在而生生不息的。圣人慈爱人民而始终不息，也是取法于这个道理啊。"

颜渊问乎仲尼曰："回尝闻诸夫子曰：'无有所将，无有所迎。'回敢问其游①。"

仲尼曰："古之人，外化，而内不化；今之人，内化，而外不化。与物化者，一不化者也。安化，安不化②，安与之相靡③，必与之莫多④。

"圣人处物，不伤物。不伤物者，物亦不能伤也。唯无所伤者，为能与人相将迎。

"狶韦氏之囿，黄帝之圃，有虞氏之宫，汤、武之室，山林与，皋壤⑤与，使我欣欣然而乐与？乐未毕也，哀又继之。哀乐之来，吾不能御；其去，弗能止。悲夫！世人直为物逆旅耳。

"夫知遇，而不知所不遇，能能⑥，而不能所不能。无知无能者，固人之所不免也。夫务免乎人之所不能免者，岂不亦悲哉？

"至言，去言；至为，无为。齐知之所知，则浅矣。"

【注释】① 游，借为"由"。问其游，问其所由。 ② 安，任也。③ 靡，顺也。 ④ 多，借为"迻"。迻，即"迁移"之"移"本字。"必与之莫多"句下，本有"狶韦氏之囿，黄帝之圃，有虞氏之宫，汤武之室，君子之人，若儒墨者师，故以是非相鳌也，而况今之人乎"八句。⑤ 皋，泽也。⑥ "能能"上本有"知"字。

【译文】颜渊问孔子说："我常听到老师说：'不要有所欢送，不要有所迎接。'我请问其中的缘由。"

孔子说："古代的人，外形变化，而内心不变化；现在的人，内心变化，而外形不变化。随着万物一同变化的，乃是没有变化的。安于变化，安于不变化，安于和变化相顺应，必定要和变化不相违失。

"圣人安定万物,而不伤害万物。不伤害万物的,万物也不能伤害他。只有无所伤害的人,才能和别人互相迎送。

"豨韦氏的苑囿,黄帝的园圃,虞舜的宫殿,汤王、武王的屋宇,山林啊,池泽啊,它们是使我们欢欢喜喜地欣赏的吗?快乐还没有停止,悲哀就继续到来。悲哀和快乐的到来,我不能阻拦它们;它们离开,我不能制止它们。可叹啊!世俗之人简直是事物的旅舍啊!

"人们知道自己所遇到的事物,而不知道自己所不曾遇到的事物;能够做到自己所能做的事物,而不能够做自己所不能做的事物。没有知识、没有能力的现象,本来是人所免不掉的。那企图免掉人所免不掉的事物,岂不是也太可怜吗?

"最高明的言论;没有言论;最高尚的作为,没有作为。齐同人们智慧所知道的人,那就太肤浅了。"